나폴레온 힐 재단 The Napoleon Hill Foundation

세계적인 자기계발의 선구자 나폴레온 힐의 철학과 유산을 계승, 발전시키기 위해 1962년 설립된 비영리 교육기관이다. 재단 본부는 미국 버지니아주 와이즈에 위치하며, '개인의 성취와 리더십 원칙을 전 세계에 전파하는 것'을 목표로 긍정적 변화를 확산시키고 있다. 나폴레온 힐과 W. 클레멘트 스톤 W. Clement Stone의 미공개 원고, 강연, 아카이브 자료를 기반으로 매년 도서, 오디오북, 온라인 코스 그리고 PMA 프로그램을 포함한 다양한 교육 프로그램을 출간 및 운영한다. 특히, 힐의 성공 원칙을 현대적으로 재해석해 글로벌 교육 네트워크를 통해 전파하며, 한국에서는 나폴레온 힐 코리아와 마스터마인드협회를 통해 활발히 활동하고 있다.

나폴레온 힐
90일 자기 경영

90 Days to a Positive Mental Attitude
Copyright © 2024 By The Napoleon Hill Foundation
All Rights Reserved.
Korean translation copyright © 2025 by Book21 Publishing Group
Korean translation rights arranged with The Napoleon Hill Foundation through
EYA Co., Ltd.

이 책의 한국어판 저작권은 EYA Co.,Ltd를 통해
The Napoleon Hill Foundation과 독점 계약한 ㈜북이십일에 있습니다.
저작권법에 의하여 한국 내에서 보호를 받는 저작물이므로
무단전재 및 복제를 금합니다.

90 Days to
a Positive Mental Attitude

나폴레온 힐
90일
자기 경영

인생의 주도권을 잡고 매일 성취하라

돈 그린·나폴레온 힐 재단 지음 | 도지영 옮김

21세기북스

서문

대부분의 자기계발 관련 프로그램의 효과는 대개 일시적이다. 자기계발 세미나에 참석하거나 자기계발서를 읽고 나면 며칠간은 열심히 따르지만 안타깝게도 얼마 지나지 않아 다시 예전 모습으로 돌아간다. 그래서 이 책은 당신이 삶에서 지속적인 변화를 만들어내는 데 도움이 되도록 기획되었다.

이 책을 펴낸 의도는 행복과 성공으로 이어질 수밖에 없는 습관을 형성하도록 도움으로써 동기부여가 영구적으로 이루어지게 하려는 데 있다. 이 책에서는 90일 동안 매일 고무적인 메시지를 전하는데, 각 메시지에는 바로 실행할 수 있는 자기 경영 실천 포인트가 담겨 있다.

이러한 구성 방식은 메시지에 담긴 원칙을 내면화해 일상생활에 적용할 수 있도록 해준다. 인생에서 어느 정도의 성공을 달성할 수 있느냐는 당신이 형성하는 습관에 달렸다. 올바른 일을 하고 지금까지 다른 사람들이 익히고 적용해 검증된 성공의 법칙을 따른다면 당신은 성공을 거둘 것이다.

이는 필연적으로 일어나는 일이다.

성공은 좀처럼 쉽게 오지 않는다. 성공은 당신 자신을 제외하고 세상 그 누구도 당신의 성공을 기대하지 않을 때조차 올바른 일을 하는 습관을 형성할 때 비로소 찾아온다. 또한, 대개 일련의 작은 성공이 모여 큰 성공이 이루어진다는 것도 사실이다. 작은 성공을 하나씩 이룰 때마다 더욱더 높은 수준의 성과를 낼 발판이 마련된다. 성공 습관을 형성하면 당신은 목표를 달성할 것임을 알게 된다. 당신이 성공을 보장하는 적절한 조처를 해왔기 때문이다.

우리의 목적은 쉽게 이해하고 적용할 수 있는 일일 메시지와 함께 사용하기 쉬운 형태로 당신에게 필요한 성공의 도구를 제공하는 것이다. 복잡한 가르침을 공부하며 매일 긴 시간을 보낼 필요는 없다. 하지만 하겠다고 정한 노력은 다해야 한다. 지금보다 더 나은 인생을 살겠다고, 그러기 위해 준비하겠다고 결정할 수 있는 사람은 자기 자신뿐이다. 그럴 준비가 되었다면 이 책은 뛰어난 성취에 담긴 비밀을 알려줄 것이다. 바로 당신이 그 비밀을 손에 넣을 사람이다.

이 책을 최대한 활용하려면 매일 하나씩 읽고, 그 안에 담긴 원칙을 적용하려고 시도해야 한다. 성공의 원칙을 적용하기 위해 매일의 글 가운데 마지막 부분에 실린 자기 경영 실천 포인트를 실행하라. 매주가 끝날 때는 성공의 원칙이 마음속에 단단히 자리 잡을 수 있도록 자기 경영 실천 포인트를 다시 한번 확인하라. 90개의 글을 다 읽을 때까지 이 과정을 반복하라.

책의 마지막 장에는 성공을 위한 자기 경영 실천 포인트 전체, 이 책에 담긴 모든 개념과 원칙을 확실하게 내면화해줄 몇몇 제안 사항을 정리해두었다. 책을 다 읽고 나서도 실행하기 어려운 기법이 있다면 해당 부분을 다시 읽고 거기에 담긴 원칙이 자신의 일부가 될 때까지 노력하라.

특히 마음에 와닿는 구절이 있거나 글에서 소개하는 성공한 인물의 생애가 특별히 의미 있게 느껴진다면 그 부분에 밑줄을 긋거나 강조 표시를 해라. 그리고 영감이 필요할 때마다 계속 다시 읽어라. 위대한 동기부여 전문 작가인 나폴레온 힐Napoleon Hill이 말한 그대로이다. "동기부여는 불과 같다. 연료를 더하지 않으면 꺼지고 만다."

변화는 쉽지 않다. 나쁜 습관이나 좋은 습관이나 같은 방식으로 형성된다. 반복을 통해서다. 인생에 긍정적인 변화가 일어나기를 정말로 원한다면 얼마든지 이룰 수 있다. 변화는 자신의 통제 아래에 있으며, 오직 자기 자신만이 이룰 수 있다. 어떤 사람이 되고 싶은지, 이룰 수 있는 성공 수준이 어느 정도인지 결정할 수 있는 사람은 자기 자신뿐이다.

원하는 변화를 이루는 데 필요한 정보는 이 책에 담겨 있다. 나머지는 당신에게 달렸다.

나폴레온 힐

차례

서문 ··· 4

1장 마음가짐이 전부다
Day 1 ◆ 긍정적인 마음가짐을 위한 10단계 ··· 15
Day 2 ◆ 승리를 준비하겠다는 의지 다지기 ··· 19
Day 3 ◆ 행복을 위해 적극적으로 행동하기 ··· 23
Day 4 ◆ 두려움을 직면하고 극복하기 ··· 27
Day 5 ◆ 열정이라는 연료 채우기 ··· 32
Day 6 ◆ 버티고 시도해서 작은 성공 이루기 ··· 37
Day 7 ◆ 긍정적인 생각으로 긍정적인 일 끌어당기기 ··· 42

2장 성격이 관계를 좌우한다
Day 8 ◆ 성공을 부르는 인격 형성하기 ··· 49
Day 9 ◆ 강건한 인격과 매력적인 성격으로 호감 부르기 ··· 53
Day 10 ◆ 다른 사람을 도움으로써 나를 돕기 ··· 57
Day 11 ◆ 더 나은 관계를 맺기 위한 6가지 윤리 강령 ··· 61
Day 12 ◆ 추종자에서 리더로 거듭나기 ··· 67
Day 13 ◆ 누구에게도 부끄럽지 않게 살아내기 ··· 72
Day 14 ◆ 하루에 하나씩, 자신과의 약속 지키기 ··· 77

3장 아는 것이 힘이다

Day 15 ◆ 나만의 미래를 선명하게 그리기 ··· 85
Day 16 ◆ 실패의 경험에서 배우기 ··· 89
Day 17 ◆ 자신의 판단을 신뢰하고 목적에 헌신하기 ··· 93
Day 18 ◆ 타인의 해로운 친절을 거부하기 ··· 97
Day 19 ◆ 불만족을 만족으로 전환하기 ··· 101
Day 20 ◆ 신중하게 판단하되 결단력 갖추기 ··· 105
Day 21 ◆ 변화에 맞서지 않고 변화를 이용하기 ··· 109

4장 감히 해보겠다고 도전한 사람들 I

Day 22 ◆ 한다고 마음먹으면 반드시 한다 - 마이크 어틀리 ··· 117
Day 23 ◆ 모든 것을 다 잃어도 앞으로 나아간다 - 윌리 에이모스 ··· 121
Day 24 ◆ 나 자신을 끝까지 믿고 행동한다 - 엘리샤 오티스 ··· 126
Day 25 ◆ 핑곗거리 대신 해야 할 일을 찾는다 - 데이브 토마스 ··· 130
Day 26 ◆ 페덱스 성장의 일등공신, 절대적인 존중 - 프레드 스미스 ··· 135
Day 27 ◆ 빌린 돈으로 시작해 억만장자가 되다 - 커티스 칼슨 ··· 139
Day 28 ◆ 열정을 발휘할 기회를 제공하다 - 메리 케이 애시 ··· 143

5장 팀워크 작동시키기

Day 29 ◆ 동기를 부여해주는 보상 제공하기 ··· 151
Day 30 ◆ 인맥을 마련하고 기회를 잡기 ··· 155
Day 31 ◆ 동료를 소중히 여기고 보살피기 ··· 159
Day 32 ◆ 헤어지는 방식이 이후의 결과를 좌우한다 ··· 163
Day 33 ◆ 비범한 일을 해내는 평범한 사람 ··· 167
Day 34 ◆ 혼자가 아닌 팀으로 함께 일하기 ··· 171
Day 35 ◆ 약간의 존중을 더하기 ··· 176

6장 잠재의식이 성공을 돕게 하라

Day 36 • 성취로 이끄는 잠재의식의 힘 ··· 183
Day 37 • 소원을 환히 밝혀주는 고독의 시간 ··· 187
Day 38 • 목표가 저절로 이루어지는 습관의 기적 ··· 191
Day 39 • 완전하게 집중하면 생각이 현실이 된다 ··· 194
Day 40 • 멈출 수 없는 강렬한 욕망 품기 ··· 198
Day 41 • 실천적 믿음으로 지혜 구하기 ··· 202
Day 42 • 명상으로 지금에 집중하기 ··· 206

7장 이루어지게 하라

Day 43 • 명확한 목적을 마음에 품기 ··· 213
Day 44 • 각별한 노력 기울이기 ··· 217
Day 45 • 주도적으로 일하기 ··· 221
Day 46 • 최선을 다하겠다고 결심하고 실행하기 ··· 225
Day 47 • 좌절할지라도 해결책은 언제나 있다 ··· 230
Day 48 • 통념을 거부하고 새로운 아이디어 찾기 ··· 234
Day 49 • 자기 운명의 주인으로 거듭나기 ··· 238

8장 내가 대접받고 싶은 대로 상대방을 대접하라

Day 50 • 선한 영향력의 선순환 만들기 ··· 245
Day 51 • 내가 한 말과 행동은 반드시 내게 돌아온다 ··· 249
Day 52 • 기대 이상의 각별한 서비스 제공하기 ··· 253
Day 53 • 탓할 사람이나 변명이 아니라 해결책을 찾는다 ··· 257
Day 54 • 타인이 아니라 나 자신과 경쟁하기 ··· 261
Day 55 • 문제 상사와 원활하게 함께 일하기 ··· 265
Day 56 • 협상을 통해 목표를 이루기 ··· 269

9장 언제 도달할 수 있을까

Day 57 • 남은 사람들에게 나는 어떻게 기억될까 ··· 275
Day 58 • 가능성이 있다면 포기하지 않는다 ··· 278
Day 59 • 어디까지 왔는지 진행 상황 점검하기 ··· 282
Day 60 • 꾸준히 읽고 공부하고 생각하기 ··· 286
Day 61 • 크게 꿈꾸고 꿈을 좇아라 ··· 290
Day 62 • 한 번에 하나씩 이루어라 ··· 294
Day 63 • 스스로를 믿으면 언제든 시작할 수 있다 ··· 298

10장 일상을 정리하면 삶이 개선된다

Day 64 • 기록하고 습관이 될 때까지 실행하기 ··· 305
Day 65 • 시간과 돈을 관리하는 시스템 구축하기 ··· 309
Day 66 • 좌절에 맞서는 습관 들이기 ··· 313
Day 67 • 건강한 몸과 마음 유지하기 ··· 316
Day 68 • 목표 달성에 정보를 활용하는 법 ··· 319
Day 69 • 변화에 대처하는 대신 변화를 포용하기 ··· 323
Day 70 • 새로운 나로 다시 태어나기 ··· 327

11장 세상 속에서 나의 가치를 높여라

Day 71 • 집에서 효율적으로 일하는 법 ··· 333
Day 72 • 실행이 변화의 핵심이다 ··· 337
Day 73 • 서비스의 가치를 판매하라 ··· 340
Day 74 • 판매와 관련된 활동만이 수익을 창출한다 ··· 344
Day 75 • 설득하는 글은 최고의 판매 도구다 ··· 348
Day 76 • 인간적인 접촉을 강화하기 ··· 352
Day 77 • 자기 사업을 즐겁게 하는 법 ··· 356

12장 열정이 성공과 즐거움을 만든다

Day 78 • 열정은 성공의 비밀 연료다 ··· 363
Day 79 • 실패는 배움의 기회다 ··· 367
Day 80 • 마음은 언제나 새롭고 높은 목표를 추구한다 ··· 371
Day 81 • 호감 가는 성격으로 포지셔닝하기 ··· 376
Day 82 • 실수에서 훌륭한 판단이 나온다 ··· 380
Day 83 • 열정은 전염된다 ··· 384
Day 84 • 패배는 일시적이다 ··· 388

13장 감히 해보겠다고 도전한 사람들 II

Day 85 • 구체적인 목표로 피자 제국을 세우다 - 톰 모나한 ··· 395
Day 86 • 타협하지 않고 꿈을 이루다 - 미셸 블러드 ··· 399
Day 87 • 계산된 위험에 대담하게 도전하다 - 리처드 브랜슨 ··· 404
Day 88 • 암웨이의 길을 이끌다 - 딕 디보스 ··· 408
Day 89 • 거리의 소년에서 뇌 외과의가 되다 - 벤 카슨 ··· 413
Day 90 • 고객을 도우면 사업은 저절로 굴러간다 - 짐 비규 ··· 418

14장 90일 자기 경영의 여정을 마치며 ··· 423

마음가짐이
전부다

적절한 마음가짐을 갖추면 모든 것이 가능하다.
적절한 마음가짐을 갖추지 못하면 그 무엇도 이룰 수 없다.
승리할 수 있다고 믿는다면 그렇게 될 가능성이 크다.
하지만 패할 것으로 믿는다면 이미 패한 것이다.

긍정적인 마음가짐을 위한 10단계

세상에는 기본적으로 두 가지 유형의 사람이 있는 것 같다. 해야 할 일을 즐겁게 하는 사람과 마지못해 하는 사람이다.

해야 할 일을 즐겁게 하는 사람이 조직 내에서 더 높이 올라가고, 사업에 성공하고, 자신이 선택한 직업이 무엇이든 그 직업에서 성공을 거두리라는 건 박사 학위가 없더라도 누구나 알 수 있다. 성공은 그저 마음가짐의 문제일 뿐이다.

보험업계의 거물이자 동기부여 전문 작가인 클레멘트 스톤Clement Stone은 긍정적인 마음가짐의 중요성을 확신했기에 이를 성공 철학의 핵심으로 삼았다. 스톤은 긍정적인 마음가짐을 어떤 상황에서나 갖춰야 할 적절한 태도라고 정의했다. 긍정적인 면을 바라보면 모든 일이 잘 풀릴 거라는 생각은 순진한 믿음이 아니다. 또한 긍정적인 마음가

스톤은 긍정적인 마음가짐에는 좋은 것 그리고 아름다운 것을 끌어들이는 힘이 있지만, 부정적인 마음가짐은 이를 내친다고 말한다. 그리고 부정적인 마음가짐을 가지면 자신의 진정한 잠재성을 발휘하지 못할 뿐 아니라 삶을 가치 있게 하는 모든 걸 빼앗긴다고 믿는다. 스톤은 이렇게 말한다. "자신이 선택한 특정 목표와 어우러진 긍정적인 마음가짐은 모든 성공의 출발점이다."

"당신이 세상을 바꾸겠다는 선택을 하든 안 하든 세상은 변화한다. 하지만 당신에게는 분명 변화의 방향성을 선택할 힘이 있다. 당신은 스스로 목표를 선택할 수 있다."

"수 세기 동안 철학자들은 '너 자신을 알라'고 말해왔다. 하지만 정말로 가르쳐야 할 내용은 자기 자신을 알고 이해하는 것이 아니라, 신의 법칙이나 타인의 권리를 침해하지 않는 한 당신 안에는 인생에서 바라는 어떤 목표에든 도달할 수 있는 잠재력이 있다는 사실이다."

스톤의 이야기는 이어진다. "마음속으로 그리고 믿는 것은 긍정적인 마음가짐을 갖추어야 성취할 수 있다. 마음속 생각과 태도는 물리적인 현실로 고스란히 바뀌어 나타난다. 가난과 실패를 떠올리면 부와 성공을 떠올리는 것만큼이나 빠르게 그대로 실현된다. 자기 자신을 큰 사람으로 대하고 타인을 자비롭고 너그러운 태도로 대하면 더 크고 넉넉한 성공을 끌어당길 수 있다!"

경력과 인생을 대하는 올바른 태도를 갖춘다면 열정과 열의를 품고 기회를 공략할 수 있다. 그런 사람은 업무를 그저 그렇게 처리하는 대신 뛰어난 결과를 내는 데 필요한 초과 근무와 추가적인 노력을 마다

하지 않는다. 보상이 따르리라는 것을 알기 때문이다.

긍정적인 마음가짐을 기르는 방법은 많지만, 여기서는 나폴레온 힐이 개발한 간단한 10단계를 소개한다. 이는 뛰어난 결과를 가져올 것이다.

1. 매일 자신이 지닌 축복을 세어보고 이에 감사하라. 긍정적으로 여겨야 할 모든 걸 떠올리다 보면 긍정적인 사람이 될 수밖에 없다.
2. 자신이 원하는 일에 몰두하고 원하지 않는 일에 관한 생각은 떨쳐라. 다시 말하면, 일어날 수 있는 나쁜 상황에 관해 생각하는 대신 일어날 수 있는 좋은 상황에 관한 생각에 집중하라.
3. 자기계발 도서를 읽고, 자신과 결부시켜 내용을 흡수하라. 나폴레온 힐은 다음과 같이 지적했다. "동기부여는 불과 같다. 연료를 더하지 않으면 꺼지고 만다."
4. 긍정적으로 연상하라. 어떤 일을 하든 일단 멈추고 그 일에서 성공을 거둔 자기 자신의 모습을 먼저 그릴 때 성공 확률이 높아진다는 것은 심리학계에 오래전부터 알려진 사실이다.
5. 목표를 매일 설정하고 달성하라. 엄청난 목표가 아니어도 된다. 사소한 성취라도 자신감을 키우는 데 놀라운 효과를 나타낼 것이다.
6. 흠잡는 사람이 되지 말고, '장점을 찾는 사람'이 돼라. 다른 사람에게서 장점을 찾는 모습은 자기 자신뿐 아니라 다른 사람의 마음가짐에도 도움을 준다.
7. 스스로 믿음을 가져라. 자기 자신에게 믿음을 가질 때 다른 사람도 나를 믿는다. 내가 나를 믿고, 다른 사람도 나를 믿으면 어떤 일이든 이

룰 수 있다.

8. 자신이 가진 것 가운데 좋은 부분을 다른 사람과 나누라. 다른 사람을 돕는 일만큼 마음이 밝아지는 일도 없다.
9. 다른 사람이 긍정적인 마음가짐을 갖도록 도와라. 이는 자기 자신을 돕는 일이 된다.
10. 우리가 지닌 가장 큰 힘, 즉 기도의 힘을 활용하라.

처음에는 이 열 가지 원칙을 실행하기가 어렵다. 하지만 계속해서 실행하다 보면 얼마 안 가 긍정적인 마음가짐이 자동으로 유지될 것이다. 긍정적인 마음가짐을 유지하면 보상은 자동으로 따라온다.

긍정적인 마음가짐은 일에서뿐만 아니라 개인의 관계에서도 성공과 행복을 얻는 비결이다. 사실 우리 인생에서 긍정적인 마음가짐을 갖추었을 때 좋아지지 않을 부분은 단 하나도 없다. 스스로 시험해보라. 틀림없이 누구나 그 결과를 즐기게 될 것이다.

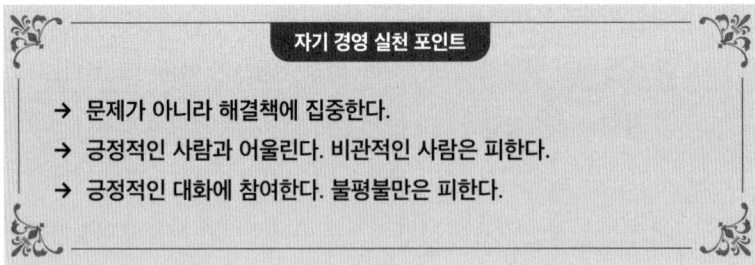

자기 경영 실천 포인트
→ 문제가 아니라 해결책에 집중한다.
→ 긍정적인 사람과 어울린다. 비관적인 사람은 피한다.
→ 긍정적인 대화에 참여한다. 불평불만은 피한다.

승리를 준비하겠다는
의지 다지기

　전에 누군가가 승리를 원하는 마음이 승자를 만드는 건 아니라고 말했다. 승자와 패자를 가르는 것은 승리를 준비하려는 의지이다.
　누구나 승리하고 싶어 한다. 하지만 승리를 준비하는 건 힘들다. 나는 개인적인 경험을 통해 이를 알게 되었다. 몇 년 전 일이다. 매년 받는 건강검진에서 의사로부터 약 10kg 정도 살을 빼 체형을 개선하지 않으면 건강에 진짜 문제가 생길 거라는 말을 들었다. 혈압은 이미 허용치의 상한선에 달해 있었고, 앉아 있는 시간이 긴 생활과 미심쩍은 식습관을 계속하면 틀림없이 고혈압과 그에 따르는 모든 위험을 감수해야 할 터였다. 앞으로 고혈압약에 의존해야 한다는 건 말할 필요도 없었다.
　의사는 내게 다이어트를 하고, 일주일에 세 번 하루 최소 30분씩 운동하고, 석 달 뒤 경과를 확인하러 다시 오라고 했다.

이 상황을 며칠간 거부한 끝에야 나는 변해야 한다는 사실을 받아들였다. 전에 체중 문제를 겪어본 적이 없었기에 내게는 어려운 일이었다. 나는 언제나 아주 건강했다. 음식에 든 지방 성분은 생각할 필요도 없었다. 내가 주로 먹는 음식 네 가지는 치즈버거, 감자튀김, 핫도그와 피자였다.

나는 도움을 받아야 한다고 얼른 마음을 고쳐먹었다. 건강한 식생활에 관한 기사와 책을 읽었다. 식품 성분 표시를 읽는 법을 배워 지방 섭취량을 줄였다. 그러고 나서 목표를 설정하고, 시간과 자원에 관한 예산을 세우고 나쁜 습관을 좋은 습관으로 대체하고, 개인적 규율을 발전시켜나가는 작업을 시작했다.

나는 일주일에 세 번이 아니라 되도록 매일 운동하기로 했다. 그래서 일정을 계획할 때 운동 시간을 미리 포함했다. 그리고 명확하게 측정 가능한 목표를 설정했고, 목표를 이룰 때까지 그 일에 매달렸다. 쉽진 않았다. 사실을 말하자면 지금까지 내가 했던 일 가운데 제일 힘들었다.

그렇게 석 달이 지난 뒤 나를 만난 의사는 깜짝 놀랐다. 내 체중은 약 8.5kg 정도 줄었고, 혈압은 정상으로 돌아와 있었다. 그로부터 2년 뒤 나는 인생 최상의 체형이 되었다.

나는 싸움에서 승리했다. 승리한 이유는 명확한 목표를 설정하고, 결심을 굳건하게 해주는 긍정적이고 동기부여가 되는 자료를 읽으며 승리를 향한 마음가짐을 확고히 다졌기 때문이다.

많은 사람이 이야기했듯, 인간의 뇌는 컴퓨터와 같다. 투입물에 따라

산출물이 달라진다. 그러므로 올바른 마음가짐을 프로그램하면 성공은 보장된다.

성공을 위한 마음가짐을 프로그래밍할 때 중요한 건 프로그래밍 이론에서 말하는 GIGO garbage in, garbage out('쓰레기를 투입하면 쓰레기가 나온다'라는 뜻의 업계 용어로, 올바르지 못한 데이터를 입력하면 올바르지 못한 결괏값이 도출된다는 의미. ―옮긴이)다. 인간 컴퓨터인 우리가 부정적인 영향을 허용하면 우리 충동은 대부분 부정적으로 변할 것이다. 부정적인 생각과 실패에 대한 두려움 그리고 새로운 시도에 따르는 위험 감수를 꺼리는 마음이 우리를 통제한다. 하지만 부정적인 생각이 모두 사라질 때까지 하나씩 차례대로 지워나가면, 부정적 생각이 긍정적인 생각으로 대체되기 시작한다.

숲속에서는 오래된 큰 나무가 사라질 때까지 대부분의 어린나무는 번성할 수 없다. 다 자란 나무의 빽빽한 잎사귀가 햇살을 가리기 때문이다. 햇살이 숲의 바닥까지 닿지 못하면 어린나무는 성장에 필수적인 영양분을 얻기 어렵다. 하지만 다 큰 나무가 사라지면 기적과도 같은 일이 펼쳐진다. 몇 주가 지나면 그 나무가 있던 땅이 새로 나온 어린나무로 뒤덮인다. 사방에서 어린나무가 싹을 틔우고 이전에는 닿을 수 없었던 햇볕을 향해 손을 뻗는다. 부정적인 마음가짐도 이와 마찬가지다.

부정적인 사고방식의 중심에 닿을 때까지 작은 부정적인 생각을 전부 없앴다면 새로운 긍정적인 성장을 위한 준비가 된 것이다. 긍정적인 생각을 키우고 이를 무너뜨리려는 적대적인 환경으로부터 보호한다면 긍정적인 생각은 부정적인 세상에서 충분히 살아남을 만큼 크게 자라날 것이다.

모든 사람은 긍정적인 사람, 부정적인 사람, 혹은 중립적인 사람이 될 잠재성을 지니고 있다. 하지만 행동이 따르지 않는 잠재성은 의미가 없다. 그저 부정적인 생각을 제거한다고 해서 긍정적인 사람이 되지는 않는다. 부정적인 생각이 다시 뿌리내리지 못하도록 긍정적인 생각을 적극적으로 심어야 한다. 사고방식을 바꾸는 데 필요한 일을 시작하기 전까지 우리는 인생에서 누릴 수 있는 큰 이익을 결코 실현할 수 없다.

긍정적인 마음가짐을 기르는 데 도움이 되는 한 가지 방법은 동기를 부여하고 확언해주는 메시지를 매일 공부하고 흡수하는 것이다. 매일 30분 정도 시간을 내 성공의 원칙, 자신의 목표, 목표에 도달하기 위해 해야 할 일을 공부하고 생각하라. 이렇게 하면 죽은 나무를 치우고 온종일 긍정적인 생각을 심는 데 도움이 된다.

긍정적인 생각의 씨앗을 충분히 심으면 부정적인 생각이 자라날 자리가 없다.

자기 경영 실천 포인트

→ 매일 시간을 내서 성공의 원칙을 공부하고 목표 달성을 위해 취해야 할 다음 행동을 계획한다.

→ 매일 여러 번 잠시 멈춰서 자신이 선택한 목표 영역에서 성공하는 모습을 그려본다.

→ 긍정적인 영향, 경험, 사람을 찾는다. 부정적인 영향, 경험, 사람은 피한다.

행복을 위해
적극적으로 행동하기

세상에는 기본적으로 두 가지 유형의 사람이 있다. 행복한 사람과 행복하지 않은 사람이다. 행복하지 않은 사람은 아무리 좋은 환경에 있어도 늘 불평할 거리를 찾는다. 반면, 행복한 사람은 상황이 아무리 나빠져도 언제나 재빨리 회복한다. 그러므로 행복은 어떤 일이 일어나느냐가 아니라 일어난 일에 어떻게 대처하느냐에 달렸다.

행복하고, 생산적이며, 충족된 삶은 오직 단 하나의 원천, 즉 우리 자신에게서 비롯된다. 외부 환경이 우리의 마음가짐과 감정에 어느 정도 영향을 미칠 수는 있지만, 그러한 외부 영향력에 어떻게 반응할지는 개인이 선택할 문제다.

개인마다 취향, 욕구, 필요와 욕망이 전부 다르므로 아름다움과 마찬가지로 행복의 기준도 주관적이다. 사람은 모두 서로 다른 것을 갈망

하며, 점점 자라 성숙해질수록 우리에게 즐거움을 주는 것도 변한다. 하지만 누구에게든 확실한 것이 한 가지 있다. 그건 바로 행복이란 그저 불행하지 않은 것 이상이라는 점이다.

1990년 12월 기자 캐시 율리엇 Kathy Ulyitt이 잡지 「샤틀레인 Chatelaine」에 보도했듯, 플로리다주 포트마이어스에 있는 에디슨 커뮤니티 칼리지의 심리학 교수 마이클 포다이스 Michael Fordyce 박사는 대다수가 일시적으로 행복한 기분을 경험하지만 "진정으로 행복한 사람은 정서적 안녕과 만족감, 전반적인 충족감을 느끼며 삶을 영위한다."는 사실을 발견했다.

포다이스 박사는 또한 그저 행복하지 않다고 느끼는 일을 피하기만 해서는 행복해질 수 없다고 했다. 그건 그저 중립의 상태를 가져올 뿐이다. 행복이란 긍정적이고 능동적인 상태다. 행복은 마치 선물을 받는 것과 같은 수동적인 상태가 아니다. 행복이라는 충족감, 중요한 목표를 달성하거나 어려운 장애물을 극복했을 때 따르는 희열을 느끼려면 적극적인 참여가 필요하다.

바쁜 사람이 행복한 사람이라는 옛말에는 커다란 진실이 담겨 있다.

포다이스 박사는 "행복하지 않은 사람은 게으름을 부리며 많은 시간을 낭비한다. 반면, 행복한 사람은 늘 바쁘게 지내고 자신이 좋아하는 활동을 일과표에 반드시 넣는다."라고 말한다.

감정은 이성의 지배를 항상 받지는 않지만, 행동에는 언제나 반응한다. 계속 피해왔던 일을 마무리하거나 운동을 하면(운동이 아니라도 생산적이고 유용하다고 느끼는 활동이라면 뭐든) 더 행복한 사람이 된다.

행복에 일반적으로 어느 정도의 타협이 따르는 것도 사실이다. 원하는 모든 일을 할 수 있는 경우는 거의 없으며, 원하는 걸 전부 하기엔 시간이나 체력도 부족하다. 어느 노래 가사처럼 원하는 걸 항상 얻을 수는 없지만, 시도하다 보면 필요한 것을 얻을 수도 있다.

시카고대학교 심리학과 미하이 칙센트미하이Mihaly Csikszentmihalyi 교수는 「스페셜 리포트Special Report」에 실린 주디 우드번Judy Woodburn의 글 '무엇이 우리를 행복하게 하는가What Makes Us Happy'에서 "사람은 스스로 설정한 목표를 달성하려고 노력할 때 가장 행복하다. 요컨대, 행복은 종종 노력의 결과이다."라고 말했다.

과로 상태에서는 받아들이기 어려운 생각이겠지만, 매일 온종일 해변에서 보낸다 해도 영원히 만족할 수는 없을 것이다.

25년 동안 행복을 주제로 연구한 결과, 칙센트미하이 교수는 우리가 인생에서 가장 행복했다고 기억하는 경험은 하고 있는 일에 너무 몰두해서 다른 모든 것을 잊었을 때 생겨난다는 결론을 내렸다. 우리 내면에는 도전을 받지 않으면 성취감을 느끼지 못하는 무엇인가가 있다.

하는 일이 판에 박힌 듯 지겹다면 지루한 작업을 수행할 새로운 방법을 찾아라. 생산성이 높아지도록 자기 자신과 경쟁을 벌여라. 그렇게 아낀 시간을 활용해 새롭고 색다른 걸 배워라. 외부에서 흥밋거리를 찾아라. 지역 행사에 참여하거나 악기 연주 배우는 것을 기대하면 일상의 일도 견딜 만해진다.

행복은 결코 상처럼 주어지지 않는다. 반드시 스스로 쟁취해야 한다. 다른 사람이 가진 걸 두고 분하게 여기거나 자신을 행복하게 해줄 것으로 생각되는 일을 꿈만 꾸지 말라. 행복은 오직 내면에서만 우러나올 수 있으며, 스스로 만들어내야만 한다.

칙센트미하이 교수는 다음과 같이 조언한다. "매 순간 자신이 하는 일에 집중하라. 하루하루 살아가는 동안 자신이 지닌 기술을 즐겨라. 그리고 자기 자신의 잠재성에 더욱 다가가라. 마음이 외부에 휘둘리게 두지 마라. 인생이란 어렵지만, 자신의 손에 달렸다는 것, 스스로 원하는 대로 인생을 만들어갈 수 있다는 점을 깨달아라."

모두가 기업의 최고경영자나 유명 록스타, 혹은 올림픽 출전 선수가 될 수는 없다. 하지만 우리를 비슷하게 그리고 서로 다르게 만드는 것의 본질은 성격과 능력의 다양성에 있다. 비록 우리 삶의 목적과 그 과정에서 스스로 설정한 목표는 크게 다를 수 있지만, 우리 모두에게는 한 가지 공통점이 있다. 이는 우리의 삶, 그 자체만큼 오래된 특징인데, 누구나 더 나아지고 싶어 하고, 하는 일을 더 잘하고 싶어 한다는 점이다. 그러다 보니 같은 일을 반복하면 금방 지루해지는 것도 당연하다.

자기 경영 실천 포인트

→ 루틴을 바꾼다. 일하는 방식을 달리한다. 점심에는 뭔가 다른 걸 먹어 본다. 산책한다.
→ 어제 한 것보다 더 많은 일을 함으로써 자신에게 도전한다.
→ 좋아하는 취미 활동에 푹 빠져본다(TV 시청은 제외).

두려움을 직면하고 극복하기

중국의 철학자 노자는 '천 리 길도 한 걸음부터'라는 말을 남겼다. 실패를 극복하고, 실패에 대한 두려움을 이겨내는 과정에도 노자의 지혜가 똑같이 적용된다. 이러한 두려움은 한 단계 한 단계 차근하게 극복해야 한다.

어떤 일이든 시작이 가장 어렵다. 하지만 열정과 투지로 덤비면 처음 생각했던 것만큼 어려운 일은 거의 없다. 시도했다가 실패할 때마다 우리는 더욱 강해지고, 능력이 향상돼 다음번에는 성공 가능성이 커진다. 고군분투하는 동안 우리도 강해진다.

운동을 통해 근육이 강화되는 것처럼 우리는 장애물을 극복하는 동안 끈질기게 계속하는 법, 더욱 열심히 더욱 똑똑하게 일하는 법 그리고 마침내 성공하는 법을 배우게 된다. 하고자 하는 일에서 더 강하고,

더 빠르고, 더 잘하는 사람이 되며, 시행착오를 통해 얻은 강점 덕분에 삶의 다른 모든 영역에서도 강해진다.

마침내 성공을 거두었을 때(충분이 오래 버티면 반드시 성공할 것이다) 우리는 더 새롭고 나은 방법으로 일을 처리하게 된다. 시행하면서 실패와 성공을 통해 개발한 기술은 신체적·정신적 지름길을 가르쳐준다. 어떻게 하면 일을 더 잘할 수 있는지 알기 때문에 더 어려운 과제에 더 많은 신체적·정신적 에너지를 쏟을 수 있다.

성공하기까지 마주하는 장애물 덕분에 인생이 한층 더 재밌어진다. 그러한 장애물이 없다면 살면서 도전 과제가 없을 것이고, 도전 과제가 없으면 삶은 그저 지겨운 일이 될 뿐이다.

세일즈 및 마케팅 컨설턴트 데이비드 드리스콜David Driscoll에 따르면 성공보다 실패 속에 얻을 게 더 많다. 「세일즈 앤드 마케팅 매니지먼트Sales and Marketing Management」 1989년 4월호에서 드리스콜은 시도했다가 실패한 뒤에는 '내가 무얼 잃었을까?'라고 질문하는 대신 '내가 무얼 얻었을까?'를 물으라고 제안했다.

드리스콜은 영업을 하다 보면 성공보다 실패할 일이 훨씬 더 많다고 말했다. 우수한 영업사원은 대부분 거절당하리라는 것을 안다. 이들은 거절당할 때마다 '노no'를 그저 '예스yes'로 나아가기 위한 과정에서 해치워야 할 장애물로 여긴다.

드리스콜은 말한다. "실패할 때마다 거듭해서 시도하세요. 그렇게만 하면 더 많은 성공을 거둘 수 있습니다. 이는 평균과 백분율의 법칙에 기반을 둔 게임이에요. 그런데 사람들은 거절과 실패를 개인적인 문제로 받아들이고 비율의 균형을 무너뜨립니다."

오늘부터 이렇게 질문하라. '내가 왜 실패했을까?' 그리고 신중하게 답을 찾아라. 의심이 가는 부분을 확인하면 마음이 더 상해서 다시 시도하고 싶지 않아질까? 아니면 변명이 아닌 현실적인 해결책을 찾게 될까? 거절을 개인적으로 받아들이지 않으면 두려움을 극복하고 실패를 더욱 객관적으로 평가해 그로부터 배움을 얻을 수 있다.

두려움은 종종 시도조차 못 하게 우리 앞을 가로막곤 한다. 나폴레온 힐은 성공을 가로막는 장애물을 극복하는 가장 좋은 방법은 스스로 이렇게 묻는 것이라고 했다. '나는 무엇을 두려워하는가?'

그는 일단 두려움을 직면하고 나면 대개 그림자에 불과하다는 걸 알게 되는 경우가 많다고 말했다. 다음은 사람들이 느끼는 기본적인 두려움과 이를 극복하기 위한 나폴레온 힐의 제안이다.

질병에 대한 두려움: 인간의 몸에는 자동으로 자체 유지 및 보수를 할 수 있는 정교한 시스템이 있다. 그런데 몸에 고장이 날지를 왜 걱정하는 걸까? 그러기보다는 우리가 몸에 수많은 것을 요구하는데도 몸이 얼마나 적절하게 작동하는지에 경탄하는 편이 훨씬 낫다.

나이 드는 것: 나이 드는 걸 왜 두려워할까? 세월은 두려워해야 할 것이 아니라 기대해야 할 대상이다. 우리는 젊음과 지혜를 교환한다. 나이가 들면 이전과 같거나 혹은 더 큰 혜택이 주어질 뿐 빼앗기는 건 아무것도 없다.

실패에 대한 두려움: 자세히 들여다보면 순간의 실패는 오히려 축복일 수 있다. 실패는 그와 동등한 보상의 씨앗을 품고 있다. 우리가 해야 할 일은 실패의 원인을 찾는 것뿐이다. 그러면 다음번 시도에는 더 나은

노력을 기울일 수 있다.

죽음에 대한 두려움: 우리는 죽음이 우주 전체의 계획에서 필요한 부분이라는 것, 영원이라는 더 높은 차원으로 가는 통로로써 조물주가 인간에게 제공한 수단이라는 점을 깨닫기만 하면 된다.

비판에 대한 두려움: 가장 엄격한 비판자가 되어야 할 사람은 자기 자신이라는 점을 기억한다면 남들의 비판을 두려워할 이유가 뭐가 있을까? 게다가 비판 속에는 발전하는 데 도움을 주는 건설적인 제안이 들어 있기도 하다.

많은 사람이 불합리하게 두려워하는 신체적인 고통조차 우리 삶에서 긍정적인 역할을 한다. 통증은 아무런 교육을 받지 못한 사람이라도 자신이 질병이나 부상으로 위험에 처해 있음을 알게 해주는 보편적인 언어일 뿐이다.

이상의 예가 설명하듯 두려움은 대부분 무지에서 나온다. 어쨌든 세상 사람들은 프랭클린 Benjamin Franklin 과 에디슨 Thomas Edison 을 비롯한 몇몇 사람이 번개가 그저 에너지의 한 형태일 뿐이며 인류의 이익을 위해 활용할 수 있다는 사실을 밝힐 때까지 번개를 두려워했다. 두려움을 극복하고 성공을 찾기 위해서는 반드시 신의 지성 Divine Intelligence 을 믿고 마음을 열어야 한다.

자기 경영 실천 포인트

→ 신뢰하는 친구에게 자신이 지닌 두려움에 관해 이야기한다. 새로운 관점으로 바라보면 그 두려움이 처음 생각했던 것과 다르다는 것을 알 수 있다.

→ 최악의 상황을 그려본다. 그러면 대개 최악의 상황이 벌어져도 견딜 수 있으며, 최악의 상황이 거의 발생하지 않는다는 사실을 알게 되어 위안을 느낄 수 있다.

→ 보통 일은 최선의 방향으로 해결된다고 믿는다. 예를 들어, 일자리를 잃은 사람이 오히려 그 덕에 더 행복하게 일할 수 있는 새로운 직장을 찾았다는 소식을 당신은 몇 번이나 들어보았는가?

열정이라는
연료 채우기

함께 일할 사람을 선택할 수 있다면 다음 중 어떤 사람을 선호하겠는가? 일에 열정을 지닌 사람일까 아니면 일에 전혀 신경 쓰지 않는 사람일까? 이 질문의 답을 생각하면 왜 열정을 키우는 것이 중요한지를 알 수 있다.

다행히도 열정은 학습 혹은 재학습할 수 있다. 어린이보다 열정적인 사람은 없다. 어른은 그 모습을 보는 것만으로도 지칠 만큼, 어린아이들은 매일 활기가 넘친다. 어른에게는 아무렇지 않은 일상도 어린이에게는 새로운 발견으로 매번 흥미롭다.

전 세계에서 수백만 부가 팔린 『노먼 빈센트 필의 긍정적 사고방식』의 저자는 예전에 내게 세상에 부정적인 아기는 없다는 점을 상기시켜 주었다. 필은 이렇게 말했다. "부정적인 사고방식은 다른 것과 똑같은 방식으로 학습됩니다. 바로 반복 말이지요. 세상에 존재하는 부정적인 영향력에 대항할 유일한 방법은 부정적인 생각을 뿌리 뽑고, 부정적 사고가 들어설 자리가 아예 없어질 때까지 긍정적인 생각으로 대체하는 것입니다."

매일 긍정적이고 열정이 넘치는 사람이 되기로 선택한다면, 또한 아무리 사소한 일일지라도 인생의 모든 즐거움을 경험하면서 기쁨을 찾기로 선택한다면, 긍정적인 사고는 습관이 되고 삶의 방식이 된다. 열정을 동력으로 하는 긍정적인 마음가짐은 엄청난 힘을 낸다.

클레멘트 스톤은 열정적으로 사는 가장 좋은 방법은 열정적으로 행동하는 것이라고 자주 말했다. 최근에 바로 이러한 발상에 크게 감명받은 일이 있었다.

얼마 전 라디오 프로그램을 녹음하고 있을 때였다. 그날은 무엇 하나 제대로 되는 일이 없는 것처럼 느껴지는 그런 날이었다. 머릿속 생각은 입 밖으로 제대로 전해지지 않았고, 자꾸만 단어를 잘못 발음했다. 그리고 나자 이번에는 방송에 기술 문제까지 발생했다. 나 자신과 당시의 상황, 양쪽 모두에 점점 짜증이 커져갔다.

기술 문제가 마침내 해결되고 나자, 다시 녹음을 할 마음이 잘 생기지 않았다. 하지만 있는 힘껏 열정을 끌어모아 다시 한번 말을 이어갔다. 그랬더니 믿기 어려운 변화가 일어났다. 실제로 열정이 느껴지기 시작한 것이다. 겨우 몇 초 사이에 엄청난 짜증이 진정한 열정으로 변했다.

스톤이 제시한 기법을 그전부터 수년간 연습해왔지만, 이토록 즉각적인 변화를 경험한 적은 없었다. 그전에는 아마 그렇게 빠르게 변해야만 할 상황에 놓이지 않았기 때문일 것이다. 열정의 법칙은 효과가 있다. 열정의 법칙이 의심스럽다면 속는 셈 치고 한번 시도해보기만 하라.

그러고 나면 성공을 이끄는 동력이 열정이라는 걸 알게 될 것이다. 랄프 왈도 에머슨Ralph Waldo Emerson은 말했다. "세계사 속에 나타난 위대하고 용감한 활동은 전부 열정의 승리다. 열정 없이는 그 어떤 위대한 일도 이룰 수 없다."

다른 사람을 내 편으로 만드는 가장 확실한 방법은 매사에 열정적으로 임하는 것이다.

특별히 열정을 느끼지 못할 때라도 억지로나마 열정적으로 행동하려 애써라. 단호하고 열정적으로 움직이는 것은 단호하고 열정적인 사람이 되기 위한 첫 번째 단계다.

물론 열정을 낳는 가장 좋은 방법은 정말로 좋아하는 일을 하는 것이다. 자신이 하는 일이 정말 싫으면 열정을 쏟기가 매우 어렵다. 반대로, 좋아하는 일을 하는 데 열정을 갖지 않기도 사실상 불가능하다.

메리 케이 애시Mary Kay Ash는 젊은 주부이자 아기 엄마였던 시절 순전한 열정의 힘으로 자신이 물건을 팔 수 있다는 사실을 알아차렸다. 애시가 창립한 화장품 회사가 미국 전역에 이름을 떨치기 훨씬 전의 일이다. 어머니로서 애시는 양육에 관한 책을 정말 읽고 싶었고, 어느 육아서 전집을 보고 완전히 반했다. 그런데 가격을 확인하고 나자 울고 싶은 심정이 되었다.

도서 영업사원이던 여성은 애시가 책에 관심이 있고 사고 싶어 한다는 걸 알고, 주말 동안 살펴보라며 책을 두고 갔다. 도서 영업사원이 책을 찾으러 왔을 때 애시는 책을 살 수 있을 때까지 돈을 모으겠다고 말했다. 그 책은 애시가 본 양육서 가운데 최고였기 때문이다.

후에 애시는 이렇게 떠올렸다. "어찌나 내가 흥분했던지 도서 영업사원이 이렇게 말했어요. '메리 케이 씨, 전집을 열 세트 판매해주시면 한 세트를 드리겠습니다.'"

애시는 좋은 방법이라고 생각했다. 그래서 친구, 이웃, 자신이 가르치는 주일학교 아이들의 부모에게 전화를 걸었다.

"제게는 그들에게 보여줄 책조차 없었어요. 가진 거라고는 열정뿐이었죠."

애시는 하루 반 만에 열 질을 팔 수 있었고, 열정에 강한 믿음을 갖게 되었다. 그래서 '메리 케이는 열정이 있어'라는 노래를 만들었다. 이 노래는 메리 케이 코스메틱Mary Kay cosmetics 문화의 일부다.

열정은 판매로 이어진다. 제품의 장점을 열정적으로 뽐내지 않는 TV 광고가 있을까? 회사가 제품을 신나게 소개하지 않으면 소비자가 어떻게 제품을 구매할 정도로 열정을 품을 것으로 기대할 수 있을까? 인생도 마찬가지다. 자신이 하는 일이나 판매하는 제품 및 서비스에 열정을 지니지 않으면 다른 사람의 열정도 기대할 수 없다.

능력, 기술, 자원이 차라면 열정은 연료다. 연료가 부족하면 능력, 기술, 자원이 있어도 그리 멀리 갈 수 없다.

자기 경영 실천 포인트

→ 열정적인 사람이 되고 싶다면, 열정적으로 행동한다.
→ 열정은 전염되므로 열정적인 사람과 어울린다.
→ 자신의 아이디어 혹은 제품에 열정이 없다면 다른 누구도 열정을 갖게 할 수 없다.

버티고 시도해서
작은 성공 이루기

1960년대 많은 청년이 그랬듯 조지 필즈George C. Fields도 베트남에서 통찰을 얻었다. 하지만 자포자기와 절망만을 찾은 다른 청년들과 달리 필즈는 인생을 바꾸는 경험을 하는 동안 깨우침을 얻고 희망을 발견했다.

필즈는 학업을 이유로 수년간 군 복무를 피했지만, 징집 대상에서 해제되는 나이인 26세 생일을 불과 몇 달 앞두고 징집되고 말았다.

필즈는 회상했다. "징집을 피하느라 오랜 시간을 보냈어요. 하지만 당시의 경험으로부터 무언가를 피하는 데 시간과 힘을 많이 쏟아서는 안 된다는 걸 배웠습니다. 군 복무는 결국 제게 아주 긍정적인 경험이 되었거든요."

또한, 필즈는 군대에서 고소공포증도 극복했다. 그는 말했다. "스스로 고소공포증을 직면할 수 있도록 공수 부대에 자원했습니다. 공수 부대 훈련은 죽음에 맞설 준비가 된 자와 그렇지 않은 자를 가려냅니다. 공수 부대에서는 비행기에서 뛰어내릴 때 죽음을 확신하게 하죠. 어떤 의미에서 비행기에서 뛰어내린다는 건 매번 명예를 지키기 위해 죽음을 선택하는 셈이었어요."

"그런데 처음 낙하를 시도했는데 상상했던 것만큼 나쁘지 않았어요. 비행기 문밖으로 나갔더니 갑자기 정말 조용해지더군요. 위를 올려다보니 아름다운 푸른 하늘과 대비되는 하얀 낙하산이 있었습니다. 아래로 내려가는 다른 낙하산도 전부 보였어요. 저는 살아 있었어요! 죽을 거라고 생각했는데, 살아서 아래로 천천히 내려가고 있었고 모든 게 아름답고 신선했습니다."

또한 필즈는 군대에서 자신이 긍정적이고, 열정적인 사람과 함께하는 걸 좋아한다는 사실을 알게 되었다. "제가 있던 부대에는 전부 자원해서 온 사람만 있었습니다. 스스로 길을 선택한 사람에게서는 훨씬 더 큰 열정과 전문성이 느껴집니다."

제대 후 필즈는 고향인 시카고로 돌아갔다. 정치학을 전공하던 필즈가 정치 철학에 관한 논문을 쓸 계획을 세우고 있을 때 친구가 피터슨 출판사에 광고 영업 담당자 자리가 났으니 면접을 보라고 설득했다. 회사에서는 다음 월요일부터 근무를 시작하라며 채용을 제안했다. 필즈는 졸업부터 하려고 채용 제안을 일단 거절했지만, 대학을 마치자마자 그 회사에 취업했다.

피터슨 출판사에서 사회생활을 시작한 필즈는 '타임스 미러 매거진Times Mirror Magazines'으로 이직했고, 이곳에서 「포퓰러 사이언스Popular

Science」의 매출을 네 배로 끌어올렸다. 이후 냅 커뮤니케이션스Knapp Communications의 잡지 「홈Home」에서 일하며 「애드위크Adweek」 지에서 선정하는 10대 인기 잡지에 2년 연속 이름을 올려놓기도 했다.

필즈에게 성공 철학에 관해 물으면 그는 이렇게 대답했다. "부정적인 사람은 얻은 것보다 잃은 것에 집중하는 경향이 있습니다. 이들은 뛰어난 야구선수의 타율이 겨우 0.300밖에 안 된다는 점을 잊고 있어요. 뛰어난 야구선수라 해도 야구 방망이를 열 번 휘두르면 일곱 번은 공을 맞히지 못합니다. 이렇게 생각해야 합니다. '다음에는 맞힐 거야!' 그러고 나서 계속 방망이를 휘둘러야 합니다. 공을 놓칠 거라고 생각하면 분명 놓치게 됩니다. 하지만 해야 할 일을 계속하다 보면 마침내 원하는 대로 열 번 가운데 세 번은 공을 맞히게 됩니다."

동기를 계속 부여하고, 차리리 포기하고 싶을 때도 '그 자리에서 계속 스윙을 하는' 한 가지 방법은 확언을 개발하는 것이다. '넌 할 수 있어, 꼬마 기관차the little engine that could'라는 이야기를 기억할지 모르겠다. 꼬마 기관차는 "난 할 수 있어, 할 수 있어."라는 말을 계속 반복함으로써 높은 산을 넘을 수 있었다. 꼬마 기관차의 자기 확언 기법은 우리에게도 효과가 있다.

목표 지향적인 사람은 대부분 확언과 스스로 동기를 부여하는 문구를 만들어 기억하고, 격려가 필요한 날에 그 말을 기억해 떠올린다. 자신이 가장 좋아하는 인용구나 캐치프레이즈, 혹은 마음에 와닿는 슬로건이 그 역할을 할 수 있다. 그런 표현 속에는 또렷하고 의미 있는 메시지가 담겨 있기 때문이다. 자신에게 가장 적절하고 도움이 되는 표현을 선택하는 것이 중요하다.

확언을 정했다면 그 내용이 자신의 일부가 될 때까지 매일 소리 내 크게 말한다. 아무도 없는 곳으로 가서(그래야 다른 사람들이 미쳤다고 생각하지 않을 것이다) 거울 속 자신의 모습을 보고 하나의 확언 혹은 스스로 동기를 부여하는 말을 외친다(자신이 지닌 모든 열정을 짜내 외쳐야 한다). 이렇게 일주일 동안 매일 아침에 스무 번, 저녁에 스무 번 실시한다. 그러면 확언이 마음속에 단단히 뿌리박혀 필요할 때 언제든 떠올릴 수 있게 될 것이다.

자신만의 확언을 만드는 것도 좋지만, 시작을 돕기 위해 열 가지 문구를 소개한다. 1) 미루지 말라, 지금 당장 하라! 2) 어려움이 찾아올 때 강인한 사람은 움직인다. 3) 나는 좋은 사람이다. 4) 나는 행복할 자격, 성공할 자격이 있다. 5) 원하는 바를 손에 넣을 만큼 충분히 열심히 일하고, 충분히 영리하게 군다면 그게 뭐든 가질 수 있다. 6) 망설이면 놓친다. 7) 나는 대단한 사람이다! 8) 내가 가장 많이 생각하는 것은 '나'이다. 9) 나는 특별하다. 유일무이한 걸작이다. 10) 믿음을 가지면 모든 게 가능하다.

물론 자기 확언의 힘을 비웃는 사람도 있다. 예를 들어 NBC의 코미디쇼 〈새터데이 나이트 라이브 Saturday Night Live〉에 반복해서 등장하는 캐릭터인 스튜어트 스몰리 Stuart Smalley는 이렇게 즐겨 말한다. "나는 충분히 좋은 사람, 충분히 영리한 사람, 에이 참, 사람들은 나를 좋아해." 당연히 이런 말을 하는 스몰리는 바보처럼 보인다. 하지만 확언은 철저히 혼자서 외치는 행위이다. 다른 사람과 공유하기 위한 것이 아니다. 올바르게 활용한다면 부정적인 사고와 실패하는 원인을 긍정적인 확언으로 전환할 수 있다.

부정적인 메시지에 빠져 있기보다는 스스로 긍정적인 메시지를 반복적으로 떠올리고 곱씹는 편이 더 낫다는 건 당연하다.

자기 경영 실천 포인트

→ 잃은 게 아니라 얻은 것에 집중한다. 실패할 것으로 믿는다면, 이미 실패한 것이다.
→ 바꾸고 싶은 삶의 측면에 집중하는 데 도움을 주는 자기 확언을 만든다.
→ 확언을 매일 아침, 저녁으로 스무 번씩 큰 소리로 반복한다.

긍정적인 생각으로
긍정적인 일 끌어당기기

온통 부정적인 생각만 하고 있으면 결코 긍정적인 일을 끌어당길 수 없다. 우리가 가장 많이 생각하는 바를 마음이 끌어당긴다는 사실은 자석이 쇳가루를 끌어당기는 것만큼 확실하다.

마음의 묘한 특징이 있는데, 그건 우리가 가장 많이 생각하는 바를 계속해서 물리적 현실로 바꾸어놓으려고 한다는 점이다. 그런데 안타깝게도 우리의 잠재의식(잠재의식은 생각하는 바를 물리적 현실로 바꾸는 작업에만 하루 24시간 집중한다.)은 긍정적인 생각과 부정적인 생각을 구별하지 못한다. 혼잣말로 무엇인가를 충분히 자주 이야기하면, 잠재의식은 그 말을 믿게 된다.

그 말 속에 담긴 정보가 진실이든 거짓이든, 사실이든 허구든, 긍정적이든 부정적이든, 그건 중요하지 않다. 마음은 그렇게 설계되어 있으므로, 우리가 가장 자주, 가장 두드러지게 하는 생각에 필적하는 물질을 끌어당기려 계속 노력한다. 그래서 부정적인 마음으로 긍정적인 일을 끌어당기기란 물리적으로 불가능하다. 문제를 찾으면, 문제가 생긴다.

하지만 부정적인 생각을 극복하는 것, 비관주의에서 낙관주의로 바꾸는 건 가능하다. 모든 건 전부 훈련에 달렸다. 긍정적인 사고를 훈련하는 방법도 다른 뭔가를 배우는 방법과 똑같다. 반복하면 된다.

노먼 빈센트 필Norman Vincent Peale 박사는 내게 긍정적인 사고방식을 키우는 방법을 설명하며 일화를 들려준 적이 있다. 뉴욕주 더치스 카운티에 있는 박사의 농장에는 죽은 나무가 있었는데, 박사는 폭풍이 불면 그 나무가 쓰러져 집이 망가질까 봐 걱정했다. 박사는 정원사를 불렀는데 정원사가 커다란 톱을 가지고 와 나무를 베어 넘어뜨린 뒤 가져갈 것으로 생각했다. 하지만 그는 그렇게 하지 않았다. 정원사는 나무 위쪽에서부터 시작해서 나무에 몸통 외의 아무것도 남지 않을 때까지 한 번에 하나씩 가지를 잘라 제거했다. 그리고 나서 나무의 몸통도 끝까지 다 사라질 때까지 여러 번에 나누어 잘라냈다.

필 박사는 말했다. "부정적인 생각을 대하는 방식이 바로 이와 같습니다. 부정적인 생각이 전혀 남지 않을 때까지 한 번에 하나씩 부정적인 생각을 지웁니다. 그리고 나서 그 자리에 새로운 나무를 심습니다. 새로 심은 나무에 물을 주고, 거름을 주고, 긍정적인 생각으로 키웁니다. 나무가 아주 크고 곧고 정말 커서 부정적인 생각이 자랄 자리가 없을 때까지요."

부정적인 생각이 들 때마다 생각을 멈추고 긍정적인 생각으로 바꾸는 것을 습관으로 삼으면, 즉 '할 수 없어'라는 생각을 '실패할 수 없어'로 대체하면 얼마 안 가 삶이 크게 향상되는 것을 느낄 것이다.

생각하는 바가 자기 자신이다. 클레멘트 스톤과 나폴레온 힐은 이렇게 말했다. "마음으로 상상하고 믿으면 그게 무엇이든 이룰 수 있습니다. 긍정적인 마음가짐이 있어야 합니다."

우리는 가장 많이 생각하는 바대로 될 가능성이 매우 크다. 부정적이고 파괴적인 생각에 사로잡힌다면 슬프고 불행한 사람이 될 것이다. 하지만 부정적인 생각을 없애고 긍정적인 일에 집중한다면 행복하고, 생산적인 사람이 된다.

생각을 그와 동등한 물리적 대상으로 바꾸려는 건 마음이 지닌 천부적인 성향이다. 그게 마음이 하는 일이다. 마음은 우리 몸의 중앙 컴퓨터로서 언제 먹을지, 언제 자야 할지 말해주고, 생존과 안녕에 필요한 수없이 많은 기능을 수행한다. 그러므로 나라는 인간 컴퓨터에 들어가는 투입물을 관리하는 건 매우 중요하다. 그렇지 않으면 인간이라는 컴퓨터는 기계와 똑같이 쓰레기를 입력하면 쓰레기를 출력하는 방식으로 작동할 것이다.

우리 삶에서 중요한 일이 대부분 그렇듯 경력, 교육, 가족, 우정, 체력과 건강을 지키기 위해 생각과 기대치를 관리하는 일은 마음먹는다고 바로 뚝딱 이루어지지 않는다. 시간이 걸리는 프로그래밍 과정이며 보통 지겹고 어렵다. 하지만 분명 효과가 있다.

어떤 노력을 할 때든 이루려는 바에 명확하게 집중할 때 성공이 시작된다. 목적지가 확실하지 않으면 우왕좌왕하게 된다. 목표 설정은 삶을 책임지는 일이다. 정해진 때가 되면 어디에 있고 싶은지 정하고, 그

곳에 도달할 수 있도록 자신만의 단기, 중기, 장기 목표를 세워라. 정해진 목표가 없으면 표류하고, 나를 위한 진정한 의미나 목적 없이 무작위로 일어나는 외부의 힘과 사건에 휘둘리기 마련이다.

아주 간단히 말해 인생 계획을 세우는 건 국토 횡단 여행을 준비하는 것과 비슷하다. 인생이든 여행이든 목적지에 도착하고 싶다면 마음속으로 목적지를 분명하게 정해야 한다. 그리고 최종 목적지에 제시간에 도착하고 싶다면 도중에 반드시 달성해야 하는 중간 목표가 있다. 또한 좋은 계획은 우회나 지연을 수용할 수 있는 충분한 유연성을 갖추고 있으며, 예기치 못하게 일어난 흥미로운 가능성도 확인할 수 있도록 한두 번의 부차적인 여행을 위한 시간도 허용한다.

하지만 다른 여행과 마찬가지로 목적지를 설정하는 단계가 가장 중요하다. 어디로 향하는지 알면 목적지까지 갈 온갖 방법을 알 수 있다.

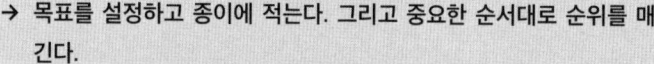
자기 경영 실천 포인트

→ 목표를 설정하고 종이에 적는다. 그리고 중요한 순서대로 순위를 매긴다.
→ 목표를 달성할 방법에 관해 명확한 실행 계획을 수립한다.
→ 모든 여행이 그렇듯 최종 목표에 도달하기 전까지 다른 길로 둘러 가야 하거나 계획에 차질이 생기거나 왔던 길로 돌아가야 할 때가 있음을 명심한다.

2장

성격이
관계를 좌우한다

성격은 내가 다른 사람을 대하는 방식 그리고 결국에는 다른 사람이 나를 대하는 방식에 영향을 준다. 혼자서는 목표를 달성할 수 없으므로 성격은 성공의 중요한 요소이다. 2주 차에는 긍정적인 성격의 요소에 초점을 맞춘다.

성공을 부르는 인격 형성하기

긍정적인 성격의 발달은 목적의 진정성에서 시작된다. 나폴레온 힐은 우리가 하는 모든 일에 진심을 담는 게 중요하다는 것을 보여주는 많은 일화를 언급했다. 그 가운데는 에이브러햄 링컨Abraham Lincoln의 이야기도 있다. 한번은 에이브러햄 링컨의 친구가 그의 적들이 그에 대해 끔찍한 이야기를 하고 다닌다고 알려준 적이 있다.

"그들이 하는 말이 사실이 아닌 한, 그들이 뭐라 하든 신경 쓰지 않아." 링컨은 외쳤다.

목적의 진정성은 링컨을 비판에 대한 두려움으로부터 해방시켰다. 링컨은 이러한 성격 덕분에 남북전쟁에서 비롯된 극복하기 어려운 문제도 해결할 수 있었다.

진정성은 동기motive의 문제다. 그래서 다른 사람은 우리에게 시간,

에너지, 혹은 돈을 쓰기 전에 진정성에 대해 질문할 권리가 있다.

행동을 시작하기 전에 스스로의 진정성을 시험해보자. 자신에게 물어보라. "나는 이윤 혹은 임금을 얻기 위해 제공하는 서비스나 재화에 공정한 가치를 담고 있는가? 아니면 공짜로 무엇인가를 얻고자 하는가?"

진정성은 타인에게 증명하기 매우 어려운 속성이다. 하지만 우리는 그것을 증명할 준비가 되어 있어야 하고, 증명에 대한 열의를 가지고 있어야 한다.

나폴레온 힐은 또 다른 일화에서 어느 여성이 자신의 진정성을 증명한 방법을 보여준다. 마사 베리Martha Berry는 수년 전 조지아주 북부 산악지역에 사는 아이들을 위해 학교를 세웠는데, 이 지역의 부모는 자녀의 교육 비용을 감당할 수 없었다. 마사 베리는 교육을 계속하기 위해 돈을 모금하려 했고 헨리 포드Henry Ford에게 면담을 요청해 수락을 받아냈다. 하지만 정작 소액 기부를 요청했을 때는 거절을 당했다.

베리가 말했다. "음, 그러시면 땅콩 한 자루만 기부해주시겠어요?"

베리의 색다른 요청을 포드는 매우 재밌어했고, 땅콩을 살 수 있는 돈을 건넸다. 베리는 아이들에게 땅콩 심는 법을 보여주었고, 땅콩을 심은 뒤 판매한 매출이 500달러에 이르렀다. 당시 기준으로는 상당한 금액이었다. 그리고 나서 베리는 그 돈을 들고 포드를 다시 찾아가 포드가 냈던 소액의 기부금을 어떻게 불렸는지 보여주었다.

포드는 크게 감명을 받아 학교 농장이 자립할 수 있도록 트랙터와 농기구를 선물했다. 게다가 이후 수년에 걸쳐 100만 달러 이상을 기부했고, 그 덕에 베리가 설립한 학교 캠퍼스에는 아름다운 석조 건물이 세워졌다.

포드는 말했다. "베리 선생님의 진실함과 그 성실함을 불우한 아이들을 위해 사용하는 놀라운 방식에 감명받지 않을 수 없었습니다."

베리는 역경을 마주했지만, 재화, 서비스, 혹은 재능을 통해 다른 사람의 삶을 더 수월하게, 더 나아지게 만들고 싶다는 진심 어린 바람을 증명하면 인생의 목표를 달성할 수 있다는 걸 배웠다.

사실 역경은 우리에게 많은 가르침을 준다. 나폴레온 힐은 『나폴레온 힐 부의 법칙』에 이렇게 썼다. "역경은 좋은 일이다. 정말로 동정해야 할 사람은 '금수저'를 물고 태어나 자란 사람이다."

아무런 책임 없이 부유하게만 자란 사람은 결과를 얻기 위해 매번 열심히 싸워야 했던 사람에게 결코 강력한 경쟁자가 되지 못한다. 힐은 이렇게 말했다. "사람을 만드는 건 부가 아니다. 사람을 만드는 건 그 사람의 인격, 끈기와 세상에 도움이 되겠다는 강한 결심이다!"

힐은 진정한 성공은 우리가 세상에 제공하는 서비스의 양과 질에 따라 측정되고 결정된다는 것을 이해해야 한다고 말한다. 여기에는 어떤 추측도, 행운도, 우연도 없으며, 자연의 법칙을 따르는 것일 뿐이다. 힐은 말한다. "부유한 사람은 있다. 하지만 부유하다는 게 성공했다는 건 아니다. 화려한 학벌을 지닌 사람도 있다. 하지만 그것도 성공은 아니다. 부유한 부모를 둔 사람도 있다. 다시 한번 말하지만 그렇다고 그 사람이 성공한 건 아니다."

힐에 따르면 정말로 영원하고 가치 있는 유일한 성공은 "우리가 형성한 인격으로 대표"된다.

힐은 우리가 항상 인격을 형성하고 있다고 말한다. 우리는 자기개선, 즉 자신감과 자기 통제력 등을 발전시키는 데 시간을 할애함으로써 앞으로 다가올 미래에 자산이 되어줄 인격을 만들어나간다.

인격은 천천히, 조금씩 만들어진다. 우리가 하는 모든 생각과 행동이 인격으로 이어진다. 인격은 우리가 하는 일, 하는 말, 떠올리는 생각의 결정체다. 힐은 말한다. "가치 있는 일을 생각하면 가치 있는 사람이 될 가능성이 높다."

"되고 싶은 모습 한 가지를 충분히 오랫동안 생각하면 그 모습이 될 가능성이 크다. 다만 열심히 바라기만 하는 게 아니라 최선을 다한다는 전제가 있어야 한다."

힐은 또한 성공이 쉽게 이루어지지 않는다고 해서 결코 불평하면 안 된다고 설명한다. 만약 성공이 쉽게 온다면, 성공했을 때 알아차리지 못할 수도 있기 때문이다!

"세상은 진정한 서비스를 제공할 기회를 찾는 사람을 기다리고 있다. 이웃의 짐을 덜어주고, 세상을 더욱 살기 좋은 곳으로 만들고, 100명 가운데 95명은 알지 못해 제공하지 않는 그런 서비스를 베풀 사람을 말이다."

자기 경영 실천 포인트

- → 항상 요청받은 것 이상을 하겠다는 원칙을 세운다.
- → 항상 진실하게 임한다. 그리고 목표에서 진정성을 증명할 준비를 늘 해둔다.
- → 업무에 있어서 내가 할 일을 찾아내고, 한다.

강건한 인격과 매력적인 성격으로 호감 부르기

다음의 옛 속담을 떠올리자. "파리를 잡으려면 식초보다 꿀이 낫다." 좋아하는 사람과 일하고 싶고, 싫은 사람은 피하고 싶은 건 인간의 본성이다.

품질, 서비스, 가격, 배송과 같은 경쟁 요소가 거의 같다면, 공감할 수 있는 사람인지가 거래에 있어 결정적인 역할을 한다. 그러므로 다른 사람이 좋아하는 성격을 개발하는 것은 필수적이다.

첫 번째로 반드시 해야 할 일은 인격을 개발하는 것이다. 견실하고 긍정적인 인격이 바탕이 되지 않으면 매력적인 성격을 갖기 어렵다. 상대를 대할 때 진정한 인격이 드러나지 않도록 감추기란 거의 불가능하다. 그렇기 때문에 누군가를 처음 만났을 때 그 사람에 대한 직관적인 느낌, 즉 이유도 모른 채 호감이나 반감이 생길 수 있다.

사실 우리는 어떤 사람이 되고 싶은지 스스로 정할 수 있다. 선하고 긍정적인 특성을 키우고 싶다면 존경하는 사람을 본받아라. 나쁜 습관을 좋은 습관으로 바꾸기 위해 자제력을 길러라. 긍정적인 생각에 마음을 집중하라.

정직과 성실은 강건한 인격에서 나타나는 주요한 속성이라는 점을 항상 기억하라. 상대와 거래할 때 정직하게 대하지 않으면 한동안은 성공할 수 있을지 몰라도, 그러한 성공은 오래가지 못한다. 매일 신문만 봐도 유명하고 크게 존경받던 스포츠 선수, 증권중개인, 정치인 등이 치명적인 인격적 결함 때문에 불명예에 빠진 사례를 연이어 찾을 수 있다.

훌륭한 인격의 토대를 탄탄히 다졌다면 그다음에는 다음과 같은 구체적인 방법으로 사람들에게 좋은 인상을 심어줄 수 있다. 첫째, 다른 사람에게 진심으로 관심을 가져라. 타인의 장점을 찾아 칭찬하라. 둘째, 회의나 공식 석상뿐 아니라 사적인 대화를 나눌 때도 힘 있고 소신 있게 말하라. 셋째, 나이, 체형, 하는 일의 유형에 맞춰 성공하기 위한 복장을 갖춘다. 그리고 악수 잘하는 법을 배운다. 어이없는 소리로 들리겠지만, 이전에 냉담한 악수를 받았을 때 어떤 기분이 들었는지 기억하는가? 마지막으로, 반드시 자신이 아닌 다른 사람의 관심사에 관해 이야기한다.

사회생활을 하고 있다면 매력적인 성격과 강건한 인격을 개발하는 것은 특히 중요하다. 수년간 여러 제품과 서비스의 구매자와 판매자, 양쪽 모두와 함께 일해본 결과, 나는 사람은 항상 자신이 좋아하는 사람과 거래할 방법을 찾는다고 확신하게 되었다. 구매 절차의 정교함이나 제품이나 서비스의 비용과 관계없이, 우리 모두는 좋아하는 사람과 거래하려는 자연스러운 경향이 있다. 사람들은 감정적으로 결정을 내리고 나서 나중에 그 결정에 관한 논리적 근거를 찾는다. 물론 경쟁사 간의 가격, 품질, 서비스가 비교적 일정하다는 점을 전제로 한다.

웨인 빌럿Wayne Bilut은 수년 동안 미국 최고의 인쇄 영업직원이었다. 그는 영업사원들이 다음과 같은 옛 격언을 종종 잊는다고 지적했다. "계약에 참여한 모든 당사자에게 좋은 계약이 아니라면 그 계약은 좋은 계약이 아니다. 계약에 참여한 사람은 누구나 거래에서 득을 봐야 한다."

빌럿은 이렇게 말한다. "영업사원들은 종종 '주문해주세요', '수수료 주세요'라면서 뭔가를 달라고 하지만 정작 고객에게 그에 상응하는 반응은 보이지 않습니다. 그들은 고객에게 투자하는 것의 중요성을 간과합니다." 그는 이어서 이렇게 말한다. "사람들은 어떻게든 감사를 받고 싶어 합니다. 고객에게 감사의 마음을 전하려면 행동을 취해야 합니다."

"말은 쉽지요. '주문해주셔서 감사합니다'라고 모두가 말하죠. 하지만 크게 성공한 영업사원은 고객과 함께 시간을 보냅니다. 그리고 자신에게 고객이 중요하다는 점을 고객에게 알립니다. 구매자도 사람이며, 영업사원은 자신이 마주하는 상대가 사람이라는 점을 알아야 합니다. 구매자에게는 단순히 서류를 주고받는 것 이상의 무언가가 필요하며, 전반적으로 삶에 대해 좋은 느낌을 받아야 합니다. 사람 사이의 상호작용이 장기적인 관계 구축에 있어 차이를 만듭니다. 근시안적인 영업사원만이 가격만으로 관계를 구축하려고 하지요."

빌럿은 고객이 얼마나 다양하든 간에 항상 고객과 공통점을 찾는데, 이는 쉽지 않은 일이며 "영업을 위한 만남에서는 할 수 없는 일"이라고 말한다.

그는 말한다. "공통점을 찾으려면 점심이나 저녁 식사 등 사무실에서 벗어나 고객들을 만나야 합니다. 상대방의 목표와 커리어 전략을 이해해야 내가 어떤 부분에서 도움이 되고 어떻게 효과적으로 지원할 수 있는지를 결정할 수 있습니다."

그러한 개인적인 정보를 공유할 수 있을 만큼 서로를 충분히 알기 위해서는 함께 시간을 보내야만 한다고 빌럿은 생각한다. 누군가를 알아가는 건 상대가 다음번에는 낯선 사람이 아니라 나와 함께 거래를 하도록 만드는 가장 확실한 방법이다.

자기 경영 실천 포인트

→ 말하는 만큼 경청하는 법을 배운다.
→ 동료 직원과 고객에게 진정한 관심을 갖고 알아간다.
→ 질문한다. 대부분 사람은 자기 의견을 말하거나 자기에 대해 이야기하는 걸 좋아한다.

다른 사람을 도움으로써
나를 돕기

다른 사람으로부터 뺏지 않고서는 돈을 벌거나 성공을 거둘 수 없다고 생각하는 사람이 있다. 이는 진실과 크게 동떨어진 생각이다. 오히려 다른 사람을 돕지 않고서 큰 재산을 모으기란 불가능하다.

나폴레온 힐은 진정으로 큰 재산을 모으는 사람은 더 좋은 서비스나 상품을 만들어낼 비전과 용기가 있는 사람이라고 했다. 그렇게 하면 결과적으로 많은 사람을 위한 일자리, 투자 기회, 매출과 부가 생긴다는 것이다. 하지만 미국의 경제 시스템은 (당연하게도) 경쟁에 바탕을 둔다. 성공하려면 사람 간, 기업 간, 제품 간, 서비스 간에 형성된 경쟁적인 환경에 맞춰 적절하게 행동하는 법을 배워야만 한다. 운동 경기에 적용하는 높은 수준의 행동 기준(훌륭한 스포츠맨십)을 여기에도 도입해야 한다.

훌륭한 스포츠맨십은 수동적인 것이 아니라 능동적인 자질이다. 힐은 상대가 넘어졌을 때 단지 발로 차지 않는 것에 그치지 말고, 그가 다시 일어설 수 있도록 손을 내밀어 도와야 한다고 했다. 승리할 때나 패배할 때나 마음가짐은 같아야 한다. 진정한 스포츠맨은 가장 암울한 역경의 순간에 가장 큰 용기와 투지를 보인다. 그리고 승리의 기쁨 속에서, 그는 레이스에서 뒤처진 사람들에게 가장 큰 배려를 보인다.

진정한 리더의 모습은 뛰어난 용기, 힘, 혹은 지성이 아니라 선천적 혹은 후천적 환경에 의해 상대적으로 혜택받지 못한 사람들을 위하는 관심에서 드러난다. 다른 사람의 일을 조금 더 쉽게, 그들의 삶을 조금 더 편하게 하는 데 필요한 스포츠맨십을 추가로 발휘함으로써 다른 사람을 이끄는 능력과 권리를 입증할 수 있다. 다른 사람을 위해 길을 닦으며 도로 위를 평탄하게 하는 건 자기 자신을 위한 일이기도 하다.

힐은 이 원칙을 잘 적용한 사람의 사례로 아트 링클레터Art Linkletter를 꼽았다. 아트는 방송계 일을 하며 바쁜 와중에도 다른 사람에게 시간, 노력, 조언, 격려, 투자를 아끼지 않아 말 그대로 수십 명이 작은 사업을 시작할 수 있도록 도왔다. 그 결과 아트는 사진 현상, TV용 카메라 제작, 납 광산, 볼링장, 스케이트장과 같은 정말 다양한 제품과 서비스업에 관심을 갖게 되었다. 이러한 사업을 시작하는 데 아트의 도움을 받은 사람들은 그를 진정한 리더로 인식했다.

힐은 말했다. "역동적인 스포츠맨십을 발휘하면 이와 같은 유형의 리더가 될 수 있다. 다른 사람에게 우정의 손길을 내미는 것만으로는 안 된다. 도움의 손길을 내밀어라. 그러면 자기 자신도 돕는 일이 된다."

이러한 자질을 스스로 개발하는 가장 확실한 방법은 아마 황금률을 받아들여 따르는 일일 것이다. 황금률을 간단히 말하자면 남에게 대접받고 싶은 대로 남을 대접하라는 뜻이다.

1920년, 나폴레온 힐은 그가 펴낸 잡지 「골든 룰 매거진Golden Rule Magazine」에 이 철학을 따르는 이점을 이야기하는 기사를 실었다. "황금률은 성공의 사다리 위에 놓인 다른 모든 자질의 배경이 되는 빛나는 태양이다. 황금률이 우리가 가는 길 위를 비추지 않는다면 결코 빠져나올 수 없는 위험으로 곤두박질치기 쉽다."

힐은 황금률이 있기에 독재자의 통치가 불가능해지며, 링컨이나 워싱턴George Washington과 같은 대통령이 등장할 수 있다고 말했다. 개인이나 국가를 성장 혹은 쇠퇴, 삶 혹은 죽음으로 이끄는 게 바로 황금률이다. 황금률은 행복으로 가는 유일하게 확실한 길을 알려준다. 왜냐하면 황금률이 인류를 위한 유용한 봉사의 영역으로 바로 연결되기 때문이다. 우리에게 협동심을 길러주고 집단의 이익을 위해 자신의 이기적인 이익을 내려놓게 하는 것이 바로 황금률이다.

성취하는 자는 여러 자질을 기르며 획득한 힘을 파괴적으로 사용하려는 경향을 보이는데, 황금률은 이를 가로막는 장벽 역할을 한다. 사람들이 지식과 힘으로 끼칠 수 있는 해악을 무력화하는 게 바로 황금률이다. 황금률은 우리가 입증된 성공의 원칙을 활용해 기른 자질을 지적이고 건설적으로 사용하도록 인도한다.

황금률은 인류의 번영을 위해 가치 있는 무언가를 남긴다는 삶의 목표로 안내해주는 횃불이며, 지구상 다른 인류의 짐을 덜어주는 손길이자, 유용하고 건설적인 노력을 기울일 방법을 찾아주는 조력자이다. 물론 내면에 황금률의 특성을 기르지 않은 채 황금률 철학에 관해 그저 책을 읽거나 이야기하는 것만으로는 크게 도움이 되지 않는다. 우리는 앞에 놓인 약속을 지키기 위해 노력해야 한다.

황금률의 철학을 따른다면 일이 즐거워지고 흥미로움으로 가득 차 일이라기보다 놀이로 여겨질 것이다. 힐은 말했다. "친구여, 닿을 수 없을 것 같았던 무지개의 끝이 보인다네. 황금률의 철학이라는 원칙을 완전히 익히는 순간 자네는 정당한 주인이 찾아와서 가져가기를 기다리고 있던 황금 주머니를 손에 넣을 수 있다네."

자기 경영 실천 포인트

→ 훌륭한 스포츠맨이 된다. 적과 경쟁하고 싶지는 않을 테니, 경쟁자를 친구로 대한다.

→ 남을 돕는 데 엄청난 시간을 투자할 필요는 없다. 다른 사람을 돕는 일은 보통 그들을 대신해 전화를 걸어주거나 적절한 사람에게 소개하는 것처럼 매우 간단하다.

→ 다른 사람이 도움을 요청할 때까지 기다리지 않는다. 당장 그들을 도울 방법을 찾아 관계를 구축한다.

더 나은 관계를 맺기 위한
6가지 윤리 강령

한번은 어느 나이 든 플라이 낚시 전문 어부가 내게 말하길, 자신은 인생을 송어 낚시에 비유하는 것을 좋아한다고 했다. 송어 낚시를 하려고 강의 주류에 들어갈 때 발을 단단히 디디지 않으면 물살에 휩쓸려 떠내려가고 만다. 인생의 물살이 소용돌이칠 때 표류하지 않으려면 확고한 철학이 필요하다. 잘 고안된 윤리 강령을 갖춰 준수하면 다른 사람들에게 휩쓸리지 않고 효율적으로 행동할 수 있다. 그러면 멈춰 서서 스스로 다음과 같은 질문을 던질 일이 없다. 내가 지금 하는 일이 합법인 걸까? 이건 도덕적인 걸까? 이건 윤리적인 걸까? 높은 기준을 설정해 그 기준 아래로 내려가는 일은 하지 않겠다고 정하면 이런 생각을 하느라 시간을 낭비할 필요가 없다. 답을 즉시 알게 될 테니 말이다.

나는 개인적으로 그리고 업무상 관계에서 매우 간단한 윤리 강령을 따르려 한다.

1. 나는 다른 사람과의 모든 거래에 정직하게 임한다.
2. 나는 누군가를 속이려 하거나 거짓말하지 않는다.
3. 나는 관련된 모든 사람에게 공정하지 않은 비즈니스 관계에는 참여하지 않는다.
4. 나쁜 소식을 전해야만 한다면 상대방의 입장을 이해하고 재치 있게 전한다.
5. 나는 다른 사람과의 모든 거래에서 황금률을 따르도록 노력한다.
6. 기대받는 것보다 항상 더 많이 하려고 노력한다.

나는 스포츠 전문 방송국 ESPN에서 하키 분석 전문가로 일하는 빌 클레멘트Bill Clement를 보고 윤리 강령을 글로 쓴다는 아이디어를 얻었다. 빌은 자신의 윤리 강령을 적은 뒤 액자에 넣어 책상 옆에 걸어두었다. 온 세상 사람이 자신의 윤리 강령을 다 볼 수 있게 하고, 또한 자신이 어떤 사람인지를 스스로 상기하기 위해서였다.

자신만의 기준을 아직 만들지 못했다면, 나의 윤리 강령을 빌려 사용해도 좋다. 결국 나도 윤리 강령의 대부분을 뻔뻔하게 남들로부터 훔쳐 온 셈이다. 일부는 빌 클레멘트의 것이고, 또 일부는 소크라테스, 플라톤, 공자, 예수, 무함마드의 것이다. 그들의 철학을 윤리 강령으로 채택한다고 해서 이들 중 그 누구도 신경 쓸 것 같지는 않다.

일단 엄격한 윤리 기준을 정하고 나면 대부분의 상황에서 어떻게 행동해야 할지 알게 되고, 그 결과 주위 사람들과 더 나은 관계를 구축할 수 있다.

직장에서 좋은 관계를 구축하면 일을 더 즐겁게 할 수 있을 뿐 아니라 이익도 더 많이 생긴다. 사기가 높아지면 일반적으로 생산성도 높아진다. 동료와의 관계를 개선하려면 그저 대접받고 싶은 대로 대접해주면 된다. 예를 들어 어느 다국적 기업의 중간 관리자인 사무엘 휠러Samuel Wheeler는 출장 중에 뉴욕에 있는 그의 사무실로 전화해달라는 긴급 메시지를 받았다. 부서 직원인 메리 클라크Mary Clarke의 어머니가 런던에서 돌아가셨고, 메리가 영국으로 가 장례식을 준비하려면 우선 천 달러의 현금을 가불해야 했다.

휠러는 메리가 출발해야 하는 이틀 뒤까지 현금이 마련될 수 없다는 것을 알았다. 특히나 자신이 사무실에 나가 필요한 요식 절차를 통해 서류 작업을 처리하지 않는다면 이 모든 것이 불가능하다는 것을 알았다. 그래서 휠러는 사비를 들이기로 하고 천 달러짜리 개인 수표를 써서 위로의 글과 함께 페덱스로 보냈다.

휠러는 이렇게 적었다. "비용을 충당하는 데 이 돈을 사용하길 바라요. 필요한 시간만큼 쉬어도 좋습니다. 런던에서 돌아온 후에 자세한 사항을 정리하도록 하지요." 나중에 휠러는 회사의 방침상 이런 식으로 현금을 먼저 지급하는 일이 금지되어 있다는 걸 알게 되었고, 그러자 그냥 개인적으로 빌려준 돈으로 정리했다.

휠러는 말했다. "우리 부서는 부서원끼리 매우 가깝게 지냅니다. 그리고 메리는 부서에서 아주 인기 있는 직원이에요. 보통은 제가 직원에게 개인적으로 돈을 빌려주지는 않지만, 이번 일의 경우 이런 상황에서 무언가 해주지 않는다면 직원의 사기가 심각하게 떨어질 거라는 생각이 들었습니다. 저는 해야 할 일을 했습니다."

가족에게 일어나는 긴급 상황은 종종 직원의 사생활과 업무 사이의 구분을 모호하게 한다. 휠러가 메리 클라크의 사안에 대처한 방식은 비정통적이었지만, 그가 말한 것처럼 휠러는 해야 한다고 느꼈던 바대로 했다.

직원의 개인적 문제에 개입해 지원을 제공하는 기업은 드물지 않다. 예를 들어 시카고에 있는 광고 회사 레오 버넷에서 오랫동안 일한 카피라이터 진 머헤이니크Gene Mahaney가 심장마비로 사망했을 때 일주일도 안 되어 회사 담당자가 머헤이니의 집을 방문해 미망인이 된 머헤이니의 아내에게 자녀의 대학 학비를 회사에서 모두 부담하겠다고 전했다. 이 회사의 또 다른 직원은 불치병에 걸린 남편을 돌보기 위해 6개월간 '유급' 휴가를 받았다.

버넷은 직원에게 재정적인 지원을 하는 데 그치지 않고 직원 지원센터도 무료로 운영하고 있다. 이 센터는 비밀을 확실히 보장하기 위해 사무실에서 두 블록 떨어진 곳에 있다. 이곳에서는 직원이 우울증, 슬픔, 이혼, 법적 분쟁 등의 문제를 다루는 데 도움을 준다. 버넷의 직원 복지 담당 매니저인 에블린 다이터링크Evelyn Deiterlig에 따르면 이곳에서는 직원의 문제라면 "어떤 것이든" 다룬다. "직원에게 그저 말할 사람이 필요한 것뿐일 때도 말이지요."

"예를 들어 사람들은 때때로 죽음에 대해 매우 화가 나고 그 감정을 정리하기 매우 어려워합니다. 그럴 때는 그런 감정이 정상이라고 안심시켜줄 수 있는 낯선 사람과 이야기하면 기분이 나아집니다."

미네소타주 세인트폴에 있는 3M에는 '유족 복지'라는 공식 프로그램이 있고, 이를 통해 사망한 직원의 유족에게 최대 5천 달러를 제공한다. 유족 복지 프로그램을 관리하는 매니저 윌리엄 두빌William Douville은 어느 직원의 아내를 떠올렸다. 그녀는 사망한 남편이 매우 아꼈던 조카 세 명이 남편의 장례식에 꼭 참석했으면 싶었다. 두빌은 말했다. "부인은 조카들이 비행기 표를 살 여유가 있는지 알 방법이 없었어요. 그래서 조카들에게 비행기 표를 사 주고 싶어 했습니다. 직원의 사망 소식을 들은 바로 그날 비행기표를 살 금액이 적힌 수표가 배송되었습니다."

3M 직원이라면 회사 내 지위와 관계없이 전 직원이 유족 복지 프로그램을 이용할 수 있다. 그리고 수혜 금액은 오로지 근속연수에 따라서만 결정된다.

두빌은 관리자급 직원들에게 복리후생이나 가족 카운슬링 등의 일은 전문가에게 맡기라고 전하지만, 관리자들은 개인적으로 직원을 지지하는 것이 매우 중요하다고 강하게 느낀다. "관리자가 할 수 있는 가장 큰 역할은 곁에 있어주고 뭐든 도와주면서 진심 어린 관심을 보이는 것입니다."

그리고 두빌은 관리자가 장례식에 참석해야 한다고 덧붙였다. "한 가지 사례가 있었습니다. 어느 남성 직원이 세상을 떠나기 전 13년 동안 3M에서 장애인 직원으로 일했습니다. 직원의 미망인은 장례식 방명록에서 은퇴한 비서실장님의 이름을 보고 깊이 감동했다고 제게 말하더군요. 전 비서실장님은 신문 부고란에서 전에 함께 일했던 직원의 이름을 보고 찾아온 거였습니다. 함께 일했던 동료나 회사의 다른 직원이 장례식에 찾아와 애도의 뜻을 표하는 건 유족에게 아주 큰 의미를 지닙니다."

휠러는 말한다. "어려운 상황에서 직원을 보살피는 것은 관리자의 몫이지만, 업무에 복귀할 때가 되면 솔선수범해야 합니다. 적절한 시기에 직원들이 슬픔을 극복할 수 있도록 돕고 다시 업무로 돌아가세요. 그렇게 하면 당신과 직원 모두 더 나은 삶을 살 수 있을 것입니다."

무엇보다 다른 집단이나 개인을 대할 때 자신의 윤리 강령을 절대로 잊지 말아야 한다. 개인의 윤리 강령은 성공적인 인간관계를 구축하고, 인생에서 전반적인 성공을 거두는 비결이다.

자기 경영 실천 포인트

→ 자신의 개인 윤리 강령을 작성한다.
→ 집단 내에서는 모든 구성원이 집단의 의제를 명확히 이해하도록 한다.
→ 업무 수행에 필요한 최소 인원으로 집단을 제한한다.

추종자에서 리더로 거듭나기

사람은 두 부류로 나눌 수 있다. 바로 리더와 추종자다. 안타깝게도 대부분 사람은 추종자 무리에 속한다.

리더십은 사람들에게 이래라저래라 지시를 내리는 것보다 훨씬 더 큰 능력이다. 서던캘리포니아대학교 경영 및 조직학 교수인 워런 베니스Warren Bennis(현재는 하버드대학교 행정대학원 공공리더십센터 자문위원회 의장이다.—옮긴이)에 따르면 리더십은 비전을 갖추고 이를 바탕으로 사람들에게 영감을 주고 흥미를 불러일으키는 능력이다.

베니스 교수는 비즈니스, 공직, 예술, 스포츠 분야에 속한 약 90명의 리더를 인터뷰하고 관찰한 뒤 다음과 같은 결론을 내렸다. "성공하지 못한 리더는 모두 모습이 비슷하다. 하지만 성공한 리더는 모두 저마다 나름의 이유로 성공했다."

베니스 교수는 신문 「시카고 트리뷴」과 인터뷰를 하며 성공한 리더의 다양성을 보고 깊은 인상을 받았다고 말했다. "저는 톨스토이Leo Tolstoy가 소설 『안나 카레니나』의 유명한 첫 구절에서 이야기했던 가정의 모습과 정반대 상황에 맞닥뜨렸습니다." (소설 『안나 카레니나』의 첫 구절은 "행복한 가정은 모두 모습이 비슷하고 불행한 가정은 저마다 나름의 이유로 불행하다."이다. ─옮긴이)

그렇지만 지난 미국 대통령 네 명의 고문을 지내면서 베니스 교수는 모두에게 적용되는 몇 가지 공통점을 찾았다. 첫 번째는 바로 베니스 교수를 비롯한 사람들이 '비전'이라고 부르는 것이다. 베니스 교수는 「시카고 트리뷴」에서 말했다. "이 차이가 얼마나 큰지는 과장할 필요조차 없을 정도입니다. 그들은 마치 사람들을 끌어당기는 것만 같습니다. 하지만 그들이 지닌 힘이 반드시 우리가 카리스마라고 생각하는 자질은 아닙니다. 그 힘은 성공한 리더가 비전에 관해 이야기할 때 나타나는 레이저 광선과 같은 강렬함입니다. 비전이 아닌 다른 주제에 관해 이야기할 때는 성공한 리더도 다른 사람들처럼 지루한 사람일 수 있습니다."

베니스 교수는 또한 자신이 관찰한 대상자들에게는 자기 생각을 다른 사람에게 전달할 수 있는 능력이 있다는 점도 발견했다. 로널드 레이건Ronald Reagan 대통령은 소통 기술 덕분에 '위대한 소통가'라는 별명을 얻었다. 하지만 베니스 교수는 지미 카터Jimmy Carter 대통령은 결코 이러한 소통 기술을 습득할 수 없었다고 했다.

베니스 교수의 관찰 대상자 가운데 한 명이었던 카터 대통령 정부에서 상무 장관을 지낸 후아니타 크렙스Jaunita Kreps는 베니스 교수에게 카터 대통령이 대통령으로서 무엇을 위해 노력하고 있는지 알 수 없었다고 말했다. "그건 마치 태피스트리를 반대 면에서 보는 일 같았어요. 모든 게 흐릿하고 불분명했죠."

훌륭한 리더는 또한 끈기가 있다. 하이먼 리코버Hyman Rickover 제독은 베니스 교수에게 자신이 핵잠수함을 건조해야 한다는 아이디어를 계속 지니고 있지 않았다면 핵잠수함은 절대 건조되지 않았을 거라고 말했다. 리코버 제독의 말을 빌리자면 핵잠수함을 건조하기 위해 '대담하게 인내'하는 노력이 필요했다고 한다. 왜냐하면 핵잠수함을 건조하겠다는 생각이 처음에는 비현실적으로 보였기 때문이다. 그건 실행 가능한 다른 많은 아이디어도 마찬가지였다.

베니스 교수가 관찰한 네 번째 특성은 건강한 자존감으로, 이를 통해 다른 사람에 대한 유익한 존경심을 키울 수 있다. 베니스 교수는 말했다. "리더는 대개 어린 시절에 자신의 강점을 발견하고, 이를 키웁니다. 그러한 리더는 흔히 다른 사람에게서도 최고의 강점을 끌어낼 수 있습니다. 다른 사람의 숨겨진 재능을 보고 이를 북돋우죠. 성공한 리더는 아랫사람의 이야기에 귀를 기울이고, 누군가 하나의 일을 못 한다고 해서 그게 그 사람이 모든 일에 능력이 없다는 뜻은 아니라는 걸 알아차립니다."

모든 사람이 팀의 리더가 되기 위해 태어나는 건 아니지만 「포천」 지에 따르면 대부분은 리더가 되는 데 필요한 기술을 배울 수 있다. 그러나 학습 과정은 매우 고통스럽다. 「포천」은 기존의 관리자 역할에서 리더로 전환해야 할 때 유용한 다섯 가지 팁을 제시한다.

첫째, 자신이 모른다는 사실을 인정하는 것을 두려워하지 말라. 오늘날과 같은 첨단 기술 세상에서는 어떤 리더라 해도 사실상 모든 팀원의 업무 내용을 하나하나 다 알 수가 없다. 리더로서 할 일은 팀이 계속 원활하게 기능하도록 해 품질 좋은 상품을 만들거나 프로젝트가 일정과 예산에 맞게 이루어지도록 하는 것이다.

둘째, 개입해야 할 때를 알아야 한다. 팀 리더라면 팀을 이끄는 것이 임무다. 물론 팀의 모든 구성원이 자신의 독립성을 중시하겠지만, 일부 구성원의 업무가 지연되거나 구성원 간에 갈등이 발생했을 때에는 리더가 개입해서 문제를 해결해야 한다. 그러지 않으면 프로젝트는 실패하고 말 것이다. 통솔이 지나치게 부족하면 지나치게 많은 것만큼이나 치명적일 수 있다.

셋째, 진정으로 권력을 나누는 법을 배워라. 팀을 이끄는 리더십은 팀 관리와는 정말 다르다. 리더가 할 일은 팀 구성원이 문제를 해결할 수 있도록 촉진하고 돕는 것이지, 직접 문제를 해결하는 게 아니다. 또한, 리더는 통제권을 기꺼이 내려놓고 혹시나 다른 사람이 자신을 자리에서 밀어내지 않을지 걱정하지 않아야 한다. 다른 사람들을 믿고 그들이 최선을 다할 수 있도록 허용하면 리더는 더욱 흥미롭고 도전적인 일을 자유롭게 할 수 있게 된다.

넷째, 포기한 것을 신경 쓰지 말고 도전하는 것에 신경 써라. 직원들에게 권한을 부여하면 자신이 업무에서 밀려나는 건 아닌가 하는 두려움이 드는 게 당연하다. 하지만 걱정하지 마라. 훌륭한 팀 리더를 원하는 곳은 항상 있는 데다 팀을 더욱 효과적으로 작동하게 하는 법을 다른 사람에게 가르치는 일을 할 수도 있다.

마지막으로 「포천」 지에서는 업무를 하며 배우는 데 익숙해지라고 한다. 요즘 세상은 정말 빨리 변해서 흐름을 따라가려면 계속 배워야 한다. 사실 대부분의 직업에서 학습도 업무의 일부다. 팀이 더욱 효율적으로 일하는 법을 찾고 불필요한 업무와 서류 작업을 없애면서 우리는 끊임없이 새로운 시스템과 기술을 배워야 한다. 리더라고 해서 결코 모든 답을 다 알 수는 없지만, 어쨌든 답을 찾는 것 자체가 재미의 절반이다.

자기 경영 실천 포인트

→ 자신이 이끄는 사람을 자신이 대우받고 싶은 방식으로 대한다.
→ 훌륭한 서비스에는 보상을 지급해 동기를 부여한다.
→ 아랫사람의 말에 귀를 기울인다. 좋은 아이디어는 어디서나 나올 수 있고, 리더가 타인의 생각을 경청하는 모습은 존경을 부른다.

누구에게도
부끄럽지 않게 살아내기

절대 정치인일 것 같지 않아 보이는 정치인이 정치로 성공하는 방법에 관해 이야기한 적이 있다. 그건 바로 인생을 제대로 살아서 그게 무엇이든 자신이 한 일이 신문 1면에 나더라도 당황스럽지 않게 해두는 거라고 했다. 이는 비즈니스의 세계에서도 적용된다.

나는 항상 적어도 1년에 한 번은 전 직원과 함께 공식적인 성과 평가의 자리를 만들려고 노력해왔다. 물론 그 시간이 직원과 대화를 나누는 유일한 시간이 되어서는 안 되겠지만, 이러한 환경은 관리자와 직원 모두가 주요 경력 문제와 양측의 개선 사항에 대해 이야기하도록 장려한다. 하지만 아무리 열심히 노력한다고 해도 항상 효과를 볼 수 있는 건 아니다.

내가 일했던 어느 회사에서는 '기대 이하', '기대에 부응', '기대 이상'

으로 이루어진 세 가지 기준으로 직원을 평가했다. 나는 성과가 슈퍼스타급인 직원만 '기대 이상'으로 평가했다. 탁월한 성과가 기준이었다. 그냥 일을 잘하는 정도라면 '기대에 부응'으로 평가했다.

'기대 이하'라는 평가를 받은 직원은 진지하게 다른 일자리를 알아봐야 했다. 어느 날 회의를 하면서 나는 한 직원에게 그가 '기대에 부응' 평가를 받았다고 전했다. 사실, 나는 평가를 잘 준 편이라고 생각했다. 그 직원에게는 분명 개선해야 할 부분이 다소 있었지만, 나는 직원의 사기를 꺾기보다는 격려하고 싶었다. 그런데 평가를 듣고 나서 직원은 몹시 화를 냈다. 격노한 직원은 내게 회사에서 일하며 그동안 내내 단 한 번도 '기대에 부응'으로 평가받은 적이 없다고 했다. 그에 따르면 자신은 '기대 이상'의 평가를 받을 직원이었다.

나는 그에게 직원을 평가하는 내 방침과 평가 기준에 관해 설명했다. 하지만 다 소용없는 짓이었다. 최종적으로 그는 내게 이렇게 말했다. "저는 '기대 이상'이라는 평가를 받을 자격이 있어요. 그러니 '기대 이상'으로 평가해주세요."

나는 가능한 한 차분하게 대답했다. "제가 상사입니다. 당신을 어떻게 평가할지는 제 권한입니다. 저는 당신의 성과를 '기대에 부응'으로 평가하겠습니다. 다만 이 입장도 재고하겠다고 말씀드리죠."

직원은 "제 변호사가 연락드릴 겁니다."라고 말하고는 사무실을 뛰쳐나갔다. 물론 며칠 후 직원의 변호사가 전화를 걸어와 소송하겠다고 위협했다. 그래서 내가 말했다. "직원에게 만족스러운 성과를 냈다는 평가를 줬다고 저를 고소하시겠다는 건가요? 잭, 정신 차리시고 승소할 수 있는 사건을 찾으세요!"

당연히 실제 소송으로 이어지는 일은 벌어지지 않았다. 직원은 다른 곳으로 이직했고, 삶은 계속되었다. 그렇게 몇 년이 지난 뒤 나는 친한 친구로부터 전화를 받았다. 친구가 말했다. "지금 막 예전에 자네의 직원이었던 친구의 면접을 봤어. 그 친구가 지금 우리 회사 요직에 최종 후보자로 올랐거든. 그런데 추천인 목록에 자네 이름을 쓰지 않았더군. 왜 그런지 혹시 알아?"

그 직원은 앞서 말한 정치인의 조언을 활용했더라면 좋았을 것이다. 신문에 나도 부끄럽지 않도록 자기 삶을 제대로 살라는 조언 말이다. 그 말을 한 정치인이 누구였을까? 바로 조지 월리스George Wallace였다!

만일 그런 직원을 해고해야 하는 불쾌한 상황에 처했다면 기억하라. 사람을 내보내는 방식은 당신에 관해 많은 걸 말해준다. 그리고 그 모습은 남은 다른 직원에게도 영향을 미칠 수 있다. 특히 기업 합병, 매각 혹은 인수처럼 직원의 능력 밖 일 때문에 직원을 줄여야 하는 상황이라면 더욱 그렇다. 남은 직원은 사기가 떨어지고, 놀라고, 두려움을 느낄 가능성이 매우 크다.

"오늘날 빠르게 변하는 기업 환경은 직원의 사기를 꺾을 수 있고, 이에 따라 순식간에 생산성도 떨어질 수 있다." 미국조사연구소Research Institute of America의 말이다. "직원의 손상된 사기를 복구하고 자신감을 회복시키는 건설적인 조처가 최고경영진이 해야 할 중요한 일이라고 인정하면서도 마지못해 형식적으로 따르는 수준에 그치는 경우가 많다. 더는 그래서는 안 된다. 오히려 기업의 주요 변화 이후에 명확하게 조치해야 한다. 그것도 빠르게 말이다." 미국조사연구소에서 제안하는 방법은 다음과 같다.

- **직원에게 솔직하게 상황을 이야기하라.** 직원 정리가 끝나면 새로운 미래를 약속함으로써 남은 직원의 사기를 높일 수 있다. 최악의 상황이 아직 끝나지 않았다면 되도록 솔직하게 대처하라.

- **리더가 되어라.** 직원들에게 진실된 상황을 알려줘라. 쓸데없는 소문과 거리를 두고 통찰력과 사실에 기반한 의견을 형성하려 노력하라. 분위기를 가다듬기 위해 가능한 모든 질문에 답하고, 반대 의견을 지닌 사람들의 불만 사항에 귀를 기울여라.

- **새로운 업무 프로그램을 시작하라.** 직원들이 자존감을 회복할 수 있도록 도전적인 과제를 배정하라. 그들이 집중할 수 있는 프로젝트여야 한다.

- **보상 시스템을 만들어라.** 급여 인상은 불가능할 수 있지만, 다른 형태의 보상이나 특별한 인정이라는 감정적 지원을 제공하라. 그것이 대체재 역할을 할 수 있다.

- **긍정적인 마인드를 조성하라.** 구조조정에서 살아남은 직원들이 스스로 최고의 직원이라고 생각하게끔 하라. 비록 그렇지 않다 하더라도, 그들이 살아남은 이유가 회사가 중요한 프로젝트에 그들을 필요로 하기 때문이라고 느끼게 한다면, 그들은 승리자가 될 수 있다.

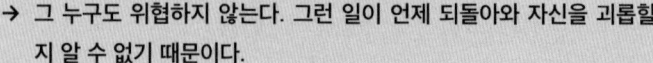

- → 그 누구도 위협하지 않는다. 그런 일이 언제 되돌아와 자신을 괴롭힐지 알 수 없기 때문이다.
- → 소문과 가십을 퍼뜨리지 않는다.
- → 항상 최선을 다한다. 그러면 자신의 행동을 변호할 걱정을 하지 않아도 된다.

하루에 하나씩, 자신과의 약속 지키기

주도성과 끈기가 성공의 필수 요소라는 건 모두가 아는 사실이다. 이해하기는 쉬운 개념이지만, 나 자신 말고는 아무도 나를 믿지 않을 때 이를 실행하기는 매우 어려울 수 있다.

톰 리먼Tom Lehman은 요즘 골프 대회에서 아주 뛰어난 기량을 선보이고 있지만, 수년 동안 자기 의심 및 우울증과 싸우며 간신히 생계를 유지했다. 8년 동안, 그 가운데 5년은 연속으로 PGA 투어 출전 자격을 획득하지 못했고, 불과 6년 전에는 골프를 완전히 그만둘 준비를 하고 있었다. 리먼은 매우 낙담해서 연봉 2만 9천 달러에 모교인 미네소타 대학교의 골프 코치 자리에 지원했다. 하지만 그는 여전히 프로 골프 대회에서 고군분투했다.

리먼은 노스웨스트 항공에서 펴내는 잡지 「월드 트래블러」에 실린 기사에서 골프 전문 기자 제프 루드Jeff Rude에게 이렇게 말했다. "은행 계좌에 4천~5천 달러 이상이 있었던 적이 거의 없어요." 그러던 중 변화가 일어났다. 그건 번쩍이는 빛과 함께 구름 속에 메시지가 나타나는 것과 같은 일이 아니었다. 그보다는 훨씬 더 평범한 방식이었다.

1990년도 후반, 리먼의 은행 계좌에는 돈이 거의 남아 있지 않았다. 그런 상황에서 리먼은 PGA 투어 출전 자격을 얻기 위한 토너먼트 결승전에서 다음 라운드에 진출하기 위해 필사적으로 경기에 임하고 있었다. 그때 그의 캐디가 그의 인생을 바꾼 한마디를 했다. 캐디는 이렇게 말했다. "왜 챔피언처럼 플레이하지 않나요?"

리먼은 기준 점수를 넘기며 다음 라운드에 진출했다. 1992년이 되자 PGA 투어로 번 상금이 족히 10만 달러를 넘었다. 그리고 1994년에는 상금 수익이 100만 달러를 돌파했다. 1994년 마스터스 토너먼트에서 우승에 가까운 성적을 냈으며, 루드는 리먼이 이제 자신에게 최고가 될 잠재력이 있다고 믿는다고 보도했다.

「월드 트래블러」 기사에서 리먼은 이렇게 말했다. "이제는 제가 경기를 잘만 하면 어떤 토너먼트에서든 우승할 기회가 있다고 생각하게 되었습니다."

어느 분야에서든 성공에는 아주 큰 대가가 따른다. 뛰어난 성취를 거둔 인물의 삶을 살펴보면 보통 리먼과 마찬가지로 엄청난 성공을 거두기 전에 시행착오를 많이 겪는 모습을 확인할 수 있다. 이들은 다른 사람이 포기하고 집으로 돌아간 후에도 오랫동안 계속하며, 자신을 위한 때가 왔을 때 만반의 준비가 되어 있도록 채비를 갖춘다. 이것이 바로 끈기의 힘이다.

성공으로 이끄는 원동력은 개인의 규율이다. 개인의 규율은 일이 끝날 때까지 계속하게 만드는 의지력, 투지, 끝까지 해내게 하는 성격적 강인함이다. 무엇보다 중요한 것은, 자기 규율이야말로 우리가 자신의 삶을 주도해야 할 때 그 선택을 끝까지 지켜내도록 지탱해주는 가장 핵심적인 성격 자질이라는 점이다. 개인의 규율이 발달한 사람은 부정적인 상황에 놓여도 대개 긍정적으로 대응할 수 있음을 안다. 그래서 어떤 일이 일어나든 대처할 수 있다.

개인의 규율을 발달시키는 쉬운 방법은 없다. 개인의 규율은 올바른 일을 하도록 스스로를 몰아붙이고, 다른 일을 훨씬 더 하고 싶을 때도 먼저 해야 할 일을 완수했을 때 발달한다.

개인의 규율은 하루하루, 한 가지 행동씩 개발된다. 오늘 해야 할 일을 내일로 미루는 대신, 할 일을 지금 시작하고 긍정적인 행동을 실천하라는 내면의 목소리에 귀를 기울이는 것이 습관이 될 때 길러진다. 개인의 규율은 대개 즉각적인 만족을 제공하지 않기 때문에, 발달시키기가 한층 더 어렵다. 사실 개인의 규율을 발달시키려 할 때 처음 받는 피드백은 부정적이다. 주변 사람들이 그런 일은 잊고 더 재밌는 일을 하라고 설득하려 들기 때문이다. 하지만 계속해서 하다 보면 개인의 규율에 따르는 보상이 마침내 반드시 찾아온다.

다른 사람이 뭐라 하든 어려운 일을 수행하고, 해야 할 일을 해내는 사람은 존경받고 크게 승진한다. 이들이 리더가 된다.

인생을 바꾸겠다고 결정하기는 쉽다. 하지만 실제 인생을 바꾸려면 외롭고 지루한 과정을 오랫동안 이어나가야 한다. 그리고 상황이 아무리 힘들어지고 유혹이 아무리 강해져도 그 과정을 견디겠다는 각오와

헌신이 필요하다. 우리가 바꾸려 하는 습관은 오랜 시간에 걸쳐 서서히 형성된 것이고, 그 습관을 없애는 일 역시 똑같이 서서히 진행된다. 사실 사람들은 대부분 어떤 행동이 '습관'이 되었다는 사실조차 그것이 너무 깊이 뿌리내려 끊기 어려워졌을 때에서야 깨닫는다.

자기계발 모임이나 자조 모임self-help group에서는 삶의 방식에 큰 변화를 주는 일이 얼마나 어려운지를 인식하고, 변화의 과정에 도움을 주기 위해 동료 집단의 압력peer pressure, 강화reinforcement, 집단 토론group discussion 등 다양한 기법을 사용한다. 하지만 결국 변화를 이뤄내는 것은 철저히 개인의 몫이다.

우리는 반드시 습관을 형성했던 것과 같은 방식으로 습관을 버려야 한다. 술 한 잔, 담배 한 개비, 과자 한 개처럼 한 번에 하나씩 버려야 한다. 음주, 흡연, 과식, 혹은 그게 무엇이든 건강하지 못하거나 자신을 파괴하는 습관을 당장 그만두어야 한다고 생각하면 처음에는 너무 부담스럽다. 그 대신, 우리는 '이번 한 잔은 마시지 않겠다', '이번 한 개비는 피우지 않겠다', '이번 초콜릿 바는 먹지 않겠다'라고 다짐한다. 하나의 파괴적인 행동을 피하는 것쯤은 해낼 수 있다는 것을 알기 때문이다. 그 너머는 확신할 수 없어도, 지금 이 순간 하나만은 멈출 수 있다.

삶의 어떤 목표와 마찬가지로, 행동을 바꾸는 일도 한 걸음씩 천천히 나아가야 하는 과정이다. 목표에 헌신할 수만 있다면, 느리더라도 결국 해낼 수 있다.

자기 경영 실천 포인트

→ 받은 돈보다 항상 더 많이 일한다.
→ 좋은 습관을 새로 키워 기존의 습관을 대체함으로써 나쁜 습관을 버린다.
→ 하루씩 한 가지씩 좋은 습관을 형성한다.

아는 것이 힘이다

오늘날 정보 수집은 더 이상 어려운 일이 아니다. 우리는 정보의 홍수 속에 산다. 그러므로 3주 차에는 이렇게 넘쳐나는 정보 속에서 지식을 어떻게 내 것으로 만들고, 최대한 효과적으로 활용할 수 있을지에 초점을 맞춘다.

나만의 미래를 선명하게 그리기

목표를 달성하기 위한 계획이 없다면, 그건 목표가 아니라 공상이다. 목표를 달성하려면 먼저 단기, 중기, 장기에 달성해야 할 구체적인 사항으로 세분된 정확한 계획이 필요하다.

예를 들어 사내 최고의 영업사원이 되는 것이 목표라고 해보자. 단기 목표는 이번 주에 사내 최고의 실적을 올릴 만큼 판매하는 것이다. 중기 목표는 매월 사내에서 최고의 실적을 올리는 영업사원이 되는 것이다. 장기 목표는 올해 사내 최고의 실적을 올리는 영업사원이 되는 것과 앞으로 매년 이 과정을 반복하고 개선하는 것이다. 모든 일은 이 각 단계의 목표를 이루기 위한 행동에 집중되어야 한다.

예를 들어, 우수한 영업사원은 늘 판매 프레젠테이션 약속을 잡기 위해 연락한 잠재고객의 수를 기록한다. 또한 실제 성사된 약속, 프레젠테이션, 판매 건수도 꼼꼼히 추적 기록한다. 이 데이터를 바탕으로 평균치를 계산하고 이를 통해 미래의 실적을 예측한다.

영업사원은 곧 목표한 판매 실적을 이루려면 일정 횟수의 연락을 반드시 해야 한다는 것을 깨닫는다. 그리고 그 전화를 걸기만 하면, 결과는 따라온다는 것을 알아챈다. 영업 기술이 쌓일수록 평균 실적은 더 좋아진다. 이런 지식은 영업사원의 스트레스를 크게 줄이고, 판매의 불확실성을 최소화한다. 영업사원은 기본적인 사항을 충실히 수행하고, 해야 할 일을 꾸준히만 하면 결국 원하는 수입을 얻게 된다.

이 방식은 영업뿐 아니라 측정 가능한 모든 목표에 적용된다. 예를 들어 체중 감량을 원한다면, 전체 감량 목표를 정하고 그 목표를 달성하려면 매주 몇 킬로를 빼야 하는지 정한다.

달성하기를 바라는 목표에 명확한 비전이 없다면 방해 요소에 쉽게 흔들리고, 처음에 무엇을 하려 했는지도 곧 잊어버릴 수 있다. 목표 설정은 달성하고자 하는 바에 생각과 에너지를 전부 집중시키는 데 도움을 준다. 또한, 그저 바쁘게 지내니까 무언가 이루고 있는 게 틀림없다고 생각하는 활동의 함정에 빠지지 않도록 해준다.

또한, 목표가 있으면 경기장이 바뀌거나 가는 길에 예상치 못한 사건이 발생해도 계속 나아갈 수 있다. 그런 상황이 생기면 일시적으로 진행이 지연되거나 세부 목표에서 벗어날 수도 있지만, 마음속에 최종 목표가 확고하게 자리 잡고 있다면 그 무엇도 오랫동안 우리를 막을 수는 없다. 장애물은 극복해야 할 일시적인 불편함일 뿐이다.

목표 수행은 다음 네 가지 기본 요소로 구성된다. 1) 명확하고 간결하게 적어낸 목표 문장 2) 목표를 달성하기 위한 실행 계획 3) 목표 달성을 위한 단계별 일정 4) 극복해야 할 장애물과 관계없이 목표를 달성하려는 헌신적인 노력.

목표 수행에 있어 가장 중요한 요소는 목표를 글로 적는 것이다. 생각은 보통 모호하고 부정확하다. 반면 글로 문장을 적으려면 올바른 단어를 선택해야 하고, 구체적으로 표현해야 한다.

아주 어릴 적 학교에 다닐 때 선생님께서 중요한 내용을 말씀하시면 적어야 한다는 걸 배웠다. 그 주제에 관한 내용이 시험에 나올 가능성이 아주 크기 때문이다. 그리고 살아가는 동안, 일하는 동안 그 말은 계속해서 진실로 다가온다. 중요한 일은 반드시 글로 남겨야 한다. 목표를 글로 쓰는 행위는 그 목표를 내면화하는 데 큰 힘을 발휘한다.

학습 전문가에 따르면 청각, 시각, 촉각, 후각, 미각 가운데 하나 이상의 감각을 함께 사용하면 기억력과 이해력도 커진다. 달성하고자 하는 바를 글로 적어 검토하고 암기하면 생각이 분명해지고 이루려는 바를 정확하게 떠올리는 능력이 크게 강화된다.

목표를 길게 적을 필요는 없다. 사실 짧을수록 더 좋다. 한 문장 혹은 길어야 두 문장으로 제한해서 적고 쉽게 이해할 수 있게 한다. 이를 위한 좋은 규칙이 있는데, 핸드폰 크기 만한 3×5 인덱스 카드 한 장에 다 들어가지 않는다면 너무 긴 것이다. 그 정도로 장황하게 써야 한다면 목표가 아직 선명하지 못한 것이다.

시간을 들여 목표에 관해 깊이 생각해보고 이를 이해하기 쉽고 행동지향적인 문장으로 압축하라. 그리고 나서 적어도 하루에 열두 번 혼자 소리 내어 목표를 반복해 말하며 되새긴다. 목표를 적은 인덱스 카드는 항상 들고 다닌다. 카드를 볼 때마다 목표가 떠오르고, 목표를 달성할 방법에 관해 다시 생각하게 될 것이다.

자기 경영 실천 포인트

→ 목표를 글로 적는다.
→ 목표를 달성하기 위한 계획을 적는다. 계획은 단기, 중기, 장기 목표로 나눈다.
→ 적어도 하루에 열두 번 소리 내어 목표를 반복해 말한다.

실패의 경험에서 배우기

요즘 비즈니스의 세계에서는 위기를 찾기 위해 아주 멀리까지 살필 필요가 없다. 소송, 제품 리콜, 공장에서 발생하는 직원 부상, 파업, 직원의 범죄 혹은 이상 행동 등, 우리는 어떤 일이든 쉽게 세간의 주목을 받을 수 있는 '토크쇼의 시대'를 살고 있다. 이러한 문제에 대처할 방법에 관해 나는 대형 홍보회사의 임원인 친구 딕 하이드Dick Hyde로부터 가장 좋은 조언을 얻었다.

하이드는 스리마일섬 참사(1979년 3월 28일 미국 펜실베이니아주 미들타운 원자력발전소에서 일어난 원자로 용융 사고.—옮긴이) 때 처음으로 위기 커뮤니케이션을 경험했고, 이후로도 꽤 유명한 몇몇 사건을 담당했다. 하이드의 조언이 무엇이었을까? 바로 "사실을 말하라, 전부 말하라, 빨리 말하라."였다. 그렇게 하면 더는 이야깃거리가 안 된다. 은폐를 다룬 기사가 실수를 저지른 누군가가 책임을 지고 문제를 해결한 기사보다 훨씬 더 흥미롭다. 또한 새로 얻은 명성이 당신과 회사 직원들에게 굉장히 고통스러울 수 있지만, 세상 대부분은 그 문제를 거의 주목하지도 오래 기억하지도 않는다. 이 사실에 위안을 얻을 수 있을 것이다.

몇 년 전, 내가 일하던 회사가 매우 유명한 소송에 휘말렸고, 그 도시의 주요 신문에서는 이 소송에 지대한 관심을 보였다. 소송 내용을 뉴스로 소개했을 뿐 아니라 우리 회사의 상황 대처가 얼마나 엉망인지에 관한 논평도 실었다. 마침내 소송이 끝났을 때 나는 친한 친구에게 상황이 종료되어서 정말 다행이라고 말했다. 그러자 친구가 말했다. "아, 그게 무슨 사건이었지? 내가 놓쳤나 봐."

예전에 어느 언론인이 말했던 그대로다. "언론의 관심에 너무 집착하지 마라. 오늘의 뉴스가 담긴 신문이 내일은 생선을 포장하는 종이가 된다."

경험을 쌓다 보면 일반적으로 넘어서지 못할 정도로 큰 실수는 없다는 사실을 알게 된다. 극복할 수 없는 좌절은 없다.

위인도 실수를 저지른다. 토머스 에디슨은 세상에서 가장 눈길을 끄는 실패자였다. 그는 백열전구를 개발하려고 실험을 1만 번 이상 진행했다. 에디슨이 그저 몇 번 해보고 실험을 그만뒀더라면 어땠을지 상상해보라.

옛 서부의 카우보이들은 끝마칠 때까지 주어진 일을 붙잡고 있어야 한다는 것을 다음과 같이 생생하게 표현했다. "타지 못할 말은 없었고, 떨어지지 않을 카우보이도 없다." 그 시절 카우보이들은 때로는 이기지만 때로는 진다는 것, 어떤 일은 다른 일보다 더 큰 노력을 기울여야 하지만, 그래도 계속하면 결국 승리한다는 걸 알았다.

카우보이는 또한 말에 올라타기 가장 좋은 시점은 말에서 떨어지고 난 직후라는 것도 알았다. 즉 말에서 떨어질 때 배운 교훈이 마음속에 선명하게 남아 있는 동안에 다시 올라타는 것이 최선이다.

스스로에게 다음과 같은 질문을 던져보라. 실수로부터 배움을 얻는 데 도움이 될 것이다.

1. 기대만큼 하지 못했나? 준비 부족, 특정 기술 부족, 또는 비현실적인 기대 때문이었나?
2. 그 경험에서 무엇을 배웠고, 그 교훈을 미래에 건설적으로 적용할 수 있나?
3. 내가 통제할 수 없는 외부 요인이 결과에 영향을 미쳤나? 그렇다면 어떤 요인이고, 미래에 어떻게 최소화할 수 있나?
4. 실패 위험을 줄이기 위해 무엇을 달리 할 수 있었나?
5. 같은 실수를 반복하지 않으려면 어떤 지식이나 기술이 필요한가?
6. 그 지식이나 기술을 어떻게 얻을 것인가?
7. 성공을 위해 필요한 지식이나 기술을 얻는 데 누구에게 도움을 청할 수 있나?
8. 내 성공에 관심이 있고 도울 의향이 있는 사람은 누구인가?
9. 다음번 성공을 보장하려면 어떤 행동을 취해야 할까?
10. 왜 성공할 때까지 계속 시도해야 하나? 성공의 보상이 실패의 고통에 비해 어떤가?

저질렀던 실수를 이런 식으로 검토하고 나면 더욱 강해지고, 한층 준비를 잘할 수 있으며 다음번에 성공할 가능성이 더 커진다. 최악의 행동은 싸우지 않고 포기하는 것이다.

캘빈 쿨리지Calvin Coolidge는 이렇게 말했다. "세상 어떤 것도 끈기를 대신할 수 없다. 재능도 못 한다. 세상에는 재능이 있어도 실패한 사람들이 넘쳐난다. 천재성도 아니다. 무명의 천재는 거의 속담처럼 많다. 교육도 아니다. 세상엔 교육받은 낙오자도 수없이 많다. 오직 끈기와 결단력만이 최상의 무기다."

자기 경영 실천 포인트

→ 자신의 분야에서 가장 경험이 풍부한 사람을 찾아가 배운다.
→ 자신의 경험을 다른 사람에게 나눈다.
→ 실수에 연연하지 않는다. 좋은 실수만큼 많은 것을 가르쳐주는 것도 없다.

자신의 판단을 신뢰하고 목적에 헌신하기

인간의 뇌는 종종 컴퓨터에 비교된다. 그만큼 많은 면에서 사람의 뇌와 컴퓨터는 비슷하다. 그런데 둘 다 정보를 저장하고 처리하지만, 인간의 뇌와 컴퓨터가 정보를 사용하는 방법에는 한 가지 중요한 차이가 있다.

컴퓨터의 메모리에 정보가 일관되게 입력되는 한, 데이터는 조직되고, 비교되며, 손상 없이 추출된다. 반면, 기억을 담는 인간의 컴퓨터인 우리 뇌에서는 감정, 편견, 선입견이 개입되어 데이터가 오염될 수 있다. 혹은 그저 시간이 지남에 따라 데이터가 흐려질 수도 있다. 하지만 우리가 삶에서 자주 마주치는 다양한 상황에서 올바른 결정을 내리려면 명확하고 정확하게 생각할 수 있어야 한다.

그러기 위한 가장 좋은 방법은 모든 사실에 소위 건전한 의구심을 바탕으로 접근하는 것이다. 대상이 보이는 바와 항상 같지 않다는 것을 처음부터 인식한다. 스스로에게 몇 가지 질문을 던져보자. 이 사실이 그 전문가의 의견을 뒷받침하는가? 업계의 다른 사람들이 그 내용을 입증하는가? 그 사람의 의견이 나의 경험, 지식, 훈련 내용과 일치하는가? 상식에 부합하는가?

클레멘트 스톤이 R2A2라고 불렀던 공식은 정확한 사고를 할 수 있도록 도와준다. 간단히 말해, R2A2 공식이란 인식하고Recognize 연관 짓고Relate, 흡수하고Assimilate 적용하는Apply 것으로, 어떤 분야에서 배운 정보를 당면 문제를 해결하는 데 사용하는 것이다.

정확한 사고를 하는 사람은 자기 자신의 판단을 신뢰하고, 누가 영향을 미치려 하든 조심한다. 상대의 말을 듣고 몸짓언어를 연구하며, 특정 사람과 관계를 맺는 데 주의해야 한다는 본능적 반응을 검토하는 법을 배운다. 또한 직관을 신뢰하는 법도 배운다.

어느 법학전문대학원 교수에 관한 오래된 이야기가 있다. 그 교수는 학생들에게 알려진 사실만을 활용하고, 그 어떤 추측도 해서는 안 된다고 매우 강경하게 요구했다. 학생들은 교수에게 장난을 치기로 했다. 학생들은 백마를 구해서 아주 세심하게 말의 한 면은 검은색으로 칠한 뒤 나머지 한 면은 흰색인 채로 두었다. 그러고 나서 두 가지 색깔이 된 말을 대학 근처의 들판으로 데려가 한 학생을 정해 말 옆에 서서 말의 검은색 부분만이 길 쪽에 면하도록 자리 잡게 했다. 다음으로 학생들은 교수를 차에 태워 들판으로 간 뒤 물었다. "무엇이 보이세요?"

교수가 대답했다. "말고삐를 잡은 토마스 군이 보이네. 말을 보니 내 쪽을 향한 면은 분명 검은색이군."

중요한 결정을 내릴 때는 대상의 보이는 바와 실제가 같은지 확인해 보는 것이 좋다. 상황을 정확하게 평가하기 위해서는 사실뿐 아니라 역경과 패배, 목적의 불변성 같은 것을 올바른 관점에서 바라볼 수 있어야 한다.

역경은 두려워해야 할 게 아니다. 모든 역경에는 기회가 있다. 사실, 이러한 내용을 연구한 컨설턴트의 보고에 따르면 문제를 전혀 겪지 않은 고객보다 문제를 겪은 뒤 만족스러운 수준으로 해결한 고객이 충성 고객이 되었다. 또한, 이런 고객은 대개 모든 지인에게 자신의 경험을 전한다. 그리고 만족스러운 수준으로 문제가 해결되지 않았던 경험을 했을 때도 모든 지인에게 이야기한다. 만일 고객이 일의 내용에 만족하지 못해 우리를 떠난다면, 다른 많은 사람도 이에 관해 확실히 알게 될 것이다.

하지만 그러한 역경 속에 기회의 씨앗이 들어 있다. 만족스럽지 못한 경험을 한 고객이 발생했다면 이는 사실 평생 고객을 만들 기회이다. 고객을 올바르게 대하면 항상 큰 이익이 생긴다.

패배에 대처하는 건 이보다 더 어려운 일이다. 하지만 인생을 살다 보면 누구나 어느 정도 일시적인 패배를 경험하기 마련이므로, 모든 패배는 언제나 그만큼의 혹은 그보다 더 큰 이익의 씨앗을 품고 있다는 사실에서 희망을 찾을 수 있다. 기억해야 할 내용은 다음과 같다.

- 마음가짐에 따라 패배는 디딤돌이 되기도 하고, 걸림돌이 되기도 한다.
- 패배는 우리도 몰랐던 힘을 드러낼 수 있다.
- 패배를 실패로 받아들이지 않는 한, 패배와 실패는 결코 같지 않다.

역경과 패배는 둘 다 목적의 일관성을 통해 극복할 수 있다. 나폴레온 힐은 이렇게 썼다. "목적의 일관성은 성공의 첫 번째 원칙이다."

힐은 인생을 위한 계획을 깊이 생각해 세우고, 다른 사람이 뭐라고 하든, 어떤 장애물을 만나든 그 계획을 고수하는 것이 성공에 매우 중요하다고 말했다. 흠잡는 사람은 언제나 존재하고, 이들은 우리가 이루려고 노력을 쏟는 목적에 그만한 가치가 없다고 우리를 설득하려 든다. 하지만 그런 사람은 결코 멀리까지 가지 못한다. 그리고 우리가 그들을 앞지른 후 제일 먼저 우리에게 도움을 구한다.

사실상 세상의 모든 성공한 사람은 정상에 오르려고 고군분투하는 과정에서 포기하고 싶은 순간을 겪었다. 그리고 많은 돌파구가 그들이 다시 목적에 헌신한 직후에 나타났다. 목적의 일관성, 긍정적인 마음가짐, 규율과 성공을 향한 의지를 가진 사람이 극복하지 못할 장애물은 없다. 오직 할 수 있다고 믿을 때, 우리는 해낼 수 있다.

자기 경영 실천 포인트

→ 모든 역경에서 기회를 찾는다. 기회는 거기에 있다.
→ 패배는 그저 학습 과정으로 바라본다.
→ 결정을 서두르지 않는다. 생각할 시간이 없다면 잊는다.

타인의 해로운 친절을
거부하기

 선의를 지닌 사람의 조언을 받아들였다가, 그들의 관대함이라고 생각한 그 조언 때문에 심각한 손해를 입고 말았다는 걸 나중에 알게 된 적이 있는가? 그런 일을 몇 번이나 겪었는가?
 「뉴욕타임스」 서평란(1993. 3. 28)에 남아프리카공화국의 시인이자 화가인 브레이튼 브레이튼바흐Breyten Breytenbach가 노예제 폐지 이전에 태어난 흑인 남자의 이야기를 쓴 적이 있다.
 그 노인은 프리덤Freedom(자유)이라는 이름으로 알려졌고, 한때 한쪽 다리가 없는 노예 소유주의 재산이었다. 주인은 새로운 신발을 살 때마다 왼쪽 신을 노예에게 주었다. 다리가 한쪽밖에 없어 왼쪽 신발은 쓸모가 없었기 때문이었다.
 프리덤은 왼쪽 새 신발이 두 개가 될 때까지 모아 '한 켤레'를 만들었다. 왼쪽 신발 두 개를 왼발과 오른발 양쪽에 신는 건 불편했을 뿐 아니라 결국 그의 오른발을 망가뜨렸다. 그래서 나중에는 고통스럽게 다리를 절뚝거리며 지내야 했다. 그는 주인의 '관대함' 때문에 영구적인 장애를 입었다.

오늘날에는 독립적 사고와 상식적 판단이라는 귀한 습관이 그 어느 때보다 필요하다. 사람들은 어떻게 해야 하는지 조언하기를 좋아한다. 많은 사람이 새로운 아이디어를 들으면 얼른 비판하고, 우리가 하고 싶어 하는 일이 제대로 안 될 이유를 말하거나, 그들이 우리 상황이라면 포기했을 거라며 그만하라고 부추긴다.

우리를 이끌 기본적인 철학이 없으면 쉽게 다른 사람에 의해 잘못된 인도를 받기 쉽다. 그들은 최선의 의도로 행동한다. 왜냐하면, 그들은 우리 삶을 살아가야 할 방법에 대해 자신이 더 잘 안다고 실제로 믿기 때문이다. 하지만 마음속 깊은 곳에서 우리는 무엇이 우리 자신을 위한 올바른 길인지 알고 있다. 사실 무엇이 올바른 길인지 알 수 있는 유일한 사람은 자기 자신뿐이다.

다른 사람의 조언에 귀를 기울여라. 하지만 인생 목표에 반하는 조언이라면 저버리는 걸 결코 두려워하지 마라. 그들의 동기가 무엇이든, 다른 사람의 조언을 맹목적으로 따를 때 우리는 자기 목표와 진정한 잠재력에 도달하지 못할 위험을 감수하는 것이며, 이는 장기적으로 스스로를 영구히 망가뜨릴 수도 있다.

물론 모든 걸 스스로 할 수 없다는 사실을 받아들여야만 할 때도 있다. 특정 상황에서는 우리를 가장 잘 도와줄 전문가를 찾는 게 훨씬 더 효과적이다.

전문가의 도움이 필요하다고 정했다면 그 일에 맞는 적절한 회사 혹은 개인을 신중하게 선택해야 한다.

전문가 협회 대부분은 회원 명부를 보유하고 있지만, 그런 명부는 의뢰하려는 전문가가 학회의 정식 회원인지 아닌지 정도만을 알려줄 뿐이다. 예를 들어 미국의학협회에서는 우리의 담당의에게 수많은 의료과실 소송이 제기됐다는 점을 알려주지 않는다. 마찬가지로 미국공인회계사협회에서도 회원의 업무 능력에 관한 의견을 제시하지 않는다. 협회의 정식 회원이라는 건 그저 해당 개인이 전문가가 되는 데 필요한 교육 요구 조건을 충족했고, 우리가 사는 주에서 영업할 자격을 갖추거나 인증을 받는 데 필요한 시험을 통과했다는 의미일 뿐이다.

그렇다면 전문가의 실력을 어떻게 확인해야 할까? 우선 거래개선협회 Better Business Bureau에서부터 시작하자. 거래개선협회에서는 전문가 개인 혹은 집단에 고객이 소송을 제기했는지, 어떤 종류의 소송인지 그리고 얼마나 많은 소송이 걸려 있는지 확인해준다.

다음으로는 추천을 요청한다. 친구나 이웃에게 누가 세금 신고를 준비해주는지 혹은 어떤 의사에게 아이들 진료를 보는지 물어라. 물어볼 필요조차 없을 수도 있다. 정말 잘하는 의사나 회계사가 있으면 대부분은 추천하기를 좋아하고, 반대로 실망스럽게 일하는 곳에 대해서는 주저없이 불평한다. 사실 이러한 주제를 연구해온 시장조사 전문가들에 따르면 소비자가 제품이나 서비스에 만족하지 못한다면 그 소비자는 열 명에서 스무 명 사이의 친구들에게 불만을 이야기하고, 반면 어느 제품이나 서비스가 만족스러웠을 때는 그 숫자의 대략 3분의 1에 해당하는 친구에게 만족스러운 경험에 관해 이야기한다고 한다.

마지막으로 가장 비과학적인 말이지만 직감을 믿어라. 누군가를 보고 그 사람에게 확신이 들지 않으면 함께하지 마라. 의사나 회계사와 같은 전문가에게는 보통 재정 상황, 신체, 실패 사항처럼 아주 사적이고 내밀한 이야기를 자세히 전해야 한다. 그런데 그 사람이 편하지 않다면 자기도 모르게 중요한 정보를 숨길지도 모른다. 그렇게 자신을 위해 최선을 다하기 어렵게 만들어 스스로에게 해를 입힐 수 있다.

　질문을 많이 해라. 만일 전문가가 우리가 이해할 수 있는 언어로 만족스러울 만큼 질문에 답하지 못한다면, 혹은 가르치려 든다면 그 사람에 대해서는 잊어라. 그리고 질문에 답해줄 사람을 찾아라. 결국, 그것이 전문가를 고용한 이유이기 때문이다.

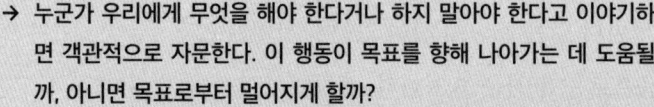

→ 누군가 우리에게 무엇을 해야 한다거나 하지 말아야 한다고 이야기하면 객관적으로 자문한다. 이 행동이 목표를 향해 나아가는 데 도움될까, 아니면 목표로부터 멀어지게 할까?
→ 우리가 목표에 도달할 수 없을 거라고 다른 사람이 말하게 두지 않는다. 그들은 에디슨에게도, 라이트 형제Wright brothers에게도 똑같이 말했다.
→ 전문가라고 해서 그 사람이 완벽한 건 아니다. 답변에 만족할 때까지 모든 걸 물어본다.

불만족을 만족으로 전환하기

정말로 성공하려면 자신이 속한 업계나 직업에서 새로운 내용을 그저 따라잡기만 해서는 안 되고 그 이상을 해야 한다. 여기에는 또한 건강한 상식이 필요하다.

한때 무역 협회에서 일한 적이 있는데, 그곳에서는 회원사에 제공하는 서비스의 하나로 협회 회원사와 고객 사이에 분쟁이 발생하면 중재를 제안했다. 회원사가 고객과의 의견 불일치를 스스로 해결하지 못하면 협회가 중재에 나서 도움을 줬다. 하나의 경험을 두고 두 가지 관점이 그렇게나 차이가 날 수 있다는 점은 봐도 봐도 놀라웠다. 사실, 차이가 너무 커서 우리가 같은 사건에 대해 이야기하는 것이 맞는지 확인해야 할 정도였다.

당시의 경험으로 나는 기대 관리의 중요성을 깊이 이해할 수 있었다. 고객이 정확히 얼마를 지출하고 그 대가로 무엇을 받을지 확실히 아는 것이 중요하다. 양측에서 이처럼 사용한 금액과 그에 따르는 대가를 분명하게 알고 있지 않으면 얼마 지나지 않아 문제가 발생한다.

만약 모든 조직의 고위 임원들이 매주 몇 시간씩 고객 서비스 부서에서 일한다면, 서비스와 제품 품질에 대한 많은 불만이 빠르게 해결될 것이다.

똑똑한 관리자는 불만을 가진 고객에게 가치가 있다는 걸 안다.

몇 주 전에 나는 점심 먹으러 종종 들르는 식당에 갔다. 당시 가진 현금이 별로 없었는데, 그 식당에서 신용카드를 받아준다는 걸 알고 있던 터라 거기를 고른 거였다. 그런데 식당에 도착했더니 직원이 내게 이제 더는 신용카드를 받지 않는다고 했다. 할 수 없이 그냥 식당을 나서려는데 우리의 대화를 듣고 있던 매니저가 나를 막아 세웠다. 매니저는 손님이 식당의 새로운 방침을 몰랐던 게 점심을 먹지 못할 이유는 될 수 없다면서 무료로 식사를 제공해주었다.

겨우 점심 한 끼 값으로 그 식당은 이제 평생 고객을 얻었다. 그리고 나는 스무 명도 넘는 사람에게 이 이야기를 전했다.

우리 모두 그 매니저에게서 배울 수 있다. 최선을 다해도 고객은 문제를 겪을 수 있다. 그리고 우리가 그것을 해결할 수 있다면, 그 고객은 아무런 문제를 겪지 않았을 때보다 더 충성스러운 고객이 될 수 있다. 하지만 고객에게 문제 혹은 우려가 있는지를 알아내려면 때로 주의 깊게 귀를 기울여야만 한다.

한때 내가 모셨던 상사는 이런 말을 했었다. "무엇이 자네의 고객을 밤에 잠 못 들게 하는지 알아낼 수 있다면 그들에게 마음의 평화를 줄 해결책을 팔아 큰돈을 벌 수 있을 거라네." 고객이 가장 크게 근심하는 문제가 무엇인지 파악하기 위해서는 고객의 이야기를 들어야 한다.

듣는 건 어려운 일이다. 케리 존슨Kerry L. Johnson이 윌리엄 모로우 앤드 컴퍼니를 통해 출판한 책『영업의 마법: 21일 안에 판매량을 두 배로 늘리는 혁신적인 기술Sales Magic』에서 말했듯, 경청에는 적극적인 집중과 주의가 필요하다. 존슨은 적극적인 경청의 여덟 단계를 발견했는데, 이는 다음과 같다.

1. **말하는 사람을 소중히 여긴다.** 누군가와 이야기를 나눌 때 상대는 이 세상에서 가장 중요한 사람이다.
2. **언급되지 않은 내용에 주의를 기울인다.** 때로는 논의에 등장하지 않은 내용이 등장했던 내용보다 더 중요하다.
3. **진실을 들으려 노력한다.** 혹시 모를 선입견을 제쳐두고, 말하는 사람이 누구인지가 아니라 상대가 하는 말의 내용에 귀를 기울인다.
4. **자신이 말하는 시간은 제한한다.** 우리는 짧고 강렬한 문구의 세상을 살고 있다. 텔레비전 광고주는 소비자가 주의를 집중하는 시간이 약 30초에 불과하다는 걸 안다. 이러한 지식을 유리하게 활용한다.
5. **고객이 말하는 동안 다음에 내가 무슨 말을 할지 생각하려는 경향을 피한다.** 대화란 그저 두 명 혹은 그 이상의 사람이 돌아가며 말하는 것이 아니다. 상대의 말을 적극적으로 경청한다.
6. **고객의 관점을 듣는다.** 우리 모두는 세상에 대한 개별적인 인식을 지닌 남다른 존재라는 점을 인식한다. 고객의 관점을 이해하기 위해 말 너머에 담긴 생각에 귀 기울인다.

7. **고객의 말을 반복해서 그들의 말을 들었다는 걸 알린다.** 메시지를 반복해서 말하면 오해를 피하고, 문제를 명확히 하고, 정보를 머릿속에 간직하는 데 도움이 된다.

8. **들으면서 메모를 너무 많이 하지 않는다.** 메모를 지나치게 많이 하다 보면 대화 상대와 눈을 맞출 수 없고 친밀감이 깨진다. 상대와 합의된 행동 단계를 상기시킬 내용만 짧게 적는다.

우리 삶의 위치와 상관없이, 더 나은 청취자가 되라는 조언을 통해 모두가 이득을 볼 수 있다. 적극적인 경청은 비즈니스 관계, 직장 관계, 개인 관계 등 모든 종류의 인간관계를 강화해준다. 결국 우리는 모두 아이디어든, 꿈이든, 예산이든, 프로젝트든, 아니면 자기 자신이든 무언가를 파는 사람이다.

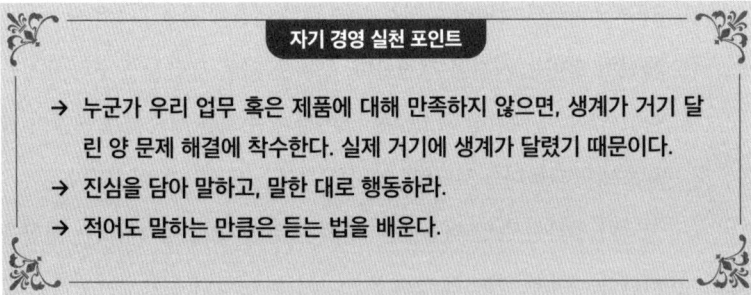

자기 경영 실천 포인트

→ 누군가 우리 업무 혹은 제품에 대해 만족하지 않으면, 생계가 거기 달린 양 문제 해결에 착수한다. 실제 거기에 생계가 달렸기 때문이다.
→ 진심을 담아 말하고, 말한 대로 행동하라.
→ 적어도 말하는 만큼은 듣는 법을 배운다.

신중하게 판단하되 결단력 갖추기

일반 전구와 레이저는 둘 다 빛을 낸다. 그렇다면 무엇 때문에 레이저에만 금속을 절단할 힘이 있는 걸까? 부분적으로는 레이저의 빈틈없는 집중력 때문이다.

집중력 혹은 통제된 주의력은 레이저와 같은 성과를 내는 데 도움을 준다. 나폴레온 힐은 통제된 주의력을 습관과 연습을 통해 한 주제에 마음을 집중시키는 능력으로 정의한다. 이는 그 주제에 대해 철저히 익히고 통달할 때까지 주어진 문제에 주의를 기울이는 능력을 의미한다.

통제된 주의력은 또한 생각을 관리하고 확실한 목표로 이끄는 능력이기도 하다. 이는 지식을 체계화해 실행 가능하고 합리적인 행동 계획으로 만드는 능력이다.

글로 적은 확실하고 현실적인 행동 계획에 생각을 집중하고, 하려고 계획한 바를 이룬 자신의 모습을 상상하면 목표를 이룰 수 있다.

힐은 한 인간이 상상 속에서 먼저 만들지 않은 것은 없었다고 상기시킨다. 강한 열망과 통제된 주의력을 통해 상상이 현실로 바뀐다. 목표에 정말로 집중하고, 1, 2, 3, 5, 10년 뒤 되고 싶은 모습(원하는 만큼의 소득을 올리는 모습, 원하는 새 집을 소유한 모습, 부와 영향력을 지닌 사람이 된 모습)을 그리면 그런 사람이 되기 시작한다. 상상 속에 이러한 그림을 선명하게 그리면 곧 그것을 깊이 열망하게 된다. 그러한 욕망을 활용해 주의력을 조절하고, 행동에 나서라. 그러면 불가능하다고 여겼던 일도 해낼 수 있다.

행동이 키워드다. 우리는 성공하겠다는 바람을 품은 적은 많지만, 행동에 나서지 못한다. 잘못된 결정일까 봐 두렵기 때문이다.

누구나 때로 결정을 내리는 데 어려움을 겪는다. 우리는 정말 중요한 일을 두고 성급한 판단을 피하고 싶어 하지만, 그렇다고 꼼짝도 못 하는 우유부단함도 원하지 않는다.

성급하게 판단하지 않으면서도 결단력을 갖추는 데 도움을 주는 몇 가지 실용적인 팁을 아래에 소개한다.

첫째, 중요한 결정을 내릴 때는 시간을 들인다. 그런 결정을 즉각 내려야 하는 경우는 드물다. 잠을 자고 나서 생각한다. 24시간이 지나고 나면 더 객관적인 판단을 내릴 수 있다.

둘째, 인생은 참/거짓 혹은 객관식 시험처럼 단순하지 않다는 사실을 인식한다. 대부분의 상황에는 여러 가지 답이 존재하며, 그중 어떤 것은 '옳다'고도 '그르다'고도 여겨질 수 있다.

셋째, 모든 결정에는 결과가 따른다는 점을 기억한다. 어떤 결과가 나올지 파악해서 정보에 기반한 결정을 내린다.

넷째, 결정을 적절한 맥락 속에 놓아야 한다. 모든 결정이 똑같이 중요한 것은 아니다. 만약 결과가 대수롭지 않다면, 그 결정에 너무 많은 에너지를 쏟을 필요는 없다.

다섯째, 그 누구도 나를 위해 대신 결정을 내려줄 수 없다는 걸 알아야 한다. 자신에게 중요한 문제라면 결코 남이 결정하게 둬서는 안 되며, 시도했다가 일이 잘못되었을 때 실패를 남 탓으로 돌려서는 안 된다. 내가 내린 결정은 나만의 것이다. 그에 따르는 책임을 받아들여라.

마지막으로, 돌이킬 수 없는 결정은 거의 없다는 점을 기억한다. 잘못된 결정을 내렸다면, 대부분 다시 돌아가 바로잡을 수 있다.

결정을 내린 후에는 실행할 시간을 가져라. 일이 기대한 대로 즉시 풀리지 않는다고 해서 포기하거나 마음을 바꾸지 마라. 일이 진행되려면 대개 시간이 걸리며, 다른 사람이 개입된 일은 특히 더 그렇다. 우리가 새로운 아이디어나 기회에 신이 났다고 해서 다른 사람이 자동으로 따라오지는 않는다. 그들은 질투할 수도 있고, 관심이 없을 수도 있다. 어제 좋은 결정을 내렸다면 오늘도, 내일도 여전히 좋은 결정으로 견고하게 남아 있을 가능성이 크다.

우리가 시간을 들여 생각을 다듬고 준비했다는 점을 기억하자. 다른 사람에게도 같은 기회를 제공하라. 그러면 생각을 바꿀 것이다. 하지만 혼자서 해야 한다 해도 신중하고 사려 깊게 정보에 입각한 결정을 내렸다면, 확신이 들며 실행할 용기가 생길 것이다. 자신이 올바르게 잘하고 있다는 걸 알면 일이 잘 풀리지 않아 어려울 때도(일은 거의 항상 그렇다) 힘을 내 버틸 수 있다. 자신이 낸 아이디어나 기회에 공평한 기회를 주도록 특별히 좀 더 노력하자. 인생에서 많은 성취를 이루는 사람은 기대 이상을 주는 사람들이다.

자기 경영 실천 포인트

→ 하루 세 번, 몇 분 동안 궁극의 목표(즉 재산, 새 차 등)를 이룬 자신의 모습을 상상한다.
→ 할 수 있다고 믿는다면 무엇이든 할 수 있다는 것을 깨닫는다.
→ 어려운 결정을 마주했을 때는, 하룻밤 자고 나서 결정한다.

변화에 맞서지 않고
변화를 이용하기

성공은 처음에 대부분 우연이나 운으로 보일 수 있다. 하지만 성공의 실마리를 찾고 나면 우연한 기회 같아 보였던 일도 사실은 위대한 설계의 일부였다는 걸 알게 된다.

클레멘트 스톤은 로제타 스톤Rosetta Stone을 예로 든다. 1799년 로제타 스톤이 발굴될 때까지 이집트 상형문자는 원시인이 무작위로 돌에 새긴 흔적으로 보였다. 그러나 로제타 스톤이라는 실마리를 통해 학자들은 상징의 진정한 의미를 해독할 수 있었다. 성공도 마찬가지다.

실마리가 없으면 없으면 성공은 단순히 무작위적인 사건처럼 보인다. 하지만 실마리를 발견하면 성공을 이루기 위한 단계를 밟아나갈 수 있다.

클레멘트 스톤에 따르면 성공의 실마리는 다음과 같다. 첫째, 모든 성취는 목표에 대한 명확한 이미지(삶에서 원하는 바가 무엇인지 확실하게 보여주는 그림)를 그리면서 시작된다는 걸 기억한다. 둘째, 이 그림은 자기 주도성을 통해 행동으로 전환된다.

만일 선택한 목표가 한 사람의 능력을 넘어선다면, 다른 사람들의 도움을 '마스터 마인드master mind'라는 완벽한 파트너십을 통해 활용한다. 마스터 마인드란 각 구성원의 교육, 경험, 영향력, 때로는 운영 자산이 다른 구성원을 보완하고 보충하는 완전히 조화로운 파트너십이다.

다음으로, 성공을 이루려면 기꺼운 마음으로 특별히 노력을 더 해야 한다. 받은 보수 이상으로 일을 해야 한다. 그러려면 긍정적인 마음가짐이 필요하다.

상상하고 믿을 수 있다면, 그것을 이룰 수 있다. 무엇이든 해낼 수 있다는 완전한 믿음을 키워라.

여기에는 실천적 믿음applied faith이 필요하다. 실천적 믿음은 조물주로부터 받은 영적 자원을 활용하는 힘이다. 실천적 믿음을 갖추면 사실과 허구를 명확하게 구분해 명료하게 사고하는 능력을 갖추는 데 도움을 얻을 수 있다.

명료한 사고를 하려면 통제된 주의력, 즉 지속적으로 집중하는 능력이 필요하다. 결국 자기 규율이 필요한 것이다.

자기 규율을 통해 장애물을 만났을 때 일을 그만두기보다 더 큰 의지력을 불러일으킬 힘을 키울 수 있다. 자기 규율을 갖추면 시간과 돈을 예산에 맞춰 사용하는 법을 배울 수 있다.

튼튼한 신체와 정신 건강을 유지하는 습관 또한 필요하다. 열정(성공한 사람의 가장 필수적인 특징일 수 있다)은 건강한 마음에서 나오기 때문이다. 열정이 있으면 매력적인 성격을 키울 수 있고, 매력적인 성격을 지니면 목표와 창의적인 비전을 손에 넣는 일에 사람들이 친절하게 협력해준다.

창의적인 비전을 갖추면 패배에서도 배울 수 있다. 모든 역경에는 '그와 동등한 보상의 씨앗'이 들어 있다.

로제타 스톤이 상형문자를 연결하고 의미를 부여하듯이, 성공의 원칙들도 서로 연결되어 있다. 하나가 다른 하나로 이어지고, 함께 성공으로 이끈다. 이는 시대와 환경이 어떻게 변하든 사실이다. 이 지식을 갖추면 변화를 두려워할 이유가 없다.

변화가 인간의 발전에 필수 요소라는 점은 누구나 안다. 그러나 많은 사람이 가장 열심히 맞서 싸우는 대상도 바로 변화다.

나폴레온 힐은 변화의 법칙은 피할 수 없다고 말했다. 이 법칙을 거스르는 바람에 셀 수 없이 많은 문명이 사라졌다. 이 법칙에 따르면, 물리적 세계가 끊임없는 변화를 겪듯이, 인간의 사회적·문화적 세계도 발전하거나 사라져야 한다.

변화의 법칙은 비록 가혹하고 양보가 없지만, 실제로는 전화위복을 가져다준다. 변화가 없었다면 인간은 여전히 동물에 머물렀을 것이다. 인간은 성공의 법칙을 이해하고 변화함으로써, 이 세상에서 자신의 운명을 발견하고 이를 달성할 방법과 수단을 만들 수 있었다.

인류는 자기 파괴적 시도를 반복해왔지만, 어떻게든 실수를 통해 배움을 얻고, 이전 문명 가운데 최고의 요소를 간직했다. 고대 그리스 문명은 예술, 철학, 건축 분야에서 우리에게 많은 유산을 남겼고, 현대 법체제의 많은 부분은 로마법을 바탕으로 한다. 우리는 역사 속에서 세계 평화가 이루어졌던 시기까지도 목격했다. 그리고 이는 모두 더 나은 변화로 이어진다.

우리도 변화의 법칙을 이용해 물질적 성공이라는 개인적인 목표를 달성할 수 있다. 운명론으로는 충분하지 않다. 우리는 일이 원하는 방향으로 진행되도록 적극적인 조치를 취해야 한다. 바라는 것이 적절한 목표라면 이루어질 것이라는 완전한 믿음으로 임해야 한다.

힐은 이렇게 말했다. "변화의 법칙을 인정하면 또한 삶이 가하는 타격도 완화할 수 있습니다. 사랑하는 사람을 잃었을 때조차 슬픔을 느끼는 것은 당연하며 지나가리라고 인정하면 슬픔이 누그러집니다. 변화의 법칙에 저항하지 말고, 변화의 법칙을 자신을 위해 활용하도록 하세요."

헨리 포드는 변화의 법칙이 지속적인 발전을 요구한다는 사실을, 동시대를 살았던 그 누구보다 잘 알아야 했다. 하지만 그는 한때 그 사실을 잊었고, 사업을 거의 잃을 뻔했다.

완고한 사람이었던 포드는 직원들이 반복해서 경고했음에도 모델 'T'가 대체될 수 있다는 사실을 믿지 않으려 했다. 경쟁업체에서는 포드가 틀렸다는 사실을 증명했고, 포드의 매출은 위험할 정도로 감소했다. 포드는 자신의 잘못을 깨닫고, 새롭고 현대적인 방법으로 매출을 다시 회복시켰다.

헨리 포드 자신과 마찬가지로 그가 세운 회사도 수년간 잘못된 계산을 했었지만, 주목할 만한 성공 또한 거두었다. 오늘날 포드의 경영진은 자동차 업계에서 혁신이라는 오래된 전통을 따르며, 포드라는 이름은 '감당할 수 있는 수준의 가격으로 좋은 차를 만드는 자동차 제조업체'로 전 세계에 알려져 있다. 변화는 불가피하다. 그러므로 변화를 통해 찾아오는 기회를 붙잡을 준비를 해두어야 한다. 그렇지 않으면 실패해 파멸의 길로 들어서게 될 것이다.

자기 경영 실천 포인트

→ 목표에 대한 명확한 정신적 이미지를 그린다. 일시적인 좌절을 극복하는 데 도움이 될 만큼 생생하게 그린다.
→ 정기적으로 운동한다. 건강한 몸은 건강한 정신을 유지하는 데 도움이 된다.
→ 변화에 맞서 싸우지 않는다. 대신 변화를 이용할 방법을 찾는다.

4장

감히 해보겠다고 도전한 사람들 I

성공하지 못한 데 대한 변명거리는 셀 수 없이 많지만, 패배를 받아들이길 거부한 사람만이 성공을 이룬다. 이들의 성공 이야기는 얼마든지 확률을 극복할 수 있다는 점을 증명해 보이고, 우리가 인내할 수 있도록 격려한다. 이번 장에서는 성공을 거둔 몇몇 사람의 이야기를 소개한다. 이들의 삶은 길을 찾기 위해 여전히 고군분투하는 모든 사람에게 희망의 등불이 되어준다.

Day 22

한다고 마음먹으면 반드시 한다
– 마이크 어틀리

    1991년 11월 17일 미식축구팀 디트로이트 라이언스와 로스앤젤레스 램스 사이에 경기가 벌어지고 있었다. 경기장에 모여든 수천 명의 팬과 텔레비전 중계로 지켜보던 수백만 명의 팬은 라이언스의 공격 라인에서 활약하던 마이크 어틀리Mike Utley 선수가 경기장 밖으로 실려 나가면서 엄지손가락을 치켜세우자 안도의 한숨을 내쉬었다.

    어틀리는 이처럼 의연하게 팬들을 안심시켰지만, 이후에 이어진 검사 결과는 어틀리가 가장 두려워하던 일이 일어났음을 확인해주었다. 키 198cm, 몸무게 140kg에 달하는 오펜시브 태클 포지션의 어틀리 선수는 상대 팀 선수의 패스를 막다가 목이 부러져 척수에 손상을 입었다.

    어틀리는 이렇게 회상했다. "그전에도 다친 적은 많았습니다. 뼈도 부러졌었고, 목을 꼬집었을 때 스팅어stinger(미식축구에서 선수의 목이나 어깨 신경이 순간적으로 압박을 받거나 늘어나면서 발생하는 통증과 저림으로, 주로 충돌 시 목을 과도하게 움직일 때 나타난다. 보통은 일시적이지만 반복되면 신경 손상을 초래할 수 있다.—옮긴이)를 느낀 적도 있고, 기절한 적도 있죠. 하지만 이번에는 곤경에 처했다는 걸 알았습니다. 목에서 뭔가 잘못되었고, 다리는 통증이 너무 심해 불타는 것 같은 느낌이었습니다."

예후는 좋지 않았다. 어틀리의 다리는 완전히 마비되었고 손으로 냅킨조차 들어 올릴 수 없었다. 의료진은 그에게 남은 인생은 휠체어를 타고 지내야 할 거라고 했고, 만일 첫 6개월 동안 팔다리의 감각이 돌아오지 않으면 감각도 영원히 돌아오지 않을 거라고 했다.

6개월이 지나고 어느 날 어틀리는 자신이 왼발 엄지발가락을 움직일 수 있다는 사실을 발견했다. 어틀리가 말하기를, 그 이후 정말로 회복이 시작되었다고 한다. 현재 어틀리는 손과 허리 근육을 쓸 수 있으며, 발을 들어 올릴 수 있고, 거의 매일 웨이트트레이닝을 한다.

어틀리 선수는 사고 이후 몇 주, 몇 달 동안 전 세계 팬들로부터 1만 통이 넘는 격려 편지를 받았다. 그 가운데 그에게 특히 감동을 준 편지 한 통이 있었다. 어느 소년이 보낸 편지였는데, 거기에는 이렇게 쓰여 있었다. '어틀리 선수에게. 다치셔서 안타까워요. 제 다리와 바꿀 수만 있다면 그렇게 할 거예요. 그래서 어틀리 선수가 경기하는 모습을 딱 한 번만 더 볼 수 있다면 말이에요.'

어틀리는 자신이 기억하는 한 언제나 경쟁을 벌이는 사람이었다. "아버지가 들려주신 이야기로는 저희 사형제가 아버지와 레슬링을 할 때면 제가 언제나 제일 먼저 참가해서 제일 마지막까지 남아 있는 아이였대요. 저는 몸을 부딪치며 경쟁하는 걸 즐깁니다. 최고가 되고 싶어요. 제가 경쟁을 멈추는 날은 땅에 묻히는 날일 거예요."

어틀리는 목표 설정의 가치를 안다. 그는 살면서 지금까지 매일 목표를 설정해왔다. "목표가 만일 슈퍼볼에 나가는 것이라면 목표를 쪼개서 달성해야 합니다. 비경기 시즌에 몸을 만들기 시작합니다. 프리시즌에는 실전연습을 하며 시간을 보냅니다. 그러고 나서 한 번에 한 게임씩 해나가다 보면 어느새 슈퍼볼에 와 있는 거죠."

"그런 사고가 있었으니 사람들은 제게 미식축구에 악감정이 있지는 않은지 물어봅니다. 그러면 저는 대답해요. '전혀 그렇지 않습니다.' 미식축구 때문에 이렇게 휠체어를 타고 다니는 신세가 되었죠. 그건 사실이에요. 하지만 미식축구가 제게 이 휠체어에서 벗어날 방법도 가르쳐줄 겁니다. 미식축구는 다른 사람과 어울리는 법을 알려주고, 해내야 할 일이 있을 때 공격적으로 임하는 법을 가르쳐줍니다. 제 목표는 언젠가 다시 걷는 겁니다. 오늘 걷지 못한다면 내일은 걸을 거예요." 병원에 입원했을 때 어틀리의 첫 번째 목표는 일어나 앉는 것이었다. 그다음 목표는 1분 동안 서 있는 것이었다. 서서히 어틀리는 회복되었고, 그의 목표는 한 시간 동안 서 있기가 되었다. 어틀리는 석 달 동안 목표를 달성하려 노력했고, 일어설 때마다 쓰러지곤 했다. 한 시간 넘게 서 있으려고 형인 톰과 내기를 했다.

어틀리는 이렇게 회상했다. "47분이 지날 때까지 서 있었어요. 최장 기록이었죠. 그 정도 상태가 한 달 정도 이어졌어요. 그 상태에 머물러 있는 게 몹시 화가 나더군요. 사람들이 말했어요. '안색이 창백해요. 눕는 게 좋겠어요.' 하지만 저는 해냈어요. 저녁 식사값은 톰 형이 냈죠."

"저는 항상 내기를 합니다. 나 자신과 내기를 하죠. 무언가를 하기로 마음먹으면, 해내야 한다고 생각해요. 멈춰서 둘러보면, 누군가 나를 추월할 겁니다. 하지만 저는 추월당하지 않을 거예요. 지금도, 앞으로도 그러지 않을 겁니다. 이게 바로 제가 바라보는 방식입니다. 실수를 하더라도 빠른 속도로 달리면서 실수하세요. 노력했다고 뭐라고 할 사람은 아무도 없습니다."

마이크 어틀리는 현재 덴버에 살고 있다. 하지만 많은 시간 전국을 다니며 사람들과 이야기를 나누고 자신의 이름을 딴 재단을 위해 기금을 모으고 있다. "밖에 나가 강연할 때 저는 항상 사람들에게 현재 상황에서 최선을 다하라고 말합니다. 지금 가진 것에 관해 불평하지 마세요. 불평은 상황을 더 나쁘게 만들 뿐입니다."

어틀리는 디트로이트 라이언스 팀에 있으면서 6주 동안 하루 두 번씩 연습하던 때를 떠올린다. 팀원들은 그날 두 번째로 연습장으로 향하는 언덕을 오르면서 투덜대고 불평했다. "하지만 언덕 꼭대기에 도착하고 나면 우리는 싹 잊고 연습에 임합니다. 그게 건설적 불평인 거죠. 힘들어도 해야 할 일이 남아 있다는 걸 알고, 하는 거요. 이와 반대로 부정적인 불평이 있습니다. 그건 그냥 시간 낭비일 뿐이죠."

자기 경영 실천 포인트

→ 절대 굴복하지 않는다. 아무리 큰 좌절을 겪어도 극복할 수 있다.
→ 불평하지 않는다. 불평하면 그저 입만 아플 뿐이다.
→ 모든 일에 최선을 다한다. 아무도 우리가 노력하는 걸 비난할 수 없다.

모든 것을 다 잃어도
앞으로 나아간다
- 윌리 에이모스

"나는 일시적인 좌절을 장애물로 보지 않습니다. 실제 그건 디딤돌입니다." 이 말을 남긴 사람은 고급 쿠키 산업의 아버지로 불리며, 경력 내내 레몬을 레모네이드로 탈바꿈시킨, 언제나 낙관적인 윌리 에이모스Wally Amos다.

에이모스는 레몬을 레모네이드로 바꾼다는 비유를 아주 좋아해서 공식 초상화에서도 한 손엔 레모네이드가 든 잔을, 다른 한 손에는 레모네이드가 담긴 주전자를 들고 있다. 윌리 에이모스라는 이름은 누구나 알 만큼 유명했지만, 그가 설립한 쿠키 회사의 소유주들과의 법정 다툼이 있었던 탓에 더 이상 어떤 쿠키에도 자신의 이름을 사용할 수 없었다. 하지만 에이모스는 이 문제를 장애물로 보지 않았다.

에이모스는 최근 인터뷰에서 이렇게 말했다. "제 생각에 사건을 담당하는 판사님이 제게 좋은 소식을 주신 것 같습니다. 물론, 몇 가지 이름은 사용할 수 없다고 했지만, 그 외에 제가 사용할 수 있는 이름이 얼마나 많은지 보세요!"

그래서 월리는 '엉클 노네임Uncle Noname'이라는 이름으로 새로운 회사를 만들어 사업을 시작했다. 에이모스에 따르면 이는 이름이 없다는 점을 하와이식으로 표현한 것이라고 한다.

자신을 영원한 영적 탐구자라고 묘사하는 에이모스는 말한다. "삶의 모든 건 신성한 질서를 따릅니다. 우리 각자는 퍼즐의 조각이에요. 그리고 다른 조각이 어디에 있는지는 알지 못하죠. 그러므로 마음을 열어야 합니다. 모든 방향에서 오는 답을 선뜻 받아들여야 해요. 고향에 있는 교회에 멋진 인용 글귀가 있었는데 이렇게 적혀 있었죠. '마음은 낙하산과 같다. 활짝 펼쳤을 때 가장 잘 작동한다.'

처음에 페이머스 에이모스Famous Amos를 창업하겠다는 생각은 제가 떠올린 게 아닙니다. 신이 주신 영감이었죠. 하나님의 뜻이 그냥 제 안에 들어온 거예요. 하나님께서 제게 아이디어를 주셨죠. 저는 하나님께서 아이디어 하나를 전해주었다는 이야기를 하는 게 아닙니다. 하나님께서 제게 페이머스 에이모스라는 아이디어를 주셨다면, 또 다른 아이디어도 주실 겁니다."

새 회사 이름에 대한 아이디어는 전혀 예상하지 못한 데에서 가장 예상치 못했던 때에 떠올랐다. 에이모스는 새로운 회사의 이름을 에이모스와 연관지어 '논에이모스Nonamos'로 지을 생각이었는데, 해변에서의 우연한 만남으로 생각이 바뀌었다. 에이모스와 아내인 크리스틴이 라구나 비치를 따라 걷고 있었는데, 라디오에서 에이모스의 이야기를 들었던 한 남자가 다가와 대화가 시작되었다.

에이모스는 이렇게 회상했다. "그 남성의 이름은 딕 던초크였습니다. 그가 제게 새 회사의 이름을 '노네임Noname'이라고 지어야 한다고 하더군요. 알고 보니 그가 어느 즉석 출력 업체에 출력을 맡겼는데, 가게에서 그의 이름을 잊었던 겁니다. 나중에 출력물을 찾으러 갔더니 딕이 주문했던 출력물에 '딕 노네임'이라고 써 있었다고 해요. 딕과 이야기를 나누면 나눌수록 딕의 아이디어가 좋아졌습니다. 우리 회사의 이름은 해변에서 전혀 모르는 사람이 지어주었어요. 이건 우연이 아닙니다."

쿠키 회사 관련 사건은 에이모스가 맛본 첫 번째 좌절이 아니었다. 에이모스는 스카우터로서의 경력을 윌리엄 모리스 에이전시에서 시작했는데, 여기서 무명의 2인조였던 사이먼 앤드 가펑클Simon And Garfunke과 계약을 맺었다. 하지만 그는 회사에서 승진할 기회가 이제 없다고 느끼고 윌리엄 모리스 에이전시를 그만두었다.

그리고 나서 독립적으로 사업을 시작했지만 고객사에서 대금을 납부하지 않으면서 문제가 쌓이기 시작했다.

에이모스는 지쳤다. 쇼비즈니스는 몹시 취약하고 불안정했다. 그러다가 친구의 제안으로 자신의 트레이드마크인 초콜릿칩 쿠키를 판매하겠다고 마음먹었다. 그는 수년간 제작자들과 할리우드 임원들에게 초콜릿칩 쿠키를 명함처럼 사용했었다. 에이모스는 쇼비즈니스에 몸담은 친구 헬렌 레디Helen Reddy와 마빈 게이Marvin Gaye 그리고 다른 몇몇을 설득해 쿠키 회사 운영에 투자해달라고 설득했고 회사를 직접 경영했다.

몇 년 뒤 회사는 경영 문제를 겪기 시작했고, 페이머스 에이모스는 여러 소유주를 거치게 되었다. 소유주가 바뀔 때마다 지분은 희석되었다. 세 번째 소유주가 회사를 인수했을 때까지 에이모스는 주로 제품 홍보를 담당하는 계약직 직원으로 일했다. 하지만 네 번째 소유주와는 합의할 수 없었고, 네 번째 소유주가 회사를 인수한 직후 에이모스는 회사를 떠났다.

오늘날 에이모스는 여전히 긍정적으로 지내며, 자신이 가장 잘하는 일, 즉 쿠키 판매를 위한 홍보를 한다. 코스트코에서는 엉클 노네임의 쿠키를 판매하기 시작했고, 에이모스를 섭외해 직접 여러 매장을 방문하게 했다.

에이모스는 누구나 사용할 수 있는 5단계 성공 공식을 제시한다.

첫째, 답은 항상 있다. 그러니 걱정하느라 시간을 낭비하지 마라. 걱정은 준비가 아니다. 상황을 분석하고 해결책에 집중하면 항상 답을 찾을 수 있다.

둘째, 행동하라. 행동은 또 다른 행동을 낳고, 활동은 더 많은 활동을 낳는다.

셋째, 희생자가 되지 마라. 화를 내거나 좌절하지 않도록 하라.

넷째, 긍정적인 마음가짐을 유지하라. 에이모스는 말한다. "저는 이름을 잃고, 대출금 상환을 15개월 연체하고, 모두에게 빚을 졌지만 새로운 회사를 시작했고 긍정적인 마음가짐을 유지하고 있습니다. 제가 할 수 있다면 누구나 할 수 있습니다."

다섯째, 신념에 대해 용기를 가져라. 자신과 신을 믿어라. 일시적인 좌절에 괴로워하지 말고 믿음과 신뢰를 갖고 맡겨라. 모든 걸 혼자서

하기는 어렵지만, 신과 함께라면 모든 것이 가능하다.

에이모스는 이렇게 말한다. "저희 회사는 아직 수익을 내지 못하고 있습니다. 하지만 새 회사는 성공할 겁니다. 저는 사람들이 초콜릿칩 쿠키를 찾으며 '노네임 쿠키를 주세요'라고 말할 때까지 이렇게 계속 홍보를 할 겁니다!"

나는 그의 말을 조금도 의심하지 않는다.

자기 경영 실천 포인트

→ 계획 차질로 어려움을 겪을 때는 이미 일어난 일에 대해 생각하며 시간을 낭비하지 말고 앞으로 해야 할 일에 집중한다.
→ 긍정적인 마음가짐을 유지한다. 할 수 있다고 믿는다면 무엇이든 이룰 수 있다.
→ 목표를 이루기까지 조급해하지 않는다. 위대한 것은 하룻밤에 이루어지지 않는다.

나 자신을 끝까지 믿고 행동한다
- 엘리샤 오티스

뛰어난 아이디어만으로는 성공하기에 충분하지 않다. 술집과 라커룸 어디에서 만날 수 있는 것처럼, 큰 꿈을 떠들어대지만 쉽게 포기하고 마는 사람들이 세상에는 넘쳐난다.

엘리샤 그레이브스 오티스 Elisha Otis는 엘리베이터 제동 시스템에 관한 훌륭한 아이디어를 떠올렸다. 하지만 그는 기존 방식을 고집하는 사람들의 안일함을 뚫지 못하면 그 혁신적인 아이디어가 무의미하다는 것을 금방 깨달았다.

당시에도 화물용 승강기는 이미 널리 사용되고 있었다. 하지만 사람은 승강기에 탈 수 없었다. 승강기의 줄이 끊어지지는 않을지 두려웠기 때문이었다. 그 결과, 건물의 최대 높이는 대부분 사람들이 편리하게 오를 수 있는 4~5층으로 제한되었다.

1852년 오티스는 용커스(뉴욕)의 침대 프레임 제작회사에 화물용 승강기를 설치했다. 오티스는 이 침대 제작회사에서 숙련공으로 일하고 있었는데, 표준 제작 절차를 약간 벗어난 승강기를 만들었다. 간단한 제동 장치를 추가로 부착한 것이다. 오티스는 이 엘리베이터가 주는 이점을 즉각 알아차렸다. 그런데 문제는 다른 누구도 이러한 이점을 눈치채거나 신경 쓰지 않는다는 점이었다.

오티스는 기발한 작은 제동 장치를 발명하고 나서 1년 정도 뒤에 엘리베이터를 제작하는 사업을 시작했다. 하지만 여전히 자신의 아이디어가 세간의 주목을 받도록 하기 위해 고군분투해야 했다. 그러다 마침내 미국 비즈니스 역사상 가장 뛰어나다고 손꼽히는 홍보 활동이 이루어졌다. 오티스는 1853년 뉴욕에서 개최된 제1회 세계박람회장에 고층 구조물을 세웠다. 수천 명의 관중이 숨을 참고 지켜보는 가운데 그는 구조물의 꼭대기로 올라가 엘리베이터 플랫폼에 서서 아래에 있는 작업자에게 외쳤다. "밧줄을 끊어요."

작업자가 도끼를 휘둘렀고, 그로써 엘리샤 그레이브스 오티스는 역사책에 이름을 올렸다. 오티스의 제동 장치가 작동했고, 당시의 장관을 지켜보던 수천 명과 이후 실험에 관한 글을 읽은 수백만 명은 최초로 안전한 엘리베이터가 등장했다는 것을 알게 되었다.

하지만 부동산 개발업자들이 건물의 고층을 창고가 아니라 프리미엄 공간으로 쓸 수 있다는 점을 깨닫기까지는 그로부터 3년이 더 걸렸다. 뉴욕의 사무실용 건물에 승객용 엘리베이터가 설치되기까지는 그로부터 또 11년이 더 걸렸다. 그렇게 뉴욕에는 고층 건물의 시대가 도래했고 수백만 명의 삶과 노동 방식을 영구히 바꾸어놓았다.

다음에 영감이 번뜩 떠오른다면, 아무도 그 가치를 바로 알아차리지 못한다는 이유로 포기하지 마라. 세상이 마침내 알아볼 때까지 버텨내라.

이러한 원칙을 알았던 사람 중에 체스터 칼슨Chester F. Carlson이 있다. 그는 더 나은 복사 방식을 찾고자 하는 발명가였다. 당시 복사를 하려면 축축하고 지저분한 습식의 직접 복사 공정을 거쳐야만 했다. 칼슨은 더 나은 방법이 있을 거라고 확신했다.

1944년 칼슨은 실용적인 건식 복사 기술을 개발했고, 바텔 메모리얼 연구소의 도움을 받아서 이 기술에 관심을 가질 제조업체를 찾고자 했다. 전해지는 바에 따르면 제너럴 일렉트릭, IBM, RCA, 코닥, 벨, 호웰을 포함, 당시 선도 기업 대부분에 사업을 제안했다고 한다. 하지만 제안을 받은 기업은 각각 차례로 거절의 뜻을 전했다.

하지만 칼슨과 바텔Gordon Battle은 포기하지 않았다. 그 모든 거절을 당하고도 복사 기술을 판매하려는 노력을 계속 이어나갔다. 그러던 어느 날 칼슨과 바텔은 뉴욕주 로체스터에 있는 작은 제조업체 할로이드 컴퍼니로부터 전화를 받았다. 할로이드의 경영진은 복사 기술에 관한 기사가 실린 무역 전문지를 읽고 흥미를 느꼈다고 했다. 마침내 양측 사이에 계약이 이루어졌고, 얼마 지나지 않아 칼슨의 아이디어에 할로이드사 조셉 윌슨 주니어Joseph C. Wilson Jr.의 경영 재능이 더해져 위대한 비즈니스 성공 사례 중 하나가 탄생했다.

알다시피 할로이드는 이후 거대 기업 제록스가 되었고, 칼슨이 발명한 건식 복사 공정은 사실상 말 그대로 수십억 달러 규모의 급성장 산업을 창출했다.

처음에는 아무도 몰라준다고 해도, 주도적인 행동과 끈기가 만나면 놀라운 결과가 나온다.

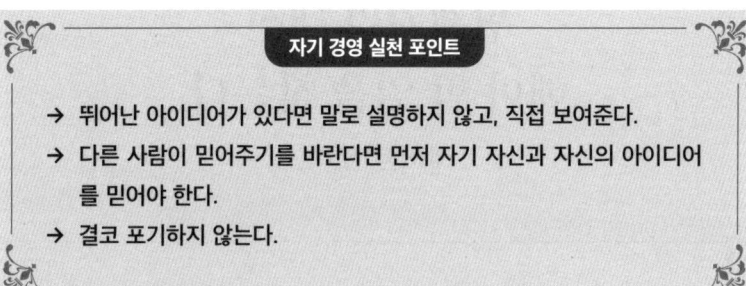

자기 경영 실천 포인트

→ 뛰어난 아이디어가 있다면 말로 설명하지 않고, 직접 보여준다.
→ 다른 사람이 믿어주기를 바란다면 먼저 자기 자신과 자신의 아이디어를 믿어야 한다.
→ 결코 포기하지 않는다.

핑곗거리 대신
해야 할 일을 찾는다
- 데이브 토마스

데이브 토마스Dave Thomas는 청년 시절 군인으로 독일에 복무하는 동안 긍정적인 사고의 힘을 배웠다. 그리고 이를 활용해 웬디스 햄버거 체인을 설립해 큰 성공을 거두고, 자기 자신과 가족의 멋진 삶을 구축했다.

데이브 토마스는 1932년 7월 2일, 뉴저지주 애틀랜틱시티에서 태어났다. 그리고 인생의 어두운 면을 아주 빨리 배웠다. 자신의 친부모가 누구인지 몰랐으며, 양어머니는 토마스가 겨우 다섯 살이었을 때 돌아가셨다.

청소년 때는 일자리를 찾는 양아버지를 따라 이 주에서 저 주로 자주 이사를 했다. 토마스는 말했다. "그건 쉽지 않은 일이었어요. 뿌리도 없었고, 소속감도 없었습니다. 그 모든 이사를 하는 동안 저는 친구를 사귈 기회도 없었죠. 제 생각에는 그래서 일이 꾸준한 동반자가 된 것 같습니다."

토마스는 열두 살 때부터 일을 시작했다. 테네시주 녹스빌에서 식료품을 배달하는 일이었는데, 휴가 기간에 대한 오해로 해고당했다. 그러고는 월그린 음료수 코너에서 새로운 일자리를 찾았지만, 그 자리에서도 해고당했다. 토마스가 아직 열여섯 살이 되지 않았다는 걸 주인이 알게 되어서였다.

토마스는 또다시 나이를 속이고 요깃거리를 파는 식당에서 일자리를 얻었다. 그리고 열두 시간 근무하는 동안 대부분 동료보다 더 열심히 일했다. 이번에도 일자리를 잃을까 봐 두려웠기 때문이었다. 토마스는 이렇게 회상했다. "저는 이미 두 번이나 해고를 당한 상태였어요. 아버지께서는 당신이 평생 저를 뒷바라지해야 할 것 같다고 말씀하셨죠. 농담이었겠지만 그 말이 오랫동안 기억에 남았습니다."

토마스는 어려움 속에서 그만한, 아니 그보다 더 큰 기회의 씨앗을 보았다. "어린 시절 겪은 어려움 덕분에 제 안에는 원동력이 생겼습니다. 저는 돈 버는 걸 좋아했어요. 하지만 돈만 중요한 건 아니었습니다. 거기에는 또한 성취감이 있었어요."

열여덟 살 때 토마스는 군에 입대했는데, 군에서 요리 및 제빵 학교에 다녔다. 그리고 얼마 지나지 않아 사병 클럽을 관리하는 최연소 군인이 되었다.

"간단한 일이었습니다. 부사관 클럽이 깨끗하게 관리되고, 음식은 맛있는지, 서비스가 빨리 이루어지는지 확인하기만 하면 되었어요." 이후에 토마스는 레스토랑 사업에도 같은 공식을 적용했다.

군을 제대하고 나서 토마스는 전설로 통하는 KFC 창업자 할랜드 샌더스Harland David Sanders 켄터키 대령(켄터키주가 해당 주와 관련된 인물 중 명예로운 업적을 이룬 인사를 선정해 부여하는 최고의 명예.—옮긴이)을 만났다. 토마스의 상사가 샌더스 대령으로부터 치킨 프랜차이즈를 구입했을 때였다. 그 후 얼마 지나지 않아 상사는 토마스에게 거래를 제안했다. 경영상 어려움을 겪고 있는 KFC 테이크아웃 매장들을 관리하고, 실적을 개선해서 20만 달러의 적자를 갚는 데 성공하면 소유권 지분의 45퍼센트를 주겠다는 내용이었다.

샌더스 대령의 반대에도 불구하고 토마스는 기회를 잡기 위해 뛰어들었다. 토마스는 이렇게 말했다. "샌더스 대령은 하지 말라고 하셨어요. 매장은 사실상 파산 상태였습니다. 제겐 아이가 넷 있었고, 아내와 저는 주당 135달러를 벌고 있었어요. 하지만 저는 제 사업을 하겠다고 마음먹었습니다."

토마스를 매장 운영에 강도 높게 집중했다. 100가지나 되던 메뉴를 줄여 대부분 치킨과 샐러드로 구성했고, 라디오 방송국에 치킨 버킷을 제공하고 그 대가로 방송 광고 시간을 확보하는 등 그는 끊임없이 매장을 홍보했다. 오늘날 전 세계 KFC 매장에서 볼 수 있는 익숙한 치킨 버킷 디자인도 그가 만든 것이다. 1968년, 그는 매장을 KFC 본사에 150만 달러에 다시 매각했다.

그다음 해 토마스는 딸의 이름을 따 웬디스를 창업했다. 토마스의 목표는 소박했다. 언젠가 오하이오주 콜럼버스 근처에 충분하게 매장을 늘려 자신의 아이들이 여름 방학 동안 일할 자리를 줄 수 있으면 좋겠다고 생각했다.

토마스는 상상력이 풍부한 레스토랑 운영자였고, 콜럼버스 도시 전체와 오하이오주 일부에 프랜차이즈 매장을 판매한다는 아이디어를 개척했고, 웬디스의 컨셉트는 급성장했다. 토마스가 20년 전 프랜차이즈 운영을 시작한 이래 20년간, 웬디스는 미국과 전 세계에 7,166개의 레스토랑을 가진 글로벌 체인으로 성장했다.

오늘날, 친근한 이미지의 토마스는 미국에서 무척이나 인정받고 존경받는 사람이 되었다. 이는 어느 정도는 어디서나 나오는 텔레비전 광고 덕분이고, 또한 인생을 살면서 세상으로부터 가져가는 것보다 더 많은 걸 돌려줘야 한다는 그의 진실한 믿음 덕분이기도 하다. 토마스는 여러 자선단체에서 활동하고 있으며 자서전 『데이브의 길 Dave's Way』(버클리 북스, 뉴욕, 1991)의 판매 수익을 전국 입양 인식 증진 캠페인에 기부했다.

호레이쇼 앨저 상 Horatio Alger Award(역경을 극복하고 뛰어난 성취를 이룬 탁월한 리더에게 수여하는 상.—옮긴이) 수상자인 토마스는 성공의 비결로 열심히 일하는 것, 정직함 그리고 전적인 헌신을 꼽는다. 그는 스스로 기회를 만들 수 있으며, 지루한 일도 스스로 의미를 부여하면 흥미롭고 도전적인 일이 될 수 있다고 말한다. 예를 들어, 모두가 필요하다고 느끼지만 아무도 나서지 않는 일을 찾아 자원하거나, 모두가 해결해야 한다고 동의하는 문제에 대한 해결책을 찾으면 된다.

"작은 주도성이 열 번 중 아홉 번은 행운으로 돌아옵니다. 원하는 것이 있다면 목표를 충분히 높게 세우세요. 그럼 무엇이든 가질 수 있습니다."

자기 경영 실천 포인트

→ 해야 할 일을 찾아 자원한다.
→ 목표를 높게 설정한다. 열심히 노력하면 달성할 수 있다.
→ 어려움을 핑계로 삼지 마라. 데이브 토마스는 어린 나이에 부모를 잃고 가난했지만, 이를 이겨내고 성공해 백만장자가 되었다.

페덱스 성장의 일등공신, 절대적인 존중

– 프레드 스미스

페덱스의 창업자인 프레드 스미스 Fred Smith 회장은 리더십 능력을 매우 중요시해 관리자만 직원의 성과를 평가하는 게 아니라 1년에 한 번 입장을 바꿔 부하 직원도 상사를 평가하게 한다.

스미스는 청년 시절 해병대 장교로 베트남에 파병되었고, 그곳에서 갑작스러운 죽음으로 헛되게 스러지는 목숨을 목격하고 소스라쳤다. 이뿐 아니라 병사를 관리하는 장교들이 병사들에게 기대하는 바가 극히 적고, 그래서 기대하는 바대로인 결과로 이어져 병력이 낭비되는 것을 보고 또한 낙담했다.

베트남전에 두 차례 파병되는 동안 은성 훈장과 두 개의 퍼플 하트 훈장 Purple Hearts (복무 중 사망하거나 다친 군인에게 미 대통령이 수여하는 훈장.—옮긴이)을 포함해 여섯 개의 무공훈장을 받은 스미스는 힘없는 사람들은 삶에서 단 한 가지를 바란다는 것을 배웠다. 바로 존중이다. 힘없는 사람을 존중하면, 그들은 맹렬한 충성심과 헌신으로 답한다. 힘없는 사람은 마땅히 대접받아야 하는 대로 대접해주는 리더에게 전부를 바친다. 스미스는 이러한 배움을 결코 잊지 않았고, 이는 페덱스를 이루는 주요 토대가 되었다.

스미스는 리더라면 아랫사람들에게 존중받아야 하고 마찬가지로 아랫사람을 존중하는 것도 중요하다고 믿기 때문에 페덱스에서는 매년 봄 성과 평가 대상을 반대로 바꾼다. 직원은 직속 상사뿐 아니라 그 위 모든 직급의 상사 그리고 회사 전체에 대해 자신의 생각을 표현할 수 있다. 또한 전년도 평가에서 제기한 문제가 만족스럽게 처리되었는지도 묻는다. 응답은 익명으로 처리되지만, 직속 부하 직원들의 요약 보고서가 모든 관리자에게 제공된다. 직원들이 평가한 특정 리더십 속성은 관리자가 개선해야 할 점을 파악하기 위해 분석된다.

그런데 이 과정이 상사가 직원들에게 좋은 평가를 받기 위해 아첨하는 인기 경쟁으로 변질되지는 않을까? 나는 페덱스의 교육 및 행정 담당 관리자 진 워드-존스Jean Ward-Jones에게 이 질문을 던졌다. 그러자 진은 직원이 매기는 점수는 평가의 한 요소일 뿐이라고 지적했다. 관리자는 직원이 매기는 점수뿐 아니라 구체적이고 측정 가능한 인력, 서비스, 수익 목표를 기준으로 평가받는다. 그리고 회사는 관리자가 매년 각 영역에서 성과 개선을 이루길 기대한다.

프레드 스미스는 권한 위임empowerment이라는 단어가 비즈니스 세계에서 유행하기 훨씬 전부터 직원에게 권한을 위임했고, 그렇게 세계적인 성공 기업 스토리를 이루었다. 스미스는 평범한 사람이 비범한 일을 해낸다고 진심으로 믿는다. 기회만 주어진다면 말이다.

직원들이 최선을 다해 일하도록 격려하기 위해 스미스는 다양한 방식으로 보상을 제공한다. 그 가운데 하나가 '브라보 줄루Bravo Zulu, BZ' 상이다. 브라보 줄루는 항공모함에서 파일럿에게 훌륭한 착륙을 축하하기 위해 보내는 수신호이다. "잘했어!"라는 말을 해병대식으로 표현하는 것이다. 브라보 줄루 상을 수상하는 직원은 상사로부터 편지나 쪽지를 받는데, 거기에는 특별한 의미가 있다. 단순한 브라보 줄루를 넘어서는 성과를 낸 직원이 있다면 상사는 브라보 줄루 증명서와 함께 수여할 25달러 혹은 50달러짜리 수표를 신청할 수 있다.

무엇보다 가장 강력한 동기부여책은 모든 직원에게 다음 질문을 할 수 있는 권리가 있다는 것이다. "그게 저한테 어떤 이익이 되나요?" 페덱스의 직원은 누군가 미리 만들어두었다는 이유만으로 특정 절차를 맹목적으로 따라야 할 필요가 없다. 페덱스의 직원은 그게 무엇이든 자신이 가장 잘한다고 생각하는 방식으로 업무를 완수할 자유를 부여받는다. 어떤 방식으로든 해내기만 하면 된다. 또한 회사에서 부당한 대우를 받았다고 느끼면 이의제기 절차를 통해 바로잡을 수도 있다. 이 절차는 내용에 걸맞게 '공정한 대우 보장' 절차라고 불리며, 직원은 성과 평가에서부터 승진에 이르기까지 어떤 문제든 이야기할 수 있다.

임원급에서 해결책을 찾지 못한 문제는 부사장에게 넘어가고, 그래도 여전히 문제가 해결되지 않으면 항소위원회로 넘어간다. 항소위원회는 대법원과 비슷한 역할을 맡는데, 여기서 직원과 상사는 각각 자신 대신 정보를 전할 목격자를 최대 세 명까지 부를 수 있다.

이 모든 절차는 회사에서 어떤 문제가 생겼을 때 직원이 정말 목소리를 낼 수 있고, 자신의 소리를 회사에서 들을 거라는 점을 확실히 느끼도록 하기 위한 것이다.

프레드 스미스는 직원들에게 그들이 마땅히 받아야 할 존중을 표하고, 직원들이 가능한 선에서 최선을 다해 업무를 수행할 수 있도록 권한을 위임했다. 그렇게 해서 그는 페덱스를 어려움을 겪던 작은 회사에서 수십억 달러 규모의 대기업으로 성장시켰다.

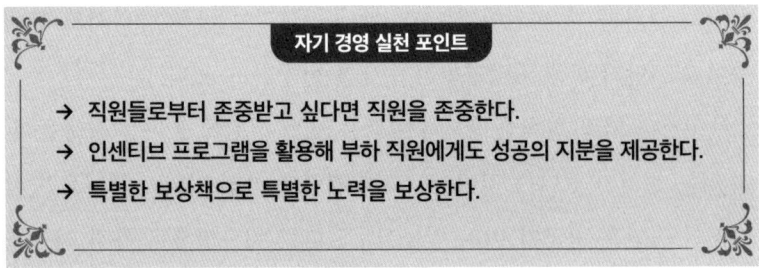

자기 경영 실천 포인트

→ 직원들로부터 존중받고 싶다면 직원을 존중한다.
→ 인센티브 프로그램을 활용해 부하 직원에게도 성공의 지분을 제공한다.
→ 특별한 보상책으로 특별한 노력을 보상한다.

Day 27

빌린 돈으로 시작해 억만장자가 되다
- 커티스 칼슨

어떻게 하면 남에게서 빌린 자본 단 50달러로 시작해 비상장 대기업을 키워낼 수 있을까? 이를 이루어낸 커티스 칼슨Curtis L. Carlson은 크게 보면 나폴레온 힐이 말했던 '목적의 명확성'을 키운 덕분이라고 말한다.

칼슨은 자신이 어디로 가는지 알고, 그곳에 도달하는 방법을 계획함으로써 비상장 대기업을 일굴 수 있었다. 이 덕분에 칼슨은 또한 미국에서 손꼽히는 부유한 기업가가 되었다. 현재 칼슨은 미니애폴리스에 본사를 둔 칼슨 컴퍼니의 회장 겸 CEO로 재직 중이며, 이 회사는 래디슨 호텔 인터내셔널, 콜로니 호텔 앤드 리조트, T.G.I. 프라이데이 그리고 여러 레스토랑 체인을 포함한다.

칼슨은 말한다. "사업을 시작했을 때 저는 작은 종이에 궁극적인 목표를 적었습니다. 그리고 그 종이를 접어서 거기 도달할 때까지 가지고 다녔어요. 종이는 때 묻고 닳았고, 제가 목표에 도달했을 때는 귀퉁이가 찢어져 있었습니다. 그때 적은 목표를 달성하고 난 뒤 저는 새로운 목표를 적었고, 또 그 종이를 가지고 다녔습니다.

목표를 적은 종이를 항상 가지고 다닌 덕에 내게는 목표가 있다는 걸 늘 알 수 있었어요. 목표는 저의 일부가 되었습니다. 목표가 종이에 적혀 있었기 때문에 제 마음속에도 단단히 남았습니다. 생각을 명확하게 하는 데 도움이 되었고 결정을 내리가가 쉬워졌습니다. 정해진 목표가 있으면 이 결정이 목표를 향해 갈지, 아니면 목표에서 벗어날지 빨리 평가할 수 있습니다."

칼슨이 골드 본드 경품권 회사를 시작했을 때 처음 세웠던 목표는 일주일에 100달러를 버는 것이었다. 칼슨에 따르면 그 목표를 적었던 작은 종이는 자신을 움직이게 하는 깃발이었다고 한다.

칼슨은 대공황 그리고 제2차 세계대전 중 실시된 배급제 아래에서 스탬프를 모아 상품으로 교환하는 제도trading stamps의 매력이 거의 사라졌을 때도 버텼지만, 1950년대에는 첫 번째 슈퍼마켓 체인을 매각했고 그로써 큰 전환점을 맞았다. 1960년대 소비자 보호 운동의 영향으로 시장이 프리미엄과 프로모션 제공에서 벗어나 가격 인하에 초점을 맞추자, 칼슨은 호텔과 여행 사업으로 영역을 다각화했다.

'5개년 계획'을 오랫동안 지지해온 칼슨은 5년마다 회사의 매출을 두 배로 늘리는 것을 목표로 삼았다. 이 목표를 달성하기 위해 회사 내 모든 관리자는 매출을 적어도 연간 15퍼센트씩 늘리는 것을 목표로 삼았다. 칼슨은 50년도 더 전에 채택했던 간단한 공식을 여전히 똑같이 사용한다. 칼슨의 공식은 다음과 같다.

1. 목표를 달성하기 위한 명확한 시간표를 정한다.
2. 결코 역경에 굴하지 않는다. "장애물은 목표에서 눈을 뗄 때 보이는 무서운 것이다."
3. 목표를 다른 사람에게 알린다. 목표를 혼자 간직하면 포기하기 쉽다.
4. 현실적으로 접근한다. 목표는 명확하고 달성 가능해야 한다.

목표를 작은 부분으로 쪼개라. 이렇게 쪼갠 작은 목표를 다 더하면 궁극적인 목표에 도달한다. 예를 들어 내년에는 월별 활동 계획을 상세히 정한다.

칼슨은 이러한 공식을 활용해 지난 40년간 1년에 연평균 복합성장률 33퍼센트라는 놀라운 실적으로 회사를 성장시킬 수 있었다.

1990년대 초반 경기 불황이 찾아왔을 때 다른 여행사와 숙박업체는 경제 상황을 탓했지만, 칼슨은 임원진을 불러 이렇게 말했다. "경기 불황은 걱정하지 마세요. 세상에 비즈니스의 기회는 아주 많습니다. 그러니 매출 문제를 시장 탓으로 돌리지 마세요."

업계의 다른 기업이 비틀거리는 동안 칼슨의 직원들은 계속 뛰어난 성과를 냈다.

칼슨 컴퍼니는 항상 시대에 따라 변화했고, 칼슨은 이제 계획 방법을 바꾸고 있다. 1992년, 회사는 칼슨이 30년 이상 유지해온 5년 계획 주기를 3년 주기로 변경했다. 칼슨은 임원진에 말했다. "1990년대와 2000년을 맞이하며 이제 3개년 쪽이 더 현실적이라고 생각합니다. 달라지는 것은 없습니다. 단지 진행 상황을 더 자주 점검하는 것뿐입니다."

　목표 설정 및 계획 방식 그리고 직원 개개인이 자신의 성과를 책임지게 하는 간단명료한 경영 방식이 더해져 커티스 칼슨은 성공을 거두었다. 칼슨이 쓴 방법으로 우리도 효과를 볼 수 있을 것이다.

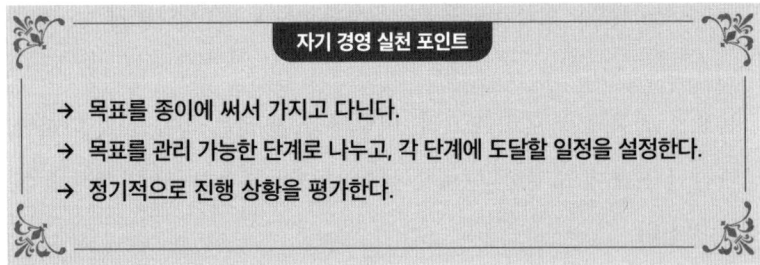

자기 경영 실천 포인트

→ 목표를 종이에 써서 가지고 다닌다.
→ 목표를 관리 가능한 단계로 나누고, 각 단계에 도달할 일정을 설정한다.
→ 정기적으로 진행 상황을 평가한다.

열정을 발휘할 기회를 제공하다
- 메리 케이 애시

젊은 주부였던 메리 케이 애시는 세일즈 훈련을 받은 적도 없었고, 아무런 제품 지식도 갖추지 못한 상태로 양육서 열 세트를 판매해(메리가 지닌 열정의 순수한 힘이었다) 자신도 한 세트를 가질 수 있었다.

그 이후 애시는 그 열정을 바탕으로 19개국에서 운영되는 수백만 달러 규모의 회사를 만들었다. 애시의 이름은 잘 알려진 브랜드가 되었고, 메리 케이의 뷰티 컨설턴트와 어디서나 볼 수 있는 그들의 핑크 캐딜락 자동차는 미국의 상징이 됐다.

메리 케이 코스메틱은 두 가지 기본 원칙을 바탕으로 세워졌고, 창립 이후 30년이 넘도록 이 원칙은 계속해서 회사를 이끌었다. 첫째, 회사는 황금률을 바탕으로 운영된다. 둘째, 성공의 무한한 기회를 여성에게 제공하는 회사를 만든다.

애시에 따르면 그녀가 이룬 모든 성취에도 불구하고 그녀를 계속 움직이게 하는 원동력은 다음과 같다. "우리 회사에서 영업 일을 하는 젊은 직원들은 자신의 일에 엄청난 열정을 지니고 있어요. 그들은 온 세상을 통틀어 메리 케이가 최고의 기회를 준다고 믿죠. 그 믿음이 제게 더 많은 일을 하고 싶다는 영감을 줍니다!"

또한 애시는 역경을 겪은 인물로도 알려져 있다. 애시는 스탠리 홈 프로덕트에서 젊은 영업사원으로 일하던 1937년에 회사 총회에 참석하려고 댈러스 집에서 총회가 열리는 휴스턴까지 가기 위해 12달러를 빌려야 했고, 가는 도중 식당에 들러 음식을 사 먹을 여유가 없어 크래커와 치즈를 싸 갔다.

스탠리 홈 프로덕트에서 일하던 중에 애시는 영엽사원이라면 누구나 두려워하는 그런 때를 맞았다. 어느 월요일 아침 일어나보니 그 주에 잡아놓은 모든 약속이 취소된 것이다. "그래서 주일학교 반 친구들에게 전화해보자고 생각했어요. 분명 누군가는 도와줄 거라 믿었죠. 그런데 도와주는 사람이 아무도 없었어요."

"메리 케이, 그게 세상 마지막 일이라고 해도 안 할 거야'라고 하더군요. 스탠리 홈 프로덕트에서 주최하는 모임은 엄밀히 말해 재밌다고 할 수는 없었어요. 어떤 여성이 바닥에 왁스 칠하는 법이나 벽을 깨끗하게 청소하는 법 같은 이야기를 듣고 싶어 하겠어요?

그래서 전 전화를 몇 통 돌리면서 몇 분에 한 번씩 전화기를 내려놓고 그냥 울었어요. 그러고 나서 다시 전화기를 들고 전화를 더 걸었죠. 결국 저희 집 가사 도우미가(저희 집에는 가사 도우미가 있었어요. 왜냐하면 사소한 일에 귀중한 시간을 쓰고 싶지 않았거든요. 게다가 출근하기 전 바닥 청소를 해두는 남자는 없으니까요!) 한 시간 동안 제가 통화하는 걸 듣고 있다가 방에 들어와 말했어요. '메리 케이 부인, 제가 부인을 위해 스탠리 모임을 열게요.'

그래서 가정부의 집으로 갔더니 멋진 사람들이 와 있었고, 너무 많아서 감당할 수 없을 정도였죠. 참석자는 대부분 가사 도우미로 일하는 사람들이었고, 전에는 이런 물건을 본 적이 없었습니다. 그들은 제가 하는 말에 큰 흥미를 보였어요."

이후 얼마 지나지 않아 애시는 흑인 대상 영업팀을 맡았고, 팀은 곧 정상의 자리에 올랐다. 그런데 애시는 이웃 주민들의 편견과 싸워야만 했다. 당시는 인종 차별 정책이 펼쳐지던 암흑의 시기였고 이웃 주민들은 애시가 집에 흑인을 초대하지 못하도록 막아달라는 탄원서를 냈다. 애시는 예의와 존중을 갖춰 흑인을 대하기로 결심했고, 모든 고객과 영업사원을 예의와 존중으로 대했다.

애시는 입사 11년 만에 스탠리 홈 프로덕트에서 퇴사했다. 자신의 부하 직원이자 직접 교육을 담당했던 남성이 자신보다 두 배나 많은 연봉을 받으며 상사가 되었을 때였다. 애시가 항의했지만 회사는 그녀의 말을 무시했고, 애시는 퇴사한 뒤 자기 사업을 시작했다.

애시와 작고한 남편은 평생 모은 돈 5천 달러를 '꿈의 회사'를 세우는 데 투자했다. 이 회사에서는 여성이 경제적 독립, 경력 발전, 개인적 성취를 이룰 수 있도록 전례 없는 기회를 제공할 터였다. 애시는 예전에 자신이 받았던 제약을 다른 여성들에게 가하지 않고, 오히려 그들이 진정한 잠재력을 발휘할 수 있도록 격려할 것이었다.

그런데 약 $45m^2$가량의 가게를 열기 한 달 전 아침 식탁에서 남편이 심장마비로 쓰러져 목숨을 잃었다. 마흔다섯 살의 애시는 겁에 질렸지만, 당시 스무 살이었던 아들 리처드(현 메리 케이 코스메틱 회장)와 영업 사원 여덟 명의 도움으로 계속 앞으로 나아갔다.

현재 메리 케이 코스메틱의 명예 회장인 애시는 「포천」지 선정 500대 기업 가운데 유일한 여성 회장이다. 애시의 순자산은 약 3억 2천만 달러로 추정되며, 메리 케이 코스메틱은 '미국에서 일하기 좋은 직장 100곳' 목록에 이름을 올렸다.

애시는 책 『메리 케이의 인재 관리 Mary Kay on People Management』(워너 북스, 1984)에서 이렇게 조언한다. 직원에게 항상 진실을 말하라. 무언가에 대한 답을 모른다면 모른다고 말하라. 아닌 척해도 대부분은 보면 진실이 아닌 것은 다 안다. 만일 밝힐 수 없는 내용에 관해 직원이 질문한다면 밝힐 수 없다고 말하라. 직원도 이해할 것이다.

또한 애시는 사실과 태도, 양쪽 모두에 일관성을 지니라고 말한다. 일관성이 있으면 직원이 더 쉽게 이해하는 데 도움이 되고, 직원의 직업 안정성도 높아진다. 여유를 가지고 다른 사람을 자신 있게 대하라. 말하기 전에 깊이 생각하고 진심을 말하며, 있는 그대로의 모습을 보여라. 이에 더해 애시는 다른 사람에게 직원에 대해 말할 때는 '나' 대신 '우리'라는 표현을 쓰라고 조언한다. 그러면 직원이 기여하는 바를 존중한다는 소문이 분명 퍼질 것이다.

마지막으로 애시는 자신이 어디에서 왔는지 반드시 기억해야 한다고 경고한다. 경영자로서의 미래는 다른 사람과 어울려 일을 잘 해내는 능력에 달렸고, 잘난 척과 거만함은 훌륭한 자질이 아니다.

자기 경영 실천 포인트

→ 목표 달성에 열정의 힘을 활용한다.
→ 비즈니스 거래에서는 황금률을 채택한다. '남에게 대접받고 싶은 대로 남을 대접하라.'
→ 자기 자신을 믿는다. 그러면 다른 사람도 따른다.

팀워크
작동시키기

다른 사람과 함께 일하면 혼자일 때보다 훨씬 더 큰 성취를 이룰 수 있다. 이번 장에서는 다른 사람과 어떻게 함께 일하는지, 어떻게 다른 사람을 위해 일하는지 그리고 다른 사람을 어떻게 이끄는지에 관해 소개한다.

동기를 부여해주는
보상 제공하기

우리는 자신의 진정한 가치만큼 돈을 받고 일하고 있을까? 만일 답이 '아니요'라면 고용주에게 자신이 실제로 더 높은 가치가 있는 직원이라는 점을 어떻게든 증명해야 한다.

기대 이상을 주는 사람이 인생에서 위대한 성취를 거둔다는 것은 잘 알려진 사실이다. 이들은 기대받는 것 이상으로 각별한 노력을 쏟는다. 급여가 올라야 성과를 개선하겠다고 기다리는 대신 자신이 더 높은 가치가 있는 직원이라는 점을 상사에게 증명한다. 그리고 언제나 의지할 수 있는 사람이기에 상사나 고객에게 없어서는 안 될 존재가 된다. 상사나 고객이 필요로 할 때 옆에 있으며, 노력에 상응하는 보상을 받는다.

나폴레온 힐은 이 과정을 위한 공식을 개발했다. 간단히 말해, 제공한 서비스의 질, 제공한 서비스의 양, 여기에 서비스를 제공할 때의 태도가 이 세상에서 받게 될 보상과 동료들의 마음속에서 차지하는 자리를 결정한다.

기대받는 것 이상의 각별한 노력을 쏟으면 추가 혜택이 생긴다. 각별한 노력을 쏟으면 자신이 하는 일을 훨씬 잘하게 된다. 그리고 기대 이상을 주는 사람이기 때문에 상사와 고객이 더 좋은 기회와 더 큰 책임을 부여한다.

또한, 자기 자신을 더 좋아하게 되고 친구, 가족, 동료도 그렇게 된다. 언제나 다른 누구보다 더 열심히 일하고, 더 열심히 달리고, 더 높이 뛰어오르고, 더 깊이 파고드는 사람을 싫어하기는 어렵다. 그리고 기대 이상을 해내는 사람은 얼마나 많은 일을 더 해야 하는지 알기 때문에 일을 덜 미루게 된다. 행동하는 사람이 되고, 주변에서는 '일을 해내는 사람'으로 인식한다.

기대받는 것 이상으로 각별한 노력을 쏟고, 이러한 노력이 진짜 성공의 비결이 된다는 걸 알고 나면 시야가 확장되고, 전에는 꿈만 꾸던 일을 이제 할 수 있을 것 같다는 생각이 든다.

꿈을 좇아 평범한 직업을 그만두는 사람이 많다. 션 코너리Sean Connery는 트럭 운전수이자 벽돌공으로 사회생활을 시작했다. 복싱선수인 조지 포먼George Foreman은 전자제품 조립공으로 일했다. 골다 메이어Golda Meir 이스라엘 총리는 교사로 출발했다.

하는 일이 무엇인지, 혹은 하고 싶다고 바라는 일이 무엇인지는 중요하지 않다. 성공하려면 그리고 자신의 진짜 가치만큼 보수를 얻으려면 항상 기대받는 것 이상의 각별한 노력을 쏟아야 한다. 세상에는 유능한 사람이 가득하지만, 정말로 필요한 건 두각을 나타내는 사람들이다.

만일 당신이 반대 입장에 있다면, 즉 사업주나 관리자라면 오늘날 치열한 경쟁 속에서 훌륭한 직원에게 급여를 크게 인상해줄 만한 자금을 마련하기가 점점 더 어려워질 수 있다. 하지만 다행히도 오직 금전적인 보상에서만 동기를 얻는 사람은 드물다.

다음은 직원들에게 회사가 그들에게 마음을 쓰고 있으며 직원이 기여하는 바를 가치 있게 여긴다는 점을 보여주기 위해 취할 수 있는 몇 가지 행동이다.

뛰어난 성과를 보이는 직원에게는 직함을 준다. 직함을 붙이는 건 비용은 전혀 들지 않으면서도 직원의 우수한 성과를 회사에서 인식하고 있음을 알리는 방법이다.

명함을 아낌없이 제공한다. 명함은 비교적 저렴한 비용으로 만들 수 있지만, 직원의 자존감을 높이는 훌륭한 도구이다.

직원 간 평등한 근무 환경 조성을 위해 사무실 공간을 재설계한다. 사무실만큼 '가진 자'와 '가지지 못한 자' 사이에 벽을 세우는 공간도 없다. 방 크기를 줄이고 공용 회의실이나 모임 공간을 더하는 방식을 고려해본다.

포상은 아낌없이 한다. 명판, 증서, 심지어 '잘했어요' 스티커까지도 직원에게 동기를 부여하는 데 도움이 된다. 누구나 열심히 일한 걸 회사에서 알아주기를 바라고, 자신이 기여한 바를 인정받고 싶어 한다.

관리자는 직원으로부터 존중받기를 원한다. 직원도 마찬가지다. 직원을 대할 때는 반드시 우리가 받고 싶은 것과 같은 존중의 마음으로 대해야 한다. 직원을 존중하라. 그러면 직원은 우리를 위해 기적을 선보일 것이다. 물론 말과 행동 양쪽 모두에서 직원으로부터 존중받을 가치가 있는 사람이어야 한다는 점을 분명히 해두어야 한다. 훌륭한 지휘관은 항상 자기 자신의 개인적 필요와 바람에 앞서 부하를 먼저 챙긴다. 이는 어떤 직업 분야에서든 따라 할 수 있는 좋은 시스템이다.

마지막으로, 직원을 흠잡을 데 없이 완전히 공정하게 대하는지 확인한다. 상사의 측근만 승진한다는 믿음만큼 직원의 동기를 빼앗는 것도 없다. 또한, 직원을 채용할 때도 자신이 함께 일하고 싶지 않은 사람은 채용하지 않는 게 좋다. 관리자가 함께 잘 지낼 수 없을 것 같은 사람이라면 직원들 또한 함께 일하고 싶지 않은 사람일 가능성이 크다.

물론 머잖아 직원의 급여를 인상해야 할 때가 올 것이다. 그때가 되면 직원의 성과와 급여를 연동하라. 직원이 일한 시간보다는 직원이 성취한 바가 무엇인지를 평가하는 보상 체제를 구축한다. 무엇보다 직원을 대할 때 황금률을 따른다. 직원으로부터 대접받고 싶은 대로 직원을 대접하면 그는 충성심과 헌신 그리고 탁월한 성과로 보답할 것이다.

자기 경영 실천 포인트

→ 성과를 낸 사람은 금전뿐 아니라 인정을 통해 보상한다.
→ 핵심 직원을 유지하고 동기를 부여한다.
→ 기대에서 한 발 더 나아가는 습관을 만든다.

인맥을 마련하고 기회를 잡기

오늘날의 글로벌 경제에서 더 효과적으로 경쟁하기 위해 기업이 감원, 해고, 조직 개편을 단행하는 때에 '인맥을 관리하는 것'은 여전히 일자리를 지키거나 새로운 일자리를 찾는 좋은 방법이다.

경영 컨설턴트 돈 드보락Don Dvorak에 따르면, 해고가 결정된 후에야 취업 활동을 시작하면 너무 늦다. 드보락은 이렇게 말한다. "인맥의 기초를 마련한 상태에서 항상 자신을 드러냈어야 합니다."

드보락은 다음과 같은 조언도 덧붙였다. 업계와 업무 혹은 직종에서 일어나는 최신 소식을 따라잡아야 하며, 일하는 과정에서 반드시 다른 사람을 도와야 한다. 왜냐하면 언제 다른 사람의 도움이 필요해질지 알 수 없기 때문이다. 또한 어디에서 도움의 손길이 나타날지도 결코 알 수 없다.

아내인 메릴리와 첫 번째 결혼을 했을 때 나는 말 그대로 여러 가지 일을 '전전'했는데, 프리랜서 작가로 생계를 이어 나가면서 또 다른 일자리를 찾는 중이었다. 그러던 어느 날 저널리즘 업계 모임에서 만났던 한 친구가 전화로 점심 식사 자리에 초대를 했다. 그와는 1년 넘게 만나지 않았었고, 친구의 아내는 한 번도 본 적이 없었다. 그래도 그녀는 신문에 실린 우리 결혼 사진을 보고 남편이 때때로 내 이름을 언급했던 것을 기억해냈다.

점심을 먹으면서 친구는 회사에 내 배경과 경험에 맞는 빈자리가 있다는 이야기를 해줬고, 적절한 사람에게 나를 소개해주었다. 그리고 며칠 지나지 않아 나는 그 회사에 채용되었다.

구직 활동 계획에 이 같은 기묘한 상황까지 포함시킨다면, 합리적으로 생각하는 사람이라면 누구나 미쳤다고 할 것이다. 하지만 이게 바로 인맥이 작동하는 방식이다. 친구의 친구가 기회가 있다는 이야기를 하고, 결국 뭔가 성사된다. 타이밍과 운이 크게 작용하는 것도 사실이다. 좋은 일자리보다 야심 차고 의욕적인 사람이 항상 더 많다. 따라서 적절한 상황을 준비하고 기회를 포착하는 것이 중요하다.

그러기 위해서는, 올바른 시간에 올바른 장소에 있어야 한다. 어떤 사건이 벌어질지는 관리할 수 없지만, 벌어진 사건에 어떻게 대처할지는 관리할 수 있다. 실패하면 좌절하지 말고, 그 경험에서 배우고 성공 쪽으로 에너지 방향을 재조정하라. 텍사스 롱혼팀의 코치 대럴 로열Darrel Royal은 이를 가장 잘 나타내는 말을 남겼다. "행운이란 준비가 기회를 만났을 때 일어난다."

여기서 말하는 준비에는 무슨 일이 일어나든 긍정적인 마음가짐을 유지하는 것도 포함된다. 다음 이야기가 보여주듯 긍정적인 마음가짐은 정말로 차이를 만든다.

앨런 샤퍼Alan Schaffer는 파산 전문 소송 변호사다. 똑똑하고, 의욕적이며, 매우 열심히 일하는 사람이다. 변호사로 일하는 동안 고객, 동료 그리고 법률 회사의 파트너 변호사로부터 계속 높은 평가를 받아왔다. 그는 파트너 변호사가 될 수 있는 출세 가도를 달리고 있었는데, 갑자기 세상이 거꾸로 뒤집히는 일이 벌어졌다.

경제 성장으로 파산 신청 건수가 줄었고, 샤퍼가 일하는 법률 회사는 대형 고객을 잃었다. 파산 부문 변호사들을 지탱할 만큼 일이 충분치 않아, 대표 변호사는 그들의 고용이 몇 주 안에 종료될 것이라고 통보했다. 샤퍼는 망연자실하는 대신 달관하는 모습을 보였다. "이런 일은 일어나기 마련이에요."라고 말하며, 다른 일자리를 찾기 시작했다.

다른 여러 친구 및 동료와 함께 샤퍼도 여러 법률 회사의 연락처로 이력서를 보내 "저는 좋은 변호사입니다. 자리가 있다면 살펴보세요."라고 알렸다.

샤퍼는 모든 방법을 동원해 이력서를 보냈고 친구들에게도 진행 상황을 알렸지만, 채용하겠다는 소식은 전혀 없었다. 다른 법률 회사도 마찬가지 사정이었기 때문이었다. 변호사를 추가로 채용할 정도의 일거리가 없었다.

새로운 일자리를 찾는 동안에도 샤퍼는 여전히 일찍 출근하고 늦게까지 근무하고, 재판을 위해 사건 변호를 준비하고, 그 어느 때보다 열심히 일했다.

가끔 우연히 샤퍼를 만나면 나는 어떻게 지내고 있는지 그의 안부를 물었고, 샤퍼는 이렇게 대답하곤 했다. "음, 회사에서 제게 새로운 사건을 몇 개 배정했어요. 그게 고용을 계속 유지할 계획이라는 뜻인지 아니면 이러다가 어느 날 '아직도 여기서 뭐 해? 이미 퇴사한 줄 알았는데'라고 말하려는 건지는 잘 모르겠지만요."

하지만 샤퍼는 상황 때문에 실망하지 않았다. 마지막 근무일까지 최선을 다하겠다고 마음먹었다. 회사에서 파산 소송을 담당하는 다른 모든 변호사가 퇴사할 때까지 샤퍼는 계속 최선을 다해서 일했다. 결국 샤퍼는 회사에 남은 유일한 파산 전문 소송 변호사가 되었다.

그로부터 일주일이 지난 뒤 샤퍼는 회사로부터 연락을 받았다. 회사가 샤퍼의 고용을 유지하기로 한 것이었다. 샤퍼는 너무나 잃기 아까운 변호사였다. 재직 중이든 구직 중이든 오래된 규칙은 여전히 적용된다. 승자와 패자 사이의 유일한 차이는 '태도'다.

자기 경영 실천 포인트

→ 옛 동료에게 전화해 근황을 확인한다. 관계를 새로이 확인하면 인맥이 강화된다.
→ 같은 분야에서 일하지 않는 사람까지 포함해 모든 지인에게 일자리를 찾고 있음을 알린다. 도움을 줄 누군가를 알 수도 있다.
→ 무엇보다 긍정적인 마음가짐을 유지한다.

동료를
소중히 여기고 보살피기

누구나 자수성가로 성공했다고 하는 사람을 본 적이 있을 것이다. 하지만 예전에 나폴레온 힐이 지적했듯이 스스로 "자수성가했다."고 주장하는 사람은 그저 배은망덕한 사람도 돈을 벌 수 있다는 것을 증명할 뿐이다.

일찍이 힐은 최고의 자리에 오른 사람은 누구나 그 자리에 오르기까지 다른 사람으로부터 상당한 도움을 받는다는 사실을 배웠다. 힐 자신도 부유한 자본가인 앤드루 카네기가 '성공의 과학'을 명확한 철학으로 정리해보라고 조언하고 그렇게 할 수 있도록 적극적인 지원을 해주어서 전환점을 맞이했었다.

후에 힐은 평생의 연구를 통해 배운 내용을 전수하면서 수십 년 전 카네기에게 졌던 빚을 갚을 수 있기를 바랐다. 힐은 페어플레이라는 간단한 법칙이 성립하려면 우리가 도움을 받은 대로 다른 사람을 돕는 방식으로 응답해야 한다고 생각했다.

사실 다른 사람이 그들의 목표를 달성하도록 도움으로써 우리 자신의 경력을 더 발전시킬 수 있다. 힐이 말했던 것처럼, 다음의 멋진 경구만큼 위대한 진리는 없다. "형제의 배를 건네고 보니! 너의 배도 이미 해안에 닿았다."

힐은 다른 사람을 돕는 데 쓸 시간과 힘이 있는 사람만큼 부유한 사람은 없다고 했다. 주목하라, 그는 돈이라고 하지 않았다. 돈으로 다른 사람을 돕는 것도 좋다. 하지만 시간과 노력은 돈보다 훨씬 더 소중하다. 왜냐하면 충족감과 자기만족이라는 보상이 투자에 비례하기 때문이다.

힐은 우리가 누릴 가장 풍부한 경험은 성공의 정점에 서 있는 사람을 가리키며 "저 사람이 저 자리에 오르도록 도운 사람이 나다."라고 말할 수 있는 것이라고 했다.

불우한 사람을 대신해 노력하는 건 상대를 돕는 일일 뿐 아니라 우리의 영혼에도 헤아릴 수 없는 가치를 더하는 일이다. 이는 도움을 받은 상대가 우리의 도움을 알아차렸든 아니든, 혹은 심지어 도움을 고마워하든 아니든 상관없다.

힐은 다음과 같이 썼다. "우리가 각자 누군가를 '입양'해 평생 도움을 준다면 세상이 어떻게 바뀔지 생각해보라! 차례차례 누구나 모두 입양되어 도움을 받게 될 것이다."

우리가 도와주면 큰 도움을 얻는 사람들이 있다. 하지만 바쁘게 돌아가는 세상 속에서 우리는 도움이 가장 필요한 사람에게 손을 내미는 데 거의 시간을 들이지 않는다. 몹시 안타까운 일이다. 다른 사람에게 도움의 손길을 내밀 기회를 놓치는 건 자기 자신을 도울 좋은 기회를 놓치는 일이기도 하기 때문이다.

이 원칙이 가장 심각하게 결여된 곳이 직장이다. 긍정적인 격려에 사람들이 반응한다는 것을 알면서도, 상사가 되면 다른 사람을 대하는 법을 모두 잊어버리곤 한다.

책임자가 되어 무언가를 이루려 할 때는 다른 사람의 기분을 잊기 쉽다. 어떤 사람은 자신의 목표에 몹시 집착한 나머지 다른 사람을 잊어버리거나 더 나쁘게는 직원을 격려하기보다는 위협한다. 두려움이 단기적으로는 동기부여에 효과가 있을지 모르지만 협박으로는 타인의 마음과 영혼을 얻을 수 없고, 지속적인 성공을 거두는 데 필요한 일을 하라고 설득할 수도 없다.

자기 사람을 얼마나 잘 보살피는가, 이것이 리더와 추종자를 구분하는 진정한 척도다. 직원이 리더를 소중히 여겨주기를 원한다면 리더도 직원을 소중히 여겨야 한다. 리더가 임무를 완수하려면 직원의 도움이 필요하고, 뛰어난 목표를 달성하는 데 필요한 직원의 열정적인 도움을 기꺼이 얻으려면 직원에게 그만큼 열정적으로 일할 이유를 제시해야 한다. 직원에게 그들의 목표와 리더의 목표를 일치시켜야 할 이유를 제시해야 하며, 그 이유는 진실되고 논리적이며 설득력이 있어야 한다.

내가 아는 최고의 리더는 직원들이 '이 사람이 나를 정말 소중히 여기는구나'라고 느끼는 리더이다. 최고의 리더는 일부러 시간을 들여 직원의 목표와 꿈, 열망이 무엇인지 알아보고, 가족에 관해 질문한다. 훌륭한 리더는 직원에게 문제가 생겼을 때 경청하고 도움을 제공하며,

직원을 소중히 여긴다는 사실을 매일 행동으로 보여준다. 훌륭한 리더는 또한 업무 하나하나를 맡은 직원 한 명 한 명이 모두 중요하다는 걸 안다.

얼마 전 나는 어느 주요 상장사의 CEO와 늦은 시간에 회의를 하게 되었는데, 청소부가 회의실을 청소하려고 들어왔다. CEO는 청소부의 이름을 부르며 인사했고, 회의를 잠시 멈춰 청소부가 쓰레기와 빈 커피잔을 들고 나갈 수 있게 해주었다. 그의 배려심에 관해 이야기했더니 그가 말했다. "저는 그냥 친절하게 대한 게 아닙니다. 청소부는 중요한 사람이에요. 청소부의 입장에서 보면 여기서 일하는 사람은 청소부뿐입니다. 나머지 우리는 그냥 앉아서 이야기를 나눌 뿐이니까요. 만일 청소부가 중요하다고 생각하지 않는다면 청소부 없이 지내보세요. 어느 날 청소부가 사무실에 나타나지 않는다면 회사에서 제일 중요한 사람이 청소부라는 걸 알게 될 겁니다."

내가 보기엔 이게 바로 진정한 리더의 모습이다.

자기 경영 실천 포인트

→ 도움의 손길이 필요할지도 모를 사람들의 목록을 만든다.
→ 다른 사람에게 도움이 될 수 있는 우리의 능력과 자원을 목록으로 만든다.
→ 적어도 하루에 한 사람은 도우려 노력한다. 오늘부터 시작한다.

헤어지는 방식이
이후의 결과를 좌우한다

경쟁적인 환경에서 기업을 효과적으로 운영하기 위해 구조조정과 같은 과감한 결단을 내리는 일은 CEO에게도 결코 쉽지 않은 일이다. 하지만 그 결정에 영향을 받는 구성원은 경영자가 생각하는 것보다 훨씬 더 큰 고통을 받을 수 있다.

요즘 경영 잡지나 도서에는 온통 인원 감축, 규모의 적정화, 혹은 핵심 사업 부문으로의 재집중 전략이 가득하다. 기업이 경영을 잘해야 한다는 데는 의심의 여지가 없다. 그런데 업계 내 다른 기업만큼 그럭저럭 잘하는 것으로는 충분하지 않다. 어느 업계에 있는 여느 기업 못지않게 잘해야 한다. 고객은 그들의 모든 경험(좋든 나쁘든)을 반영하는 존재다. 고객은 우리가 제공하는 품질, 가격 그리고 서비스를 그동안 거래해본 모든 회사와 비교한다.

회사의 운영을 통합하고 생산성을 개선할 방법에 관해 생각할 때 잊지 말아야 할 것은 어떤 사업을 하고 있든 회사의 가장 큰 자산은 여전히 사람이라는 점이다. 세상에서 가장 현대화된 장비를 설치하고 가장 효율적인 운영 관행을 도입한대도, 이를 움직이려면 여전히 훌륭한 직원이 필요하다.

직원들에게 일을 점점 더 많이 할 것을 요구하고 효율성을 생각해 직원을 정리해고하려 한다면 게리 하멜Gary Hamel 런던비즈니스스쿨 교수의 말을 떠올려야 한다. 하멜 교수는 구조조정과 리엔지니어링을 혁신으로 해석해서는 안 된다고 경고한다. 조직 정리를 위한 이러한 움직임은 관리자가 저지른 과거의 죄에 따른 일이다. 하멜 교수는 또한 '배에서 처음 탈출한 쥐가 최고의 수영 선수가 된다'는 점을 기억하는 게 중요하다고 말한다.

최고의 인재는 2차 혹은 3차 인원 감축이 이루어질 때까지 기다리지 않는다. 이들은 경쟁사로 이직해 일한다. 훌륭한 관리자는 이 점을 인식하고 앞으로 다가올 경쟁에 대비해 구조조정의 고통스러운 단계를 밟아나가는 와중에도 인재가 성장하고 발전할 기회를 마련한다.

회사, 부서, 또는 사업을 통합하거나 재조정한다면, 리엔지니어링 계획에 최고의 인재들을 돌보는 전략을 포함시켜야 한다.

관리자가 반드시 정리해야 하는 직원을 대하는 방식을 보고 남은 직원들은 많은 걸 느낀다. '칼로 일어선 자 칼로 망한다'라는 옛말이 딱 맞는 상황이다. 관리자가 강제로 해고해야 하는 직원을 대하는 방식은 입장이 바뀌어 그 관리자가 정리되어야 하는 처지가 되었을 때 회사로부터 어떤 대접을 받을지를 알려주는 좋은 지표다. 직원을 소모품으로 보는 회사에서 일한다면 그게 누구든 앞으로 해고될 가능성이 크다. 그가 자기 자신을 얼마나 가치 있는 직원으로 인식하는지와는 아무런 상관없는 일이다.

직원을 정리할 때 공정하게 대우하면 자신의 차례가 왔을 때도 공정한 대우를 받을 수 있다. 기업 소유주라서 자신은 결코 해고될 일이 없다 하더라도 직원 누군가를 정리해야겠다고 생각한다면 이때 고려해야 할 사항이 있다.

첫째, 직원을 공정하고 공평하게 대우해야 한다는 것은 법으로 규정되어 있을 뿐만 아니라, 정리 대상 직원을 어떻게 대우하는지는 조직에 남을 직원에게도 엄청나게 깊은 인상을 남긴다.

성과 수준과 관계없이 회사에 남을 직원이 정리 대상 직원과 자신을 동일시하는 건 당연한 일이다. 어떤 종류든 해고는 직원들 사이에 불안감을 조성한다. 회사에서 해고 대상자를 공정하게 대우한다고 느끼면 남은 직원은 상황을 좀 더 긍정적으로 바라보고, 자신이 실수를 저질렀을 때도 회사에서 공정하게 처리해줄 것으로 믿을 가능성이 크다.

경쟁사는 이 상황을 최대한 활용할 것이다. 우리 회사의 고객에게 접근해 이 회사에서 인력을 감축하고 있으므로 자기네 회사와 같은 수준의 서비스를 제공할 수 없을 거라고 말할 수 있다. 혹은 이 회사는 직원들이 일하기가 너무 힘들어서 훌륭한 인재를 계속 보유하지 못한다고 말할 수도 있다. 그리고 이런 말이 업계 내에서 돌 것이라는 점도 분명히 알아야 한다.

한때 내가 일했던 어느 회사는 경기 침체가 왔을 때 매우 적은 비율로 직원을 정리했음에도 자체 조사 결과에 따르면 예비 채용 대상자들이 우리가 경쟁사만큼 안정적이라고 믿기 시작하기까지 5년이 걸렸다.

　해고해야만 하는 직원을 얼마나 온정적으로 대하느냐는 문제는 해고의 대상이 된 직원에게도 중요하고, 회사에도 중요하다. 하지만 조직에 남은 직원에게 특히 더 중요한 문제다. 그리고 회사의 성공을 위해서는 이 직원들이 내는 성과가 매우 중요하다.

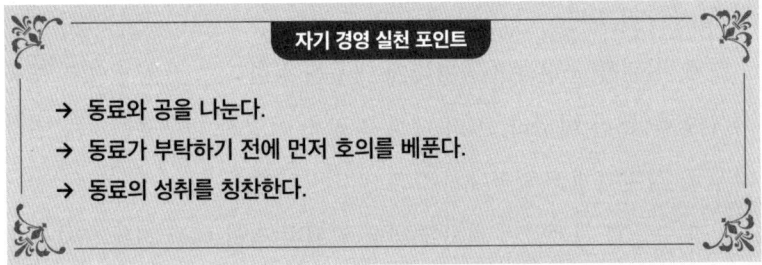

자기 경영 실천 포인트

→ 동료와 공을 나눈다.
→ 동료가 부탁하기 전에 먼저 호의를 베푼다.
→ 동료의 성취를 칭찬한다.

비범한 일을 해내는
평범한 사람

어느 나이 든 농부가 이렇게 말한 적이 있다. "소의 문제는 젖을 한 번 짰다고 해서 끝이 아니라는 거지. 계속해서 짜내야 해." 목표를 이루기 위해 약속을 지키는 일도 마찬가지다. 한번 다짐했다고 해서 끝나지 않는다. 인생을 바꾸는 데는 지속적인 다짐과 반복이 필요하다. 그 다짐이 습관이 될 때까지, 끊임없이 재확인하고 새기고 또 실천해야 한다.

우리는 대부분 시작할 때 의욕에 넘친다(보통 매년 1월 1일경). 그래서 습관과 삶에서 바꾸고 싶은 부분을 개선하려는 계획을 세운다. 그러다가 현실이 서서히 다가오고, 전에는 일을 왜 그런 식으로 했는지 그 이유가 기억난다. 하던 대로 하는 게 더 쉽고, 더 즐겁고, 혹은 그것이 오랜 시간에 걸쳐 형성된 생활방식의 일부이기 때문이다.

나쁜 습관을 버리고 좋은 습관을 새로 기르려면 규율과 투지가 필요하다. 목표가 자기 자신의 일부가 될 때까지 매일 목표를 재확인해야 한다.

수십억 달러 규모의 기업 칼슨 컴퍼니를 세운 창업자이자 회장인 커티스 칼슨은 수년간 자신의 목표를 작은 종이에 적어 지갑 속에 넣어 다녔다. 매일 지갑에서 종이를 꺼내 다시 읽고, 목표를 이루기 위해 해야 할 일을 보완했다. 이 끊임없는 강화는 칼슨이 부를 쌓는 데 도움을 주었다.

클레멘트 스톤은 아침저녁으로 자신의 목표를 소리 내어 반복해서 여러 번 읽으라고 제안한다. 무언가를 자주 반복하면 우리의 마음은 그 내용을 사실로 받아들이고 목표를 물리적 현실로 바꾼다.

시각화 또한 목표에 전념하는 마음을 강화하는 데 도움이 된다. 새 차를 탄 자신의 모습을 상상하라. 이제 막 매수한 꿈의 집 현관문을 여는 자신의 모습을 그려보라. 명문대를 졸업하는 아들 혹은 딸에게 어떤 축하의 말을 건넬지 생각해보라. 원하는 차나 집 사진, 혹은 아이들을 진학시키려 하는 대학 캠퍼스의 사진을 눈에 띄는 곳에 붙여라. 매일 사진을 보고 목표를 이루기 위해 해야 할 일을 재확인하라.

삶에서 이루지 못할 일은 거의 없다. 마음을 정하고, 실행 가능한 계획을 세우고, 필요한 행동 단계를 밟고, 결단력과 헌신으로 이 과정을 완수하면 성공은 따라온다.

목표를 달성하기 위해 할 수 있는 일에 초점을 맞추는 대신 실패할 이유를 찾는 사람이 너무나 많다. 그러므로 훌륭한 성공을 거둘 수 있을지 의심이 들기 시작한다면 다음에 소개하는 사람들과 이들이 어려움을 극복하기 위해 어떤 일을 했는지를 떠올려라.

　루트비히 판 베토벤Ludwig Van Beethoven은 청각 장애인이었다. 30대 초반이 되었을 때 베토벤은 듣는 데 어려움을 겪었다. 마흔여섯 살이 되었을 때는 청력을 완전히 잃고 말았다. 하지만 베토벤은 말년에 위대한 음악을 작곡했다.

　신의 여배우라 불리는 사라 베르나르Sarah Bernhardt는 많은 사람에게 프랑스가 낳은 최고의 여배우로 일컬어지는데, 부상을 입는 바람에 다리를 절단해야 했다. 하지만 이후에도 사라는 79세의 나이로 사망에 이르기 직전까지 계속 무대에 올랐다.

　루이 브라유Louis Braille는 세 살 때 시력을 잃었다. 하지만 브라유는 선생님이 되었고 맹인을 위한 점자 체계를 개발했다.

　미겔 데 세르반테스Miguel De Cervantes는 전투 중 팔을 잃었고, 인생 대부분을 가난 속에서 살았다. 하지만 『돈키호테』를 비롯한 여러 작품으로 스페인에서 가장 저명한 문학 작가가 되었다.

　헬렌 켈러Helen Keller는 두 살 때 맹인이자 청각 장애인이 되었다. 하지만 그럼에도 미국에서 가장 잘 알려진 인물이 되었다. 크게 성공한 강연자이자 작가로서 헬렌 켈러는 열 권의 책과 그 외 많은 작품을 썼다.

　프랭클린 루스벨트Franklin Roosevelt는 대공황이 절정을 맞이했던 때 국민에게 "우리가 두려워해야 할 건 두려움 그 자체뿐이다."라고 가르쳤다. 루스벨트는 39세의 나이에 소아마비를 얻어 다리가 마비되었지만, 미국에서 가장 사랑받는 리더가 되었다. 그는 대통령에 네 번이나 당선되었다.

　헨리 비스카디 주니어Henry Viscardi, Jr. 박사는 다리 없이 태어났지만 제2차 세계대전 중 적십자 현장 담당자로 일했다. 휴먼리소스 센터의 대표이자 어빌리티즈Abilities의 창업자인 박사는 명예 학위 열세 개를 받았고, 아홉 권의 책을 썼다. 또한 장애 문제와 관련해 여러 대통령의 정책 고문을 맡기도 했다.

위대한 업적을 이룬 인물의 삶이 선명하게 보여주듯 우리가 인생에서 이룰 수 있는 일에는 한계가 없다. 단 하나 자기 자신이 스스로 정한 한계 외에는 말이다.

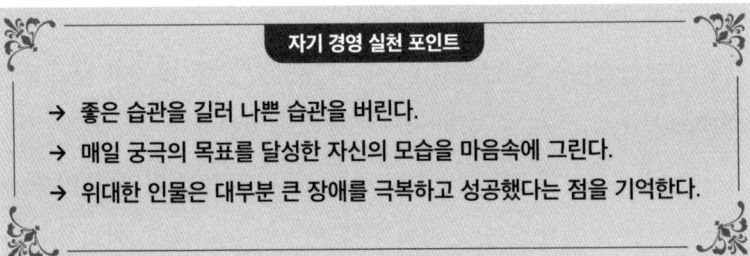

자기 경영 실천 포인트
→ 좋은 습관을 길러 나쁜 습관을 버린다.
→ 매일 궁극의 목표를 달성한 자신의 모습을 마음속에 그린다.
→ 위대한 인물은 대부분 큰 장애를 극복하고 성공했다는 점을 기억한다.

혼자가 아닌 팀으로 함께 일하기

    팀과 함께 일하고, 업무를 위임하는 지혜를 익히기 어려워하는 사람이 많다. 하지만 사실 우리가 얼마나 우수하든 혹은 뭔가를 다른 사람보다 얼마나 더 잘할 수 있다고 생각하든 혼자서 이룰 수 있는 것에는 한계가 있다. 일을 제대로 위임하는 법을 익혀야 성취할 수 있는 바에 제한이 사라진다.

    위임은 습득해서 얻는 기술이다. 우리는 업무를 수행하거나 프로젝트 완성에 책임을 지는 실무자로서 경력을 시작한다. 그 결과 자신이 옳다고 생각하는 업무 수행 방식이 생기고, 여러 가지 방식으로 같은 일을 할 수 있다는 사실을 좀체 받아들이지 못한다.

    자신이 다른 사람보다 그 일을 더 잘할 수 있다는 생각이 드는 건 당연하다. 문제는 승진을 해서 관리직으로 올라가면 '현업'을 할 시간이 점점 더 줄어든다는 점이다. 기획, 회의, 행정 관련 업무를 처리하고 팀원들에게 업무 지침을 제공하는 일에 시간을 쏟아야 한다.

효과적으로 업무를 위임하는 법을 배우지 않으면 효율성이 크게 떨어질 것이다. 관리자가 모든 직원의 업무를 직접 하거나 일일이 확인하기란 불가능하다. 그러므로 좋은 사람을 고용하고, 그들이 일을 제대로 할 수 있도록 신뢰하며, 문제에 대해 답을 구하러 오는 것이 아니라 대안을 논의하기 위해 찾아오는 상호 신뢰의 분위기를 만들어야 한다.

관리자의 지혜와 경험은 의사결정 자체를 내릴 때가 아니라 의사결정을 내리는 직원에게 도움을 줄 때 유용하게 쓰여야 한다. 관리자가 직원의 모든 문제를 대신 해결해준다면 직원이 성장하고 성숙할 기회는 박탈된다. 당연히 직원에게는 정책, 대규모 지출 등 관리자의 승인이 필요한 사항이 있다. 그 외 사안에 대해서는 질문이 아니라 건의를 하도록 장려하면 직원들이 스스로 생각하게 되고, 시간도 더 효율적으로 사용할 수 있다. 직원이 대안을 충분히 고민했다면, 빠르게 결정을 내릴 수 있고, 그들이 생각했어야 했을 문제 해결 접근법을 탐색하느라 시간을 허비하지 않을 수 있다.

내가 아는 어느 관리자는 직원이 문제를 들고 찾아오면 항상 같은 방식으로 대응한다. "나는 문제에는 관심이 없어. 내가 관심 있는 건 해결책이야."

하지만 세상에는 아직도 결과보다 업무의 과정에 훨씬 더 큰 관심을 지니는 사람이 아주 많다. 이들은 일을 마치고 나면 결국 정말 중요한 건 결과라는 점을 깨닫지 못한다.

수년 전 나는 어느 무역 협회에서 일했는데, 그곳의 회원은 특정 직업의 전문가로 구성되어 있었다. 협회 담당자가 느낄 가책을 고려해서 여기서 그게 어떤 협회였는지는 언급하지 않겠다. 입사한 지 얼마 되지 않았을 때 어느 직원이 서류 보관함 구매 요청서를 들고 나를 찾아왔다. 서류 보관함을 어디에 쓸 것인지 물었더니 직원이 대답했다. "모르겠는데요. 셜리 씨가 필요하대요." 그래서 셜리를 찾아가 물었더니 이렇게 답했다. "약력 서류를 담으려고요."

내가 다시 물었다. "약력은 어디에 사용하나요?"

"몰라요. 사람들이 제게 약력을 보내오면 제가 보관하기로 되어 있어요. 약력 서류는 아마 홍보팀에서 사용하는 것 같아요."

그래서 나는 홍보팀 팀장을 찾아가 "여기 약력 양식은 홍보팀 것인가요?"라고 물었다.

그가 답했다. "아니요. 저희 부서에서는 안 씁니다. 너무 오래된 약력 자료예요. 회원에 관한 보도자료를 만들 때 저희는 항상 업데이트된 약력을 보내달라고 요청합니다. 제 생각에는 회원 관리 부서에서 사용하는 것 같아요."

그래서 회원관리팀 팀장을 찾아가 물었더니 "네, 맞아요. 저희 부서에서 관리하는 서류입니다."라고 답했다.

"어디에 사용하시나요?" 내가 물었다.

"저희가 사용하는 건 아닙니다. 홍보팀에서 회원에 관한 보도자료를 만들 때 사용해요."

그래서 홍보팀 팀장과 나누었던 대화를 전했더니 회원관리팀 팀장이 말했다. "음, 셜리 씨와 얘기해보시는 게 좋을 것 같아요. 이런 일은 셜리 씨 담당이거든요."

그래서 다시 셜리를 찾아가 물었다. "이 약력 양식을 사용하는 사람이 있나요?"

셜리는 답했다. "확실하게 말씀드릴 수는 없어요. 저는 여기서 일한 지 5년밖에 안 됐거든요."

셜리와 이야기를 나누는데 인쇄소 관리자가 내가 요청했던 급한 인쇄 작업을 할 수 없다고 말하러 왔다. 내가 요청한 작업에 앞서 해야 하는 대량의 작업이 있다는 것이었다. 그래서 물었다. "그건 어떤 일인가요?"

"신규 회원용 자료 꾸러미에 들어갈 약력 양식 2만 장을 인쇄하고 있어요."

우리는 수천 장의 양식을 인쇄해 회원에게 우편으로 송부해 회원이 시간을 들여 양식을 작성하게 하고, 우편요금 선납 봉투에 담아 다시 돌려보내도록 하고 있었다. 그러고 나서 봉투를 열어 셜리에게 보내 양식을 보관하게 했다. 팀 내 모든 직원이 정확히 지시받은 대로 업무를 처리했다. 하지만 그건 아무 의미 없는 일이었다. 우리는 아무도 원하지 않는 걸 만들어내고 있었다.

감히 말하건대 그게 어느 직장이든 결과보다 과정을 중시하는 사람이 있다면 이런 일은 전국적으로 하루에 수천 번 반복해서 일어나고 있을 것이다.

자기 경영 실천 포인트

→ 자신이 하는 일이 조직의 나머지 부분에서 어떤 역할을 하고 기여하는지 알아본다.

→ 업무를 위임하는 방법을 배운다. 직원의 문제를 대신 해결하기보다는 직원의 생각을 건의하도록 요청한다. 직원이 배우고 성장할 수 있게 해준다.

→ 훌륭한 직원으로 팀을 구성한다. 그러면 업무를 위임할 때 좀 더 자신감이 생긴다.

약간의 존중을 더하기

관리자로서 자존심을 내세우지 않고 직원의 필요를 생각하는 법을 배웠을 때 달성할 수 있는 결과는 놀라울 것이다. 다음은 직원을 존중하기 때문에 직원이 최고 수준의 성과를 내도록 영감을 주는 한 경영자의 이야기다.

얼마 전 나는 지인과 함께 아침 일찍 열린 어느 회의에 참석했다. 지인은「포천」지 선정 500대 제조기업에 오른 어느 기업의 대표였다. 그는 큰 성공을 거둔 인물이었고, 회사 직원은 수천 명에 달했다. 하지만 회의를 할 때는 다른 참석자를 위해 커피를 따라주는 그런 사람이다 (그는 왕족처럼 대접받기를 원하지 않는다). 전화도 직접 받는다. 요즘 일부 모임에서 CEO가 직접 전화를 받기도 하는 게 유행한다는 건 나도 안다. 아랫사람들에게 자신 또한 평범한 사람이라는 걸 알리기 위해서다.

하지만 그는 그런 유행 때문이 아니라 항상 직접 전화를 받는다. 지인의 친구와 동료는 그에게 연락해야 할 일이 생기면 언제나 아침 일찍 사무실로 전화하면 된다는 걸 안다. 그는 아침 6시 30분경 출근해 업무를 시작하고, 사무실에 있을 때면 직접 전화를 받는다.

그런데 함께 조찬 모임에 참석했던 날 그는 변함없는 예의와 타인을 존중하는 모습으로 나를 또 한 번 놀라게 했다. 비서의 책상에서 전화가 울리자 그가 걸어가 비서의 전화를 대신 받았다. 전화를 받았을 뿐 아니라 비서를 위해 메모도 남기고 전화를 건 상대에게 비서가 아직 출근하지 않았다고 설명까지 했다. 그가 비서의 전화를 대신 받는 게 처음이 아닌 건 분명했다. 왜냐하면 비서가 메모지를 어디에 보관하는지와 전화 메시지를 즉시, 효율적으로 적는 법을 알고 있었기 때문이다. 그가 예의 바르게 메시지를 적는 동안, 나는 전화를 건 사람이 만약 통화하는 상대가 이 회사의 대표라는 사실을 안다면 무슨 생각을 할지 궁금하지 않을 수 없었다.

지인의 이런 행동이 다른 사람에게 깊은 인상을 남길까? 음, 내게는 깊은 인상을 남겼다고 확실히 말할 수 있다. 나는 업무상 수많은 부자와 유명인을 만났다. 하지만 「포천」지 500대 기업에 오른 회사의 대표가 비서 대신 전화 메시지를 받아 적는 모습을 본 건 처음이었다. 그런다고 해서 직원들이 그를 존경하는 마음이 줄어들지도 않았다. 그가 타인을 배려하는 마음 덕분에 회사 직원들은 그에게 엄청난 충성심을 갖게 되었다.

그가 회사 대표를 맡았을 때 회사는 적자를 보는 상태였고, 업계 애널리스트 가운데 일부는 그 회사의 파산 가능성을 공개적으로 추측하기도 했다. 하지만 몇 년 후 회사는 흑자로 돌아섰다. 그뿐만 아니다. 현재 기록적인 수익을 향해 순조롭게 나아가고 있으며, 회사 보통주의 주가는 업계 내에서 최고 실적을 내고 있다. 타인에 대한 작은 존중은 커다란 보상으로 돌아온다.

내가 아는 또 다른 경영자는 부문 부사장 두 명을 그룹 사장으로 승진시켜 여러 운영 부문을 책임지게 했다. 물론 큰 뉴스거리는 아니었다. 미국 재계에서 이러한 승진은 매일같이 일어난다. 하지만 직원의 승진을 처리하는 대표의 방식은 내게 깊은 인상을 남겼다.

승진자를 사무실로 불러 승진 소식을 전하고 커다란 미소를 지으며 굳은 악수를 나눈 뒤 돌려보내도 승진한 직원은 아주 행복할 터였다. 하지만 대표는 그런 방식으로 직원의 승진을 알리지 않았다.

대표는 정기적으로 열리는 전 부서 운영 임원회의 때까지 기다렸다가 승진자를 연단으로 부른 뒤 승진을 발표했다. 심지어 새 직함이 인쇄된 명함까지 준비해서 왔다. 승진한 직원이 앞으로 상사에게 힘을 실어주는 직원이 될 거라는 생각이 들지 않는가? 이러한 충성심은 돈으로는 살 수 없다. 오직 마음으로부터 우러날 뿐이다.

내가 아는 또 다른 지인이 있다. 그의 회사는 한 잡지사와 100만 달러의 광고 계약을 맺었다. 계약상 광고비의 절반은 선지급하고, 나머지 절반은 광고 기간 종료에 맞춰 지급하게 되어 있었다. 지인은 대금 청구서를 기다려 일반적인 방식으로 처리할 수 있었지만, 그렇게 하지 않았다. 50만 달러짜리 수표를 발행해 계약서에 서명이 이루어질 축하 오찬 자리에 가져갔다. 그리고 계약서에 서명이 이루어지자마자 광고 영업 담당자에서 수표를 건넸다. 영업 담당자의 모든 상사도 그 자리에서 이 일을 지켜봤다.

　광고를 실을 좋은 자리가 생겼을 때 잡지사가 제일 먼저 떠올릴 회사가 어디라고 생각하는가? 우리 모두 일을 처리하는 데 옳은 방식과 잘못된 방식이 있다는 걸 안다. 그런데 옳은 방식으로 일을 처리할 때 여기에 스타일과 우아함, 약간의 존중을 더하면 우리에게 중요한 의미를 지니는 사람에게 오래도록 깊은 인상을 남기게 되고, 같은 돈을 써도 훨씬 더 많은 것을 얻게 된다.

자기 경영 실천 포인트

→ 상사든 부하 직원이든 사내 모든 직원을 예의 있게 대한다.
→ 다른 사람에게 모범을 보인다. 사내 다른 모든 직원에게 바라는 행동을 솔선수범하라.
→ 자신의 모든 행동이 타인의 존중을 받을 만한지 확인한다.

잠재의식이
성공을 돕게 하라

우주에서 가장 강력한 힘은 마음속 잠재의식이다.
일단 목표를 정하면 모든 행동이 목표 달성을 위해 움직이도록
잠재의식이 은근하게 이끈다. 이번 주에는 잠재의식을
내 편으로 만드는 법에 초점을 맞춘다.

성취로 이끄는 잠재의식의 힘

나폴레온 힐은 우리의 생각을 행동으로 바꾸는 잠재의식의 힘을 이야기하기 위해 '우주적 습관의 힘cosmic habit force'이라는 표현을 만들었다. 힐은 우리가 스스로 목표를 설정하고, 그 목표를 달성한 모습을 상상하고, 잠재의식을 향한 메시지를 지속적으로 강화하면 잠재의식이 밤낮없이 우리가 목표를 달성할 방법을 찾아준다고 믿었다.

하지만 체중 감량이나 비싼 물건을 사기 위한 저축처럼 일부 목표는 달성하기까지 시간이 오래 걸려서 어려운 부분이 있다. 목표를 달성하겠다는 열정은 어떻게 유지할 수 있을까?

내가 아는 어느 선생님은 간단하고, 무해한 방법으로 지속 강화의 원칙을 활용해 원하는 것은 무엇이든 손에 넣는다. 그녀가 하는 일이라고는 그저 갖고 싶은 물건의 사진을 작은 자석으로 냉장고 문에 붙여놓는 것뿐이다. 그러면 하루에도 여러 번 사진을 볼 때마다 그것을 갖고 싶다는 메시지가 자신의 마음속에서뿐 아니라 가족의 마음속에서도 강화된다.

새로 나온 빨간색 스포츠카를 갖고 싶었을 때는 광고에 나온 모델의 얼굴 위에 자신의 사진을 붙였다. 가족과 친구들은 사진을 보고 웃었지만, 그녀는 냉장고를 지나칠 때마다 그 차에 타고 있는 자신의 모습을 봤다. 비록 차량의 가격은 감당할 수 있는 수준을 넘었지만, 마음속에 욕망의 불을 지핀 덕분에 아르바이트로 방문판매 일을 시작해서 추가 수입을 올리고 절약도 하게 되었다.

냉장고 문에 스포츠카의 사진을 붙인 지 반년도 되지 않아 그녀는 차를 소유하게 되었다. 그저 요행이 아니었다. 그녀는 같은 방법으로 원하는 집도 샀다. 집을 살 때는 물론 시간이 좀 더 오래 걸리기는 했지만, 결국 해냈다. 가족은 더 이상 회의적이지 않았고, 돈을 아끼는 일에 도움을 주었다. 얼마 지나지 않아 가족들은 사진 속 집에서 살게 되었다.

우리도 같은 방식을 활용할 수 있다. 목표를 설정하고, 끊임없이, 꾸준히 메시지를 강화해서 새기면 우주적 습관의 힘이 목표가 실현되도록 돕는다. 비결은 절대 포기하지 않는 것, 특히 상황이 힘들어져도 포기하지 않는 것이다. 빌 클레멘트는 이처럼 어려움에 부딪혔을 때일수록 목표를 향한 노력에 전념하는 일이 중요하다는 것을 깨달은 사람의 한 예이다.

하키 선수인 클레멘트는 필라델피아 플라이어스 챔피언십에서 두 번 우승했다. 선수 은퇴 뒤 클레멘트는 레스토랑 사업을 시작했지만 금방 실패하고 말았다. 하지만 그는 포기하지 않았다.

클레멘트에 따르면 누구나 한 번쯤 그가 '레드존red zone'이라고 부르는 시기를 지난다고 한다. 레드존은 역경이 너무 커서 최선을 다하지 않으면 패배, 2위, 심지어 포기에 이르게 되는 시점으로 성공과 실패의 분기점이다.

'레드존'이라는 표현은 미식축구 용어를 빌려온 것이다. 미식축구에서는 골대로부터 20야드(약 18미터) 전방 구역을 레드존이라고 부른다. 레드존은 필드 위에서 공을 움직이기가 가장 어려운 곳이지만, 그곳을 지나지 않으면 득점을 할 수 없다.

클레멘트는 레스토랑 사업으로 돈을 잃은 뒤 한동안 레드존에서 시간을 보내야 했다. 클레멘트는 자신이 누구인지, 무엇을 중요하게 여기는지를 돌아보며 '성공할 수 있는 내면의 힘이 있는지'를 점검하기로 결심했다. 그 과정에서 그의 '다짐'이 다음과 같이 정리되었다.

1. 청중과 청취자를 솔직하고 진실하게 대하겠다.
2. 결정을 내릴 때 자존심이나 성격이 이성을 압도하게 두지 않겠다.
3. 나는 리더다. 어려운 시기에 긍정적인 태도를 보여 이 사실을 증명하겠다.
4. 아내와 아이들을 온화하고, 객관적이며, 공정하게 대하겠다.
5. 누군가 내 서비스를 이용하면, 지불한 것 이상을 주겠다.
6. 나는 세상에서 가장 강한 사람은 아니지만, 절대 포기하지 않겠다.

클레멘트는 이렇게 말한다. "무언가 혹은 누군가가 막아서지 않는다면 점수를 올리는 건 쉽습니다. 하지만 경쟁이 치열할 때 최고가 되어야 해요. 역경에 어떻게 대응하느냐가 최고가 될지 아닐지를 결정합니다."

자기 경영 실천 포인트

→ 목표를 달성한 자신의 모습을 매일 여러 번 상상한다.
→ 매일 볼 수 있는 장소에 목표가 담긴 사진을 붙인다.
→ 목표에 완전히 전념하면 인생의 '레드존'을 통과할 수 있다.

소원을 환히 밝혀주는
고독의 시간

다른 사람과 긍정적이고 지속적인 관계를 구축해야 할 필요가 있기는 하지만, 그래도 여전히 자기만의 시간도 필요하다. 혼자 있을 때 우리는 자신 안의 목소리를 더 잘 들을 수 있고, 인생에서 자신이 진정으로 원하는 바가 무엇인지 결정할 수 있다.

나폴레온 힐은 경력 초기에 다음과 같이 썼다. "나는 가족과 친구들을 깊이 사랑한다. 하지만 또한 사람으로부터 멀어지는 것, 모든 사람에게서 떨어져 나 자신과 대면하는 시간도 사랑한다. 다소 이기적으로 보일지 모르지만, 결코 그렇지 않다. 정신 건강을 위해서 내게는 혼자 있는 시간이 꼭 필요하다."

힐은 계속해서 생각하고, 미래를 내다보고, 삶에서 아직 경험하지 못한 것들을 기대하며, 자신이 이 땅에 왜 왔는지, 사명을 완수하기 위해 무엇을 해야 하는지 고민하는 것을 즐겼다고 말했다. 그는 현실에서 한 발 더 나아가 상상하기를 즐겼다. 다른 말로 하면, 그는 공상하는 걸 좋아했다.

일각에서 생각하는 것과 달리 공상은 해롭지 않다. 사실은 그 반대다. 다른 사람으로부터 떨어져 상상의 나래를 펼치면 평범한 생각과 일을 뛰어넘을 수 있다. 시인 존 밀턴John Milton은 시력을 잃고 어쩔 수 없이 고독해져 깨달음을 얻고 난 뒤 최고의 작품을 썼다. 프랜시스 스콧 키Francis Scott Key는 영국 선박에 전쟁 포로로 잡혀 있는 동안 미국의 국가 〈별이 빛나는 깃발The Star-Spangled Banner〉의 가사를 썼다.

다른 사람과 함께 있을 때는 예의를 지켜야 하고 상대가 어떤 화제를 꺼내든 함께 이야기를 나누어야 한다. 하지만 혼자 있을 때는 자신의 선택에 따라 어떤 방향으로든 생각을 이끌고, 그 생각을 마음에 새기고 원할 때 다시 꺼낼 수 있도록 담아둘 수도 있다.

요즘 우리는 이를 시각화visualization라고 부르지만, 사실 이는 건설적인 공상에 지나지 않는다!

누구라도 우선 꿈부터 꾸지 않고는 실행하는 사람이 될 수 없다. 건축가는 먼저 마음속으로 건물의 그림을 그리고 나서 종이에 옮긴다. 위대한 과학자 알베르트 아인슈타인Albert Einstein은 광선을 타고 우주를 통과하는 자신의 모습을 상상하고 나서야 상대성 이론을 진정으로 이해했다고 말했다. 광선을 타면 어떤 일이 일어나는지 상상했을 때 그제야 상대성 이론을 증명할 수학 공식을 세울 수 있었다.

꿈은 또한 우리가 인생에서 가장 원하는 게 무엇인지를 드러내준다. 요컨대 꿈을 꾸면 '소원 목록wish list'을 만들 수 있다. 꿈과 마찬가지로 소원도 공간을 전혀 차지하지 않으며, 무게도 나가지 않고, 실행하지 않으면 아무런 가치도 없다. 하지만 소원에 전념하고, 소원을 이루는 데 필요한 노력을 쏟는다면 실현하지 못할 소원은 사실상 없다.

물론 어떤 소원을 실행할지 정하는 게 첫 번째 단계다. 우리는 평생 동안 실현할 수 있는 것보다 더 많은 소원을 품을 수 있으므로, 무엇보다 실현하고 싶은 소원을 하나로 좁혀야 한다.

좋은 연습법은 모든 소원을 적어보는 것이다. 스스로를 제한하지 말고, 모든 소원이 가능하다고 생각하라(현재로서는 그렇다). 모든 소원을 종이에 적은 뒤 중요도에 따라 순위를 정한다. 그러다 보면 어떤 소원은 더 큰 소원을 이루기 위한 발판에 불과하다는 걸 알게 되기도 한다. 선명하게 잘 보이는 곳에 소원 목록을 적어두면 선택하기가 훨씬 쉬워진다.

그다음에는 행동 계획을 세운다. 목표를 실현하기 위해 어떤 단계를 밟을 수 있는지 결정한다. 궁극의 목표에 도달하기까지 갈 길이 멀다는 사실에 낙담하지 마라. 그저 빨리 시작하면 할수록 더 빠르게 도착한다는 점만 명심해라.

소원을 명확하게 염두에 두는 것만으로도 일이 쉬워진다는 것 또한 사실이다. 우리는 누구나 잠재의식 속에서 바라는 바를 실현하기 위해 행동하는 경향이 있기 때문이다. 이를 자기충족적 예언이라 부른다. 어떤 일에서 실패할 것 같다고 믿으면 실패한다. 반대로 소원을 이룰 수 있다고 확신하면 잠재의식이 소원을 실현하는 방향으로 모든 행동을 이끈다.

물론, 극복해야 할 장애물이 있을 것이다. 하지만 진정으로 실현하고 싶은 소원에 집중하면, 마음이 대안을 찾아 목표를 달성하기 위해 열심히 일할 것이다. 같은 목표에 이르는 길은 대개 여러 가지다.

목표를 향해 가는 동안 사람들이 이루어질 수 없는 소원이라고 말한다고 해도 단념하지 말라. 사람들은 그저 질투하는 것일 수 있다. 이유가 무엇이든 누구도 자신의 소원을 빼앗지 못하게 하라.

라이트 형제가 새처럼 날고 싶어 했을 때 사람들은 비웃었다. 교육받은 사람들도 에디슨이 어둠을 정복하려 쏟는 노력을 시간 낭비라고 했다. 헨리 포드가 대중이 부담할 수 있는 가격의 자동차를 만들겠다고 꿈꾸자, 회의론자는 코웃음 쳤다.

소원은 분명 이루어진다. 소원을 이루는 데 필요한 불타는 열망과 훌륭한 계획 그리고 노력과 투지를 갖춘다면 말이다.

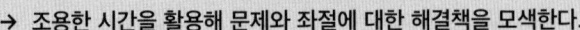

자기 경영 실천 포인트

→ 조용한 시간을 활용해 문제와 좌절에 대한 해결책을 모색한다.
→ 공상을 통해 인생에서 가장 원하는 게 무엇인지 알아본다.
→ 모든 소원을 마치 이루어질 것처럼 전부 적어본다. 그리고 나서 가장 중요한 소원 한두 가지에 집중한다. 소원을 이루는 데 노력을 전념하면 성취할 수 있다.

목표가 저절로 이루어지는
습관의 기적

어떤 일을 자동으로 해버린 후 '습관의 힘' 덕분이라고 생각해본 적이 있는가? 마찬가지로 목표를 이루는 데도 습관의 힘이라는 강력한 힘을 사용할 수 있다.

우주는 질서 속에서 번영하고 혼돈을 싫어한다. 과학계에서는 우주의 구성에 대해 더 많이 알게 될수록, 우주의 모든 것은 변화하는 상태에 있지만 그 변화에 질서가 있다는 점을 발견했다. 자연보다 이 과정이 잘 드러나는 곳도 없다. 모든 동식물은 탄생부터 성장, 성숙, 소멸이라는 체계적인 변화 과정을 거친다.

자연이 혼돈 속에서 질서를 수립하기 위해 반복 패턴을 활용하는 것처럼 우리도 반복을 활용한다. 삶을 단순화하기 위해 우리는 습관을 형성한다. 습관이 되면 생각조차 하지 않은 채 일을 어떤 특정한 방식으로 처리한다. 항상 그렇게 해왔다는 것 외에 다른 이유는 없다. 그래서 같은 방식으로 면도나 화장을 한다. 처음에 방법을 배웠고 그 방식이 습관이 되었기 때문에 계속 그렇게 한다. 습관은 삶을 단순하게 해주는 유용한 도구다. 습관이 되면 우리가 하는 모든 일에 대한 자세한 세부 사항을 더는 생각할 필요가 없다.

물론 습관 자체는 도덕적으로 중립적이다. 좋은 습관도 있고 나쁜 습관도 있지만, 둘 다 반복이라는 같은 방식으로 형성된다. 우리는 어떤 행동을 해보고 좋다고 느끼면 계속한다. 그것도 아마 매번 정확히 똑같은 방식으로 시도할 것이다. 그런데 인간을 특별하게 만드는 한 가지는, 어떤 습관을 만들지 스스로 결정할 수 있다는 점이다.

우리는 반복과 강화를 통해 습관이 형성된다는 지식을 활용할 수 있다. 어떤 습관을 형성하고 싶은지 결정함으로써 자신의 행동을 바꾸고 원하는 모습의 사람이 되어가도록 스스로 조절할 수 있다.

반복과 강화를 통해 나쁜 습관을 좋은 습관으로 바꿀 수도 있다. 부정적인 생각을 긍정적인 생각으로 바꿀 수 있고, 움직이지 않았다가 행동에 나설 수도 있다. 선택에 따라 우리는 어떤 습관이든 형성할 수 있다. 물론 습관을 바꾸는 게 쉽다는 말은 아니다. 습관을 바꾸려면 시간을 들여 노력해야 한다. 알코올 중독자가 한 번에 한 잔씩 술을 줄이는 것처럼, 체중 감량을 하는 사람이 한 번에 1kg씩 살을 빼는 것처럼 말이다. 하지만 우리는 해낼 수 있다.

예를 들어 하기 싫은 일을 미루는 대신 즉시 하도록 자신을 훈련시키고 싶다면 일단 억지로라도 곧바로 실행해라. 그리고 나서 한 번 더, 그런 식으로 더는 생각하지 않고도 그냥 자동으로 하게 될 때까지 같은 패턴을 반복한다. 과자 대신 당근을 먹는 습관을 들이고 싶다면 한 번에 당근을 하나씩 먹고, 한 번에 과자를 하나씩 줄인다. 하루에 한 번씩 새로운 습관을 연습하라. 어느새 내일은 저절로 하게 될 것이다.

자기 경영 실천 포인트

→ 바꾸고 싶은 나쁜 습관을 적는다.
→ 적어둔 나쁜 습관 옆에 형성하고 싶은 좋은 습관을 적는다.
→ 오늘 하루만이라도 그 좋은 습관 하나에 집중해 실천해본다. 내일도 같은 행동을 반복하면 곧 굳건한 습관이 된다.

완전하게 집중하면
생각이 현실이 된다

집중하지 않고 위대한 성공을 거둔 사람은 없다. 목표에 완전히 집중하면 잠재의식에 의해 모든 행동이 자동으로 목표 달성을 위해 조율된다. 자기충족적 예언은 통제된 집중력의 결과다. 어떤 일이 일어날 것이라고 진심으로 믿는다면, 잠재의식 속에서 그러한 결과를 가져올 행동을 하게 된다.

우리는 통제된 집중력을 자신에게 이익이 되도록 사용할 수 있다. 우선 목표를 적는 일부터 시작하자. 종이에 적으면 목표를 선명하게 설정하는 데 도움이 된다. 그러고 나서 목표를 적은 종이를 어디든 들고 다니며 하루에도 여러 번 목표를 읽는다.

매일 하루를 마무리하며 잠자리에 들기 전에 목표를 다시 떠올리고, 목표 달성을 이루기 위해 그날 했던 모든 일을 되짚어본다. 목표로부터 멀어지는 행동을 했다면 왜 그랬는지 이유를 확인하고 행동을 수정한다.

크게 성공하는 사람과 목표 없이 불행하게 사는 사람의 차이는 무엇일까? 성공한 사람은 스스로 높은 목표를 세우고, 그 목표를 달성하기 위해 필요한 행동을 습관화하며, 긍정적인 생각으로 마음을 채운다. 반면, 실패한 사람들은 방향 없이 떠돌며 부정적인 영향력에 휘둘려 결국 부정적인 생각으로 가득 찬 삶을 살게 된다.

우리는 평소 가장 자주 생각하는 모습이 되어간다. 긍정적인 영향과 목표에 집중하면 긍정적이고 충만한 삶을 얻는다. 반면, 부정적인 영향에 집중하면 나쁜 일이 일어난다.

집중이 지닌 믿을 수 없을 정도의 힘은 때로 아주 이상하고 예상치 못한 방식으로 증명된다. 「사이킥 가이드Psychic Guide」는 '신체, 마음, 정신을 이해하고 향상을 촉진하기 위해' 초심리학적parapsychological 현상을 탐구하는 잡지인데, 잡지 발행인 폴 주롬스키Paul Zuromski는 몇 년 전 매우 이례적인 실험을 실시했다.

주롬스키는 1970년대 유리 겔라Uri Geller와 그의 추종자들이 보여준 소위 염력으로 금속 구부리기에 매혹되어 자신의 초능력 개발 수업에서 그 가능성을 시험해보기로 했다. 주롬스키는 이렇게 말했다. "수강생들이 내가 하려는 것에 호의적이기 때문에 숟가락 구부리기는 쉬울 것이라고 생각했다."

물론 결과는 그보다 좀 더 복잡한 것으로 판명되었다. 주롬스키의 첫 번째 시도는 실패로 끝났다. 그는 이 분야에서 경험이 많은 친구에게 상담했고, 친구는 절차를 다듬는 걸 도와주었다. 그리고 나서 주롬스키는 다시 시도했다. 이번에 수업에 참여한 사람은 열여덟 명이었다. 그렇지만 이번에도 아무 일도 일어나지 않았다.

주롭스키는 잡지에 이렇게 썼다. "숟가락이 구부러지는 것처럼 내 미래가 뒤틀리고 외면당할 것으로 보이기 시작했다."

그때 어느 여성이 소리를 질렀다. 여성은 손잡이 끝부분을 쥐고 손가락을 똑바로 세워 잡고 있었다. 그런데 여성이 쥐고 있던 숟가락이 저절로 아래로 구부러졌다. 숟가락 머리와 손잡이로 이어지는 부분이 접힌 것이다. 곧이어 다른 사람들이 쥐고 있던 숟가락도 거의 모두 구부러지기 시작했다. 실제 열여덟 명 가운데 열다섯 명의 숟가락이 어느 정도 굽었다.

분명 이들은 신념 체계에 뿌리내린 '이건 할 수 없어'라는 생각을 '할 수 있어'라는 생각으로 바꾸는 데 필요한 증거를 얻기 위해 숟가락이 구부러지는 모습을 직접 볼 필요가 있었다. 눈으로 숟가락이 구부러지는 모습을 보았으니 '할 수 없다'라는 생각의 근거가 사라졌다.

주롬스키와 열여덟 명의 목격자가 하는 이야기를 믿든 믿지 않든(사실 집단 최면이나 어떤 마술의 속임수로 치부할 수도 있다) 그건 중요하지 않다.

주롬스키는 물었다. "자, 그렇다면 금속 숟가락을 구부린다는 건 무엇을 의미할까?" 나는 종종 우리가 지닌 멋진 잠재력과 현실을 만들어나갈 방법에 관해 목이 쉴 때까지 이야기한다. 그러나 이 가능성을 보여주는 데 있어서, 세상의 집단의식이 '불가능하다'고 말하는 능력을 시각적으로 증명하는 것만큼 강력한 방식은 없다. 숟가락 구부리기는 이러한 현실을 초월하는 연습이다.

핵심은 간단하다. 생각이 곧 현실이다. 우리가 믿는 바가 우리 자체다. 생각, 신념을 바꾸면 인생을 바꿀 수 있다.

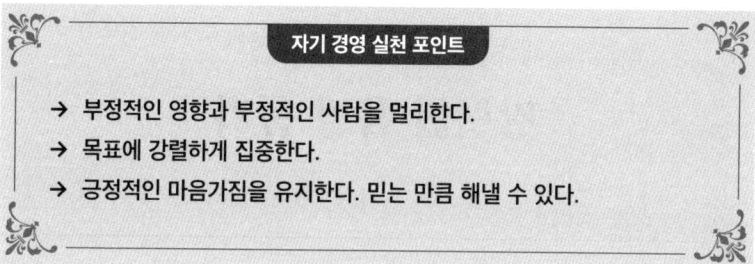

자기 경영 실천 포인트
→ 부정적인 영향과 부정적인 사람을 멀리한다.
→ 목표에 강렬하게 집중한다.
→ 긍정적인 마음가짐을 유지한다. 믿는 만큼 해낼 수 있다.

멈출 수 없는
강렬한 욕망 품기

나폴레온 힐은 말했다. "평범한 모든 이의 마음속에는 천재성이 잠들어 있다. 잠들어 있는 천재성은 이를 불러일으키려는 강한 욕망의 부드러운 손길을 기다리고 있다. 지금 자신이 있는 곳과 있기를 원하는 곳 사이에는 단지 짧은 거리만 존재할 뿐이다. 지금까지 어떤 경험을 했든, 자기 안의 천재성을 깨우기만 한다면 말이다."

인간의 마음이란 아주 강력한 힘을 지니고 있어서 원하는 재산, 바라는 자리, 필요한 우정, 가치 있는 일을 성취하는 데 필요한 자질을 만들어낼 수 있다. 힐은 이렇게 말했다.

"강한 욕망은 인간의 뇌 속에 잠자는 천재를 깨워 본격적으로 움직이게 하는 불가사의한 힘이다. 욕망은 인간의 노력이라는 보일러에 불길을 일으켜 행동을 유발하는 증기를 생성하는 불꽃이다."

다양한 영향력이 작동해 우리의 욕망을 불러일으키고 실행에 옮기게 한다. 모든 종류의 실망, 슬픔, 역경이 우리의 마음을 일깨워 새로운 가능성을 열어준다.

실패란 더 큰 행동을 가져오는 일시적인 상태에 불과하다는 점을 깨달을 때, 우리는 실패를 축복으로 볼 수 있다. 역경과 실패를 이러한 관점으로 보면 지구상에서 가장 강력한 힘이 이해되기 시작한다. 그러고 나면 실패에 발목을 잡히는 게 아니라 실패를 자산으로 삼을 수 있다.

힐은 다음과 같이 썼다. "이루고자 하는 것이 무엇이든 성취는 다른 사람이 아니라 자기 자신에게 달렸다는 점을 알고 나면 인생에 행복한 날이 찾아온다. 이처럼 인생에서 새로운 날이 도래하려면 먼저 욕망의 힘을 발견해야 한다!"

오늘 바로 지금부터 삶에서 손에 넣고 싶은 목표에 대한 강렬하고 멈출 수 없는 욕망을 불러일으켜라. 그리고 생각을 욕망에 집중하라. 낮에는 욕망에 대해 깊이 생각하고 밤에는 욕망에 관한 꿈을 꿔라. 짬이 날 때마다 욕망에 계속 집중하라. 종이에 욕망을 적어 항상 볼 수 있는 곳에 붙여둬라. 욕망의 실현을 향해 모든 노력을 집중하라. 그러면 욕망은 우리를 위해 저절로 실현될 것이다.

물론 이 과정에서 실수를 저지르기도 할 것이다. 하지만 그렇다고 멈추지 마라.

단돈 100달러와 긍정적인 마음가짐으로 거대 다국적 기업을 세운 클레멘트 스톤은 자신이 항상 올바른 결정을 내린다는 데 자부심을 느꼈다. 물론 스톤과 직원들도 다른 사람만큼 실수했다. 하지만 잘못된 결정을 내렸을 때는 이를 올바른 결정으로 바로잡았다. 스톤과 직원들은 누군가 실수를 저지르거나 문제가 생기면 "좋아, 잘 됐어!"라는 긍정의 말을 먼저 했다. 그런 다음 그 상황에서 좋은 점을 찾으려 애썼다.

스톤과 직원들은 역경이 생길 때마다 그 안에는 역경과 동등하거나 혹은 더 큰 이익을 가져다줄 씨앗이 들어 있다는 걸 몇 번이고 보여주었다. 수년간 스톤은 주주들을 위해 수백만 달러를 벌었는데, 이는 잘못된 결정을 올바르게 바로잡았기 때문에 가능한 일이었다.

스톤과 힐이 비즈니스 동료가 되었을 때 두 사람은 자기 동기부여가 긍정적인 마음가짐을 형성하는 핵심 요소라는 데 동의했다. 스톤은 자기 동기부여가 장대한 사고(복잡한 개념)를 누구나 읽고 이해할 수 있는 단 몇 마디 단어로 요약해주기 때문에 강력한 도구라고 생각했다. 스톤과 힐은 또한 우리 인간이 지닌 가장 큰 힘은 선택하는 힘이라고 생각했다.

가장 중요한 원칙은 이것이다. 우리는 본능, 감정, 열정, 습관, 충동을 타고났다. 심지어 가장 논리적인 사람도 이성만으로 행동하지 않는다. 우리는 논리와 함께 감정과 느낌을 바탕으로 행동한다. 동기를 알고 동기가 내면에서 어떻게 작동하는지 이해하면 타인을 이해하는 데도 큰 도움이 된다.

다른 누군가에게 무엇으로 동기를 부여할 수 있는지 안다면 더 좋은 관리자가 될 수 있다. 직원이 점점 더 높은 목표를 설정하고 달성하도록 격려할 수 있기 때문이다. 또한 더 나은 부모가 되어 자녀가 잠재력을 발휘하도록 도울 수도 있다. 그리고 무엇이 다른 사람에게 동기를 부여하는지 안다면 우리의 생각, 제품, 서비스를 다른 사람에게 판매할 수도 있다.

이 모든 것은 우리에게 선택할 힘, 즉 스스로 결정하고 그 결정을 끝까지 실천하는 힘이 있기 때문이다. 그리고 만약 잘못된 결정을 내렸다면 반드시 그것을 바로잡아라.

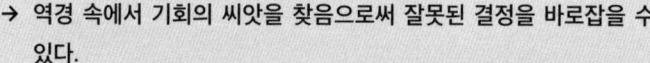

- 역경 속에서 기회의 씨앗을 찾음으로써 잘못된 결정을 바로잡을 수 있다.
- "좋아, 잘 됐어!"와 같은 긍정의 말을 사용해, 시련 앞에서도 긍정적인 태도를 유지한다.
- 자기 동기부여 원리를 이해하면, 그 방법으로 타인에게도 동기를 부여할 수 있다.

실천적 믿음으로 지혜 구하기

영성에 관해 곰곰이 생각해보거나 사후의 삶을 궁금해하는 건 비단 우리뿐만이 아니다. 시인과 목사 그리고 과학자에게 똑같이 영감을 주는 주제이다.

1977년에 사망한 미 항공우주국NASA 소속 과학자 베르너 폰 브라운Werner von Braun 박사는 로켓 공학 분야에서 세계 최고의 권위자였으며 유인 우주 비행을 주도한 인물이다. 그가 설계한 로켓은 미국 최초의 위성을 발사했으며, 새턴 V 로켓Saturn V rocket은 인류를 달에 보냈다.

폰 브라운 박사가 우주공학 분야에 남긴 업적에 관해서는 잘 알고 있을 것이다. 하지만 폰 브라운 박사가 삶의 의미와 사후 세계에 대해 어떻게 생각했는지에 대해서는 그다지 들어보지 못했을 것이다.

폰 브라운 박사는 25년 전 잡지「석세스」의 사설란에서 자신의 종교적 신념과 과학을 어떻게 조화시켰는지 설명했다. "현대 사회에서는 어쩌다 보니 과학이 불멸과 같은 '종교적인 생각'을 시대에 맞지 않거나 뒤떨어진 개념으로 만들었다고 느끼는 사람이 많다. 하지만 나는 과학이야말로 종교 회의론자에게 진정한 놀라움을 선사한다고 생각한다."

그는 덧붙였다. "과학은 흔적 없이 사라질 수 있는 건 아무것도 없다는 사실을 알아냈다. 자연은 소멸을 알지 못한다. 모든 것은 변화할 뿐이다."

"만일 신이 우주 안에서 가장 작고 사소한 부분에 이러한 기본 원칙을 적용하신다면, 그의 창조물인 인간의 영혼에도 이 원칙이 적용된다고 생각하는 것이 합리적이지 않을까? 내 생각에는 그럴 것 같다. 그리고 과학이 내게 가르쳐준(그리고 계속해서 가르쳐주고 있는) 모든 것은 사후 영적 존재의 지속성에 관한 나의 믿음을 굳건하게 해준다. 흔적을 남기지 않고 사라지는 건 아무것도 없다."

위대한 과학자였던 폰 브라운 박사는 설명을 이어간다. 많은 연구 끝에 폰 브라운 박사는 종교와 과학은 사실 양립할 수 있다고 결론지었으며, 박사의 결론은 세상에서 점점 더 많이 받아들여지고 있는 분위기이다.

우주여행과 원자력의 시대에 우리가 소유한 놀라운 힘을 현명하게 사용할 수 있도록 세상에 도덕적·윤리적 분위기를 강화할 것을 촉구한 점에서 폰 브라운 박사는 시대를 훨씬 앞서갔던 인물이었을지 모른다.

우리가 어떤 신을 숭배하든 혹은 신 자체를 믿지 않든, 나는 이 위대한 과학자가 상당한 연구와 숙고 끝에 영성이라는 주제가 우리의 관심을 받을 만한 가치가 있다고 결론지었다는 점을 주목할 만하다고 생각한다. 영성은 인간 존재에 아주 중요한 요소이다.

『히트 더 그라운드 러닝: 비즈니스 성공을 위한 커뮤니케이션 방법Hit the Ground Running』의 작가 신시아 크루거Cynthia Kreuger는 영성과 실천적 믿음의 개념을 잘 안다. 크루거는 자기 사업에서 성공을 거두겠다는 불타는 욕망을 지녔고, 성공의 원칙을 공부했다. 그런데 크루거는 자신이 중요한 한 가지를 놓쳤다고 말한다.

"저는 그다음에 무엇을 해야 할지 알기 위해 지혜를 구하지 않았습니다. 대신 예산에 맞을 법한 사업을 선택했죠."

크루거는 자신의 서비스 사업을 딱히 좋아하지 않았지만, 불타는 욕망과 목적의 명확성이 있으니 사업이 성공으로 이어질 것으로 믿었다. 크루거는 자신의 사업을 세상에 소개할 방법을 모색했다.

지역 신문사에서는 유용한 정보가 담긴 크루거의 칼럼을 게재해주기로 했다. 크루거는 성인 대상 정기 교육 워크숍에서 글을 써서 발표했고, 잠재고객에게 도움이 될 생각을 담은 뉴스레터를 발행했다. 크루거는 이러한 활동을 좋아했지만, 그럼에도 사업은 전혀 발전이 없었다.

크루거는 성공의 원칙을 다시 확인했고, 자신이 한 가지 중요한 점, 바로 실천적 믿음을 파악하지 못했다는 것을 깨달았다. 추가로 알아본 결과, 그녀는 믿음을 비즈니스에 적용하면 무한 지성Infinite Intelligence의 안내를 받을 수 있다는 것을 배웠다. 크루거는 믿음이 있으면 무한한 힘과 지혜의 원천에 맞춰 삶의 명확한 목적을 달성할 수 있음을 알게 되었다.

사실, 그녀는 자신이 발견한 그 안내가 항상 존재했다는 것을 깨달았다고 말했다. 자신이 좋아하지 않았던 사업은 실패하고 있었지만, 좋아하는 글쓰기는 다양한 방식으로 사람들에게 받아들여지고 있었다. 크루거는 말했다. "나는 초점을 바꿔서 우주가 건네는 지혜를 받아들여야 했어요."

얼마 지나지 않아 협회 뉴스레터에 실린 어느 출판사의 광고가 크루거의 눈에 띄었다. 크루거는 바로 출판사에 전화를 걸었고, 몇 주 지나지 않아 크루거의 워크숍 내용을 책으로 출간하는 계약이 성사됐다. 이후 크루거는 첫 번째 책을 홍보하면서 자신이 개발한 비즈니스 커뮤니케이션 워크숍을 진행한 결과로 두 번째 책도 냈다.

크루거는 좋은 일이 일어날 거라고 완전히 믿으면서 일의 진행을 위해 긍정적인 조치를 취해야 한다고 말한다. 크루거는 우리를 열린 문으로 이끌어주는 건 믿음이라는 점을 알게 되었다. 성공하겠다고 결심하고 일이 궁극의 선으로 이어질 거라는 믿음을 갖는다면 무한 지성의 지혜가 길을 알려준다.

자기 경영 실천 포인트

→ 우주에는 우리가 이해할 수 없는 힘이 존재한다는 것을 믿는다. 우리가 선을 위해 일한다면 좋은 일을 끌어당길 것이다.
→ 자기 자신과 자신의 능력에 믿음을 갖는다.
→ 계속 시도하다 보면 마침내 최선으로 이어질 거라고 믿는다.

명상으로 지금에 집중하기

스트레스 관리에 때로 어려움을 겪는다면 분명 이는 우리만의 문제가 아니다. 하지만 대부분의 스트레스가 스스로 만든 것이라는 점을 깨닫고 나면 자신을 죽이는 건 스트레스가 아님을 알게 된다. 우리를 죽이고 있는 건 바로 우리 자신이다.

스트레스 상황에 대처하는 가장 좋은 방법은 문제를 내면화하지 않는 것이다. 말하기는 쉽지만, 실행하기는 어려운 일이다. 그다음에 도움이 될 만한 몇 가지 방법을 소개한다.

예를 들어 직원을 해고하는 걸 좋아하는 사람은 아무도 없다. 하지만 직장에서 직원을 정리해고해야 한다면 스트레스를 관리할 방법은 있다. 관련 직원을 최대의 관대함과 연민을 갖춰 대한다면 이미 결정한 문제를 두고 고뇌하지 않아도 된다. 자신이 직원을 위해 최선을 다

했다는 걸 스스로 알고 있기 때문이다. 윌리엄 브라운 박사Dr. William Brown는 저서 『웰컴 스트레스! 스트레스가 당신을 최고로 만든다Welcome Stress! It Can Help You Be Your Best』에서 스트레스를 관리하는 또 다른 방법은 '만약에' 게임을 그만두는 것이라고 말한다.

'만약에'라고 말하면 지금 일어나는 일 혹은 일어날 수 있는 일이 아니라, 그랬을지도 모르는 일에 초점을 맞추게 된다. 만약에 1950년대 후반에 IBM 주식에 투자했더라면, 만약에 수년 전 집값이 쌀 때 집을 샀더라면, 혹은 만약에 잃어버린 다른 기회를 잡았더라면 하는 식이다.

브라운 박사는 '만약에'라는 말을 '아직'이라는 말로 대신할 것을 권한다. 그렇게 하면 과거의 기회를 어떻게 잃었는지 후회하는 대신 지금 가진 기회를 어떻게 잡을 수 있을지를 강조하게 되므로 성공 확률이 크게 높아진다. 인생을 되돌리기에는 아직 늦지 않았다. 지금까지 얼마나 많은 기회를 잃었든, 나이가 몇 살이든, 지금 어디에 위치하든 아무런 상관이 없다.

어떻게 현재 모습에 이르렀는지 알아보느라 시간을 낭비하지 마라. 대신 원하는 모습이 되려면 어떻게 해야 할지 알아보는 데 시간과 노력을 들여라. 자신의 상황을 찬찬히 살펴보고, 손에 쥔 선택지를 현실적으로 검토한다. 그러고 나서 주어진 상황의 현실성을 고려할 때 최고의 선택지로 여겨지는 것을 고른다.

통제할 수 없는 일을 걱정하는 건 비생산적일 뿐 아니라 해롭다. 연구에 따르면 필요 없는 걱정은 정신적 안녕에 그늘을 드리울 뿐 아니라 신체적 건강도 위협한다.

스트레스를 최소화할 또 다른 방법으로 취미 활동이 있다. 하루 중에 잠시라도 문제 외에 다른 무엇인가에 정신을 집중하면 불안의 정도가 즉시 낮아지고, 많은 경우 혈압까지 낮아진다.

규칙적인 운동도 스트레스를 낮춘다. 활기차게 걷기나 달리기 등 심혈관 운동을 하루에 30분씩 하면 건강이 개선되고 뇌 속에 엔도르핀까지 분비된다. 엔도르핀이 분비되면 몸이 편안해지고 스트레스 관리에 도움이 된다.

명상에서 위안을 찾은 사람도 많다. 그저 몸을 편안하게 이완할 방법으로 명상을 활용하는 사람도 있다. 그런가 하면 어떤 사람은 명상이 우리를 몸과 조화시키고, 우리 몸과 마음이 생각과 통찰을 더 쉽게 전달하고 받아들일 수 있게 해준다고 말한다. 티베트의 수도승은 명상을 통해 심장 박동이나 체온과 같은 비자발적 신체 기능까지 조절할 수 있는 경지에 이른다고 알려져 있다.

명상은 또한 신체의 치유 과정을 강화해준다. 과학 연구에 따르면 명상을 하는 동안 몸에서 흡수하는 산소의 양이 줄어들고 혈압이 낮아지며, 이완과 관련된 뇌파인 알파파가 더 강해진다고 한다.

직접 명상을 해보고 싶다면, 편안한 자세로 조용히 앉는다. 눈을 감고 기분 좋게 울리는 단어나 표현을 조용히 몇 번이고 반복해서 말한다. 이러한 구절을 만트라mantra라고 부르는데, 원래는 힌두 경전에서 나온 문구이지만 "그래, 할 수 있어."처럼 긍정적인 문구면 뭐든 사용해도 된다.

이처럼 명상으로 몸과 마음이 이완된 상태에서는 생각이 더 명확해지고, 심지어 마주한 문제의 해결책이 떠오른다고 말하는 사람이 많다.

매일 아침 식사 전 15~20분 동안 명상해보라. 일주일 정도 꾸준히

하고 나면 명상이 그저 몸과 마음을 이완하는 좋은 방법일 뿐 아니라, 자기 자신에게 '집중'하고 긍정적인 마음가짐을 갖게 하는 간단한 방법이라는 것을 알게 될 것이다. 모든 성공은 그런 올바른 마음가짐에서 시작된다.

자기 경영 실천 포인트

→ 매일 운동한다. 매일 30분 정도 활기차게 걸으면 스트레스가 줄고 건강이 유지된다.
→ "할 수 있어." 같은 긍정적인 문구를 반복하면서 명상 상태로 들어가 본다.
→ '만약에'로 시작하는 생각에 시간을 낭비하지 않는다.

7장

이루어지게 하라

우리 성공을 책임져야 할 유일한 사람은 우리 자신이다. 이번 장에서는 목표를 고수하고, 행동에 책임을 지고, 성공을 이루어내는 일에 관해 이야기한다.

명확한 목적을 마음에 품기

나폴레온 힐은 모든 성취는 목적의 명확성에서부터 시작한다고 했다. 어딘가에 도달하기를 바란다면 우선 어디로 가는지부터 알아야 한다.

목적의 명확성이란 자신의 삶과 경력에 구체적이고 측정 가능한 실행 목표goals를 갖는다는 뜻이지만, 여기에는 그보다 훨씬 더 큰 의미가 담겨 있다. 목적의 명확성은 전체 경력이라는 목표objective를 향한 로드맵을 나타내며, 실행 목표는 전체 경력을 달성해나가는 동안에 성취해야 하는 이정표라고 할 수 있다. 엄청난 재능이나 정신력을 타고나 최정상의 자리까지 빠르게 올라가는 사람들은 극히 드물다. 우리 대부분은 다른 사람들과 마찬가지로 평범한 사람이고, 목표를 이루기 위해서는 의도적이고 체계적인 노력을 기울여야 한다. 예를 들어 건축가라면 대부분 경력을 시작할 때부터 수백만 달러짜리 고층건물을 설계하지는 않는다. 건축가의 아이디어에 상당한 자금을 들이는 위험을 감수할 만큼 고객으로부터 충분한 신뢰를 얻게 될 때까지 건축가는 작은 구조물이나 건물의 일부분만 설계하는 식으로 일을 시작한다.

소위 '하룻밤 새 성공'했다고 하는 사람도 수년간 기회를 대비해 준비해오다가 마침내 노력에 상응하는 인정을 받게 된 경우가 많다.

명확한 인생 목표가 있으면 실행 목표를 달성하는 능력에 시너지 효과가 나타난다. 능력을 특화함으로써 하는 일에 점점 더 능숙해지고, 시간과 자원을 목표 달성에 더 많이 쏟는다. 그리고 더욱 정신을 바짝 차리고 기회를 찾게 된다. 눈에 보이는 모든 것과 모든 행동에서 실행 목표와 관련된 무엇인가가 떠오르고 지금까지 살아온 인생에서 그 어떤 때보다 더 큰 에너지와 열정을 품게 된다. 또한, 의사결정이 한층 빨라진다. 자신이 하는 모든 행동은 결국 다음 질문으로 요약된다. '이 행동이 전체 목표를 달성하는 데 도움이 될까, 도움이 되지 않을까?'

무엇보다 중요한 점은 목적이 명확하면 불타는 욕망이 샘솟아 실행 목표를 성취하는 데 모든 에너지를 집중하게 된다는 것이다. 비틀거리다가 넘어져도 일어나 툭툭 털고 다시 경기로 바로 돌아간다. 내가 이야기하는 불타는 욕망, 즉 상황이 아무리 힘들어도 꺼지지 않는 마음속의 불길을 품으면 그 무엇도 목표 달성의 길을 막을 수 없다. 계획이 성공할 때까지 포기 같은 건 생각조차 하지 않는다. 목표는 인생이 되어 의식 속에 스며든다. 그리고 잠재의식 속에 강하게 흡수되어 잠든 동안에도 인생의 주요 목표를 이루기 위해 움직인다.

자기 자신에게 다음 질문부터 던지며 시작하라. "오늘부터 6개월 뒤 나는 어디에 있고 싶은가? 1년 뒤에는. 10년 혹은 20년 뒤에는 어디에 있고 싶은가?" 목표가 분명하지 않다면 지금 당장 종이와 펜을 들고 앉아 스스로 질문을 던진다. 마법 지팡이가 있다면 무슨 소원을 빌까? 인생에서 하고 싶었던 일을 무엇이든 할 수 있다면 무엇을 할까? 바라는 일은 무엇이든 할 수 있다. 신의 법칙이나 다른 사람의 권리를 침해하는 일이 아닌 한 목표 달성에 필요한 일은 뭐든 하겠다는 마음만 있다면 말이다.

목표를 종이에 적고 매일 그것을 읽는다. 어디를 가든 그 종이를 들고 다닌다. 실행 목표를 이룰 때까지 종이를 버리지 않는다. 적어둔 목표를 이루고 나면(목표에 충분히 집중했다면 이룰 것이다) 다음 실행 목표로 바꾼다. 모든 꿈을 실현할 때까지 그렇게 계속 나아간다.

기억하라. 마음으로 생생하게 그리고 믿는 바는 목적의 명확성과 긍정적인 마음가짐으로 이룰 수 있다. 긍정적인 마음가짐을 유지하기 위해서는 매일 시간을 내서 실행 목표를 이룰 방법을 생각하고, 계획하고, 꿈꿔야 한다.

계속 동기를 부여하는 일도 중요하다. 매일 동기부여가 되는 자료를 읽고 공부하라. 나폴레온 힐이 말했듯 "동기는 불길과 같다. 연료를 넣지 않으면 곧 꺼지니" 말이다.

자기 경영 실천 포인트

→ 명확한 목적, 즉 마음에 새기고 이룰 때까지 마음속에 유지하는 목표를 세운다.
→ 긍정적인 동기부여 자료를 읽으며 의욕을 유지한다.
→ 어떤 목표든 노력과 끈기로 달성할 수 있다는 것을 깨닫는다.

각별한 노력 기울이기

세상에는 두 가지 유형의 사람이 있다. 첫 번째 유형은 "내 가치만큼 돈을 줘. 나는 받은 금액만큼만 일할 거야."라고 말하는 사람이다.

두 번째 유형은 이와 정반대로 말한다. "나는 일에 110%의 노력을 쏟을 거야. 1년 내내 매일같이 나를 위해 최선을 다할 거야. 나는 그런 사람이야. 결국에는 그만큼 인정받고 보상받으리라는 것을 나는 알아."

천재가 아니어도 어느 유형의 사람이 최고가 될지 알아보기는 어렵지 않다. 한쪽은 긍정적인 사람, 성취하는 사람, 사람들로부터 존경받는 사람이 될 것이다. 반면, 부정적인 성격의 사람에게는 실패하는 인생밖에 기대할 수 없다. 꿈을 실현하는 데 실패하고, 경제적 성공을 이루는 데 실패하고, 되었을지도 모를 사람이 되는 데 실패한다. 어느 날 일어나 인생이 다 지나가버렸다는 것, 기차는 이미 역을 떠났는데 탑

승 알림을 듣지조차 못했다는 걸 깨닫게 된다.

작가 엘버트 허버드Elbert Hubbard가 말한 그대로다. "받은 돈 이상 일하는 법이 없는 사람은 하는 일 이상 돈을 버는 일도 결코 없다."

나폴레온 힐은 이를 두고 "각별한 노력을 쏟는 일"이라고 불렀다. 힐은 받은 돈 이상으로 훌륭하고 다양한 서비스를 제공하면, 즉 항상 무엇인가 추가적인 노력을 기울이면, 우리가 심은 유용한 서비스의 씨앗이 풍성하게 돌아온다고 했다. 얼마 지나지 않아 제공했던 서비스의 실제 가치를 훨씬 뛰어넘는 보상을 받게 되는 것이다.

심지어 금전적 보상은 각별한 노력이 불러오는 가장 좋은 것도 아니다. 힐은 또한 우리가 각별한 노력을 쏟으면 성공의 모든 특성 가운데 가장 중요한 특성, 즉 성공하는 성격을 기를 수 있다고 말한다. 성공하는 성격을 지녔다고 알려지면, 즉 언제나 기대 이상을 해나는 사람으로 알려지면 곧 자신이 제공하는 서비스를 향한 수요가 끊임없이 이어진다. 그리고 더 중요한 건, 용기와 자기신뢰가 새롭고 강한 확신으로 자리 잡히고, 자기 주도적인 힘의 새로운 파도, 활기찬 열정이 유입되는 것을 느낄 수 있다는 것이다.

또한 하는 일 이상으로 돈을 버는 사람이 될 수 있다. 이는 전적으로 가능하며, 우리가 완전히 통제할 수 있는 영역 안에 있는 일이다. 이보다 더 좋은 일은 얼마 지나지 않아 우리가 실은 각별한 노력을 기울이기를 좋아한다는 걸 알게 된다는 점이다. 모든 건 태도의 문제이다.

각별한 노력을 통해 쌓은 인격은 커다란 성공을 거두고 원하는 것은 무엇이든 손에 넣을 수 있게 되었을 때 더욱더 중요해진다.

높은 성취 수준에 도달하고, 다른 사람들이 나를 알아보고 곧바로 따를 때, 원하는 것을 다 가질 수 있을 때, 균형을 유지하고 관점을 지키려면 훌륭한 인격과 규율이 필요하다.

스포츠 스타나 연예인, 혹은 다른 유명인이 스스로 절제하는 성숙함과 훌륭한 성격을 충분히 갖추기 전에 부를 얻었다가 비참한 결과로 이어졌던 이야기를 얼마나 자주 듣는가? 이들은 긍정적인 목적을 추구하는 데 에너지를 쏟는 대신 마약, 도박, 혹은 다른 파괴적인 행동을 일삼느라 잠재력을 허비한다.

목표를 달성하려는 노력을 다른 사람이 방해하려 할 때도 노력을 계속 이어나가려면 훌륭한 인격이 필요하다. 쉽게 산만해지는 사람은 항상 있고, 그들은 다른 사람을 끌어들인다.

이런 사람들을 두고 우리 어머니들이 했던 말씀은 옳았다. "우리는 결코 이들을 우리 수준으로 끌어올릴 수 없다. 다만 그들이 우리를 그들 수준으로 끌어내린다." 반드시 인격이 훌륭한 긍정적인 사람을 친구와 동료로 두어야 한다. 나의 가치관과 인생으로 건설적인 어떤 일을 하겠다는 욕망을 공유하는 사람을 친구와 동료로 삼아야 한다.

인격 형성은 지속적인 과정이며, 결코 끝나는 법이 없다. 나는 인격 형성 과정을 품질 관리 전문가가 추천하는 지속적 프로그램으로 생각한다.

사실 자연은 전부 지속적 개선 과정을 거치고 있다. 모든 유기체는 스스로 개선하려 계속 노력한다. 더 강해져서 살아남기 위해서이다. 포식자를 따돌리지 못하는 동물이나 환경 변화에 적응하지 못하는 식물은 곧 멸종한다. 이것이 어쩔 수 없는 현실이다.

사람도 마찬가지다. 계속해서 능력을 개발하지 않으면 얼마 지나지 않아 역사상 유례가 없을 정도로 빠르게 변화하는 사회 안에서 멸종을 맞는다. 이러한 환경에서는 목표에 완전히 집중하고 정체성의 확고한 기반을 갖추지 않으면 자신이 누구인지, 무엇을 위해 존재하는지 잊기 쉽다.

자기 경영 실천 포인트

→ 항상 기대 이상으로 한다.
→ 인격 형성이 지속적인 과정이라는 것을 기억한다.
→ 가치관을 공유하는 긍정적인 성격의 사람들과만 교류한다.

주도적으로 일하기

뛰어난 성취는 기대 이상으로 하는 데서 비롯된다. 시키는 일만 할 뿐 그 이상은 하지 않는다면 성공할 수 없다. 또한, 시키는 것을 거부하고서 성공의 높은 경지에 오르는 경우도 없다.

다음 중 어느 쪽이 더 좌절스럽다고 말하기는 어렵다. 시키는 대로 하지 않아서 항상 제일 먼저 해고당하고, 그래서 여기저기 일자리를 전전하는 사람이 되는 것이 나을까, 아니면 시키는 일만 할 뿐 그 이상은 하지 않아서 같은 일만 단조롭게 반복하는 무명의 직원이 되는 것이 나을까. 어느 쪽이든 그럭저럭 버틸 수는 있겠지만, 결코 앞서 나갈 수는 없다.

오늘날 첨단 기술과 함께하는 직장에서는 자기 주도성이 그 어느 때보다 중요하다. 과거 산업혁명 시대에는 지시에 따르는 것이 중요한 업무 능력이었다. 하지만 기술이 여러 감독 기능을 없애면서, 우리 모두가 더 적은 자원으로 더 많은 일을 해내야 한다는 기대를 받는다. 즉 무엇을 해야 할지 스스로 판단하고 실행해야 한다.

어떤 일을 하라는 지시만 계속 기다리다가는 얼마 지나지 않아 승진이 안 되는 정도에 그치는 게 아니라, 최악의 경우 해고될 수도 있다. 세상은 우리를 기다려주지 않는다. 회사에서 앞서 나가려면 자신이 일하는 회사와 업무를 잘 파악해서 어떤 일을 해야 할지 예상한 다음 그 일을 해내야 한다.

그러려면 첫째, 큰 그림을 그려야 한다. 자신의 업무가 회사 전체 조직에 어떻게 부합하는가? 관리자 입장에서는 직원이 자신이 하는 업무가 부서를 벗어나 조직 내 다른 곳에 어떤 영향을 미칠지 모른다거나 혹은 그에 대해 신경을 쓰지 않아서 문제를 일으키는 것만큼 답답한 상황도 없다. 조직 내에서의 자기 위치를 알고 자신이 어떤 연결고리 역할을 하는지 알면 문제를 다른 곳으로 넘기기 전에 미리 해결할 수 있다. 그러면 상사에게 더욱 가치 있는 직원으로 여겨질 뿐 아니라 회사의 성공에 기여했다는 만족감도 느낄 수 있다.

자신이 하는 일이 회사의 나머지 조직에 어떤 영향을 미치는지 모르면, 일을 잘하려는 관심도 줄어든다. 이러한 태도는 부주의로 이어지고, 결국 대체 가능한 사람이 되는 결과를 낳는다.

사람들은 또한 흔히 활동의 함정에 빠진다. 계속 바쁘게 지내다 보면 많은 일을 해낸 게 틀림없다고 생각하기 쉽다. 하지만 이러한 가정에는 명백한 결함이 있다. 활동을 한다고 해서 반드시 결과가 나오는 건 아니다.

성공적인 시간 관리의 비결은 크고 높은 성과를 내는 목표를 매일 따르고 시간을 많이 잡아먹는 사소한 세부사항에 들이는 시간은 최소화하는 것이다. 인생에는 언제나 크고 작은 일이 있다. 안타깝지만 마음속에 큰 그림을 그리면서도 사소한 일에 시간을 쏟고 마는 사람이 많다. 사소한 일에 습관적으로 정신을 쏟고, 경력을 바치면 위험에 빠질 수 있다.

목표 설정은 큰 그림에 집중하는 데 도움이 된다. 목표가 무엇인지 확인하고 그에 따라 움직여라. 인생의 명확한 목적을 확인하고 나면 그다음에는 어떤 활동이 목표에 도움이 되는지 판단하는 문제로 바뀐다. 목표 달성에 도움이 되는 활동이라면 시간을 쏟을 가치가 있다. 반대로 목표 달성에 도움이 되지 않는 활동이라면 재평가할 시간이 필요하다.

일부 전문가는 노력의 약 20퍼센트가 결과의 80퍼센트를 만들어낸다고 추산한다. 이 원칙은 사실상 모든 활동에 적용된다. 예를 들어 대개 전체 집 면적의 20퍼센트에 먼지의 80퍼센트가 쌓인다. 먼지가 많이 쌓이는 곳은 자주 청소하고 나머지 부분은 그만큼 자주 청소하지 않아도 된다.

영업 활동도 마찬가지다. 사실 20퍼센트의 고객으로부터 매출의 80퍼센트가 나온다. 그러므로 대부분의 매출이 나오는 고객 집단에 더 많은 시간을 쏟아야 한다.

회사에서도 아마 20퍼센트의 직원이 전체 업무의 80퍼센트를 처리하고 있을 것이다. 그 점을 인정해주고 이들에게 그에 따르는 보상을 제공해야 한다. 그러면 업무를 처리하는 20퍼센트의 직원에게 더욱 높은 수준의 성취를 이루겠다는 동기를 부여할 수 있고, 사내 대다수 직원은 높은 성취를 이루는 것이 성공으로 향하는 길임을 깨달을 수 있다.

가장 큰 보상을 제공하는 분야에 시간을 쏟아라. 그렇게 꾸준히 계속하면 인생에서 그 무엇보다 큰 보상, 즉 성공을 만나게 될 것이다.

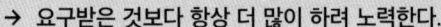

자기 경영 실천 포인트

→ 요구받은 것보다 항상 더 많이 하려 노력한다.
→ 정말 필요한 일이 무엇인지 판단한 다음 실행한다.
→ 조직 내 다른 사람이 무슨 일을 하는지 알아본다. 그러면 자신의 일이 어떤 영향을 미치는지 그리고 어떻게 하면 회사의 전반적인 성공에 더 기여할 수 있는지 파악할 수 있다.

Day 46

최선을 다하겠다고 결심하고 실행하기

　버드 해드필드Bud Hadfield는 스스로 말하길, 나쁜 아이였다. 고등학교에서는 두 번 퇴학당했고, "머리를 몇 번 맞고 나서야" 정신을 차렸다.

　해드필드는 청소년 시절 계속 문제를 일으켰다. 급한 성격 탓에 싸움에 휘말렸고, 모든 일에 반항했다. 그러다가 제2차 세계대전 중 상선 해병대에서 필요한 개인적 규율을 익혔고 첫 사업을 시작할 돈도 모았다. 하지만 여전히 일은 잘 풀리지 않았다.

　달걀 사업, 돼지 농장 운영, 주유소 운영, 불꽃놀이 가판대 사업, 인력사무소 운영 등 많은 사업을 벌였지만 모두 실패했다. 그러고 나서 액자 제작과 사진 현상 프랜차이즈 사업을 시도했다.

　"사람들이 제게 액자 사업이 돈이 된다고 말하면, 나는 이렇게 대답해요. 알죠. 그 돈 중 30만 달러는 제가 날린 돈이니까요!"

해드필드는 과거 1960년대에 인쇄 사업에 뛰어들었을 때도 힘든 시간을 보냈다. 플라스틱 인쇄판이 새로 등장했고, 전국에 즉석 인쇄 센터가 우후죽순처럼 생겨났다. 해드필드도 휴스턴에 '퀵 카피Kwik Kopy'라는 매장을 열었다.

인쇄 사업 초기에 그의 급한 성격은 여전히 문제를 일으켰다. 해드필드는 이렇게 말했다. "손님들과 대립하는 일이 드물지 않았어요. 주먹다짐으로 이어질 때도 있었죠. 제 인생에서 가장 비생산적인 시간이었을 거예요."

그러다 해드필드의 인생을 바꿔놓은 두 가지 일이 일어났다. 우선 동기를 부여해주는 자기계발 도서를 읽기 시작했다. "마침내 저는 지금의 모습으로 살지 않아도 된다는 점을 깨달았어요. 저는 그보다 더 나은 사람이 될 수 있다는 걸 알았죠." 해드필드는 또한 성공을 이루기 위해서는 불타는 욕망을 가져야 하고 그것이 얼마나 중요한지도 배웠다. 그래서 '퀵 카피' 매장에 에너지를 쏟아부었고 사업을 키워나가기 시작했다.

현재 퀵 카피는 전국에서 가장 큰 인쇄 프랜차이즈로, 연 매출이 3억 5천만 달러에 달하며, 다섯 개의 인쇄소 및 출판사 그리고 국제 기업가 개발 센터International Center for Entrepreneurial Development도 보유하고 있다. 해드필드가 이 회사의 회장이자 최고경영자다.

프랜차이즈 산업에 기여한 공로를 인정받아 해드필드는 1993년 푸에르토리코 산후안에서 개최된 국제 프랜차이즈 협회Franchise Association 연례 대회에서 명예의 전당에 올랐다. 그건 성공한 나쁜 소년에게 바치는 적절한 찬사였다.

물론 해드필드가 거둔 성공의 비결은 최선을 다하겠다고 결정한 데 있다. 이런 사고방식이 얼마나 많은 장애물을 극복하게 해주는지 알면 놀랄 것이다.

예를 들어 브라이언 홀로웨이Brian Holloway는 순전히 결단을 통해서 자기 자신을 완전히 바꿨다. 수줍음 많고, 소심하며, 체중이 많이 나가는 아이였던 그는 미국 미식축구리그NFL 뉴잉글랜드 패트리어츠와 로스앤젤레스 레이더스에서 활약하며 공격 담당 라인맨lineman(최전방에서 몸싸움을 담당하는 포지션.─옮긴이)을 맡아 시즌 최고 선수All-Pro에 선정되는 프로 운동선수가 되었다.

브라이언 홀로웨이는 이렇게 회상한다. "어렸을 때 전 그다지 좋은 학생은 아니었어요. 학습은 쉽지 않았고, 선생님들은 제가 마약, 범죄에 쉽게 빠져들어 문제 많은 삶을 살 가능성이 크다고 보셨지요. 나중에 알게 되었지만 저는 난독증이 있었고, 주의력결핍 과다행동장애ADHD를 앓고 있었어요."

홀로웨이는 내게 말했다. "스포츠 또한 내게는 꿈의 무대가 아니었어요. 어린이 베이스볼 리그에서 6년간 뛰었지만, 매번 방망이를 휘둘러보지도 못한 채 삼진을 당했었죠. 스윙을 할 용기가 없어서 치지도 못하고 아웃을 당했어요."

그런데 예기치 못한 사건이 홀로웨이에게 영감을 제공했다. 홀로웨이는 세인트루이스 카디널스 소속 밥 깁슨Bob Gibson 선수에게 편지를 썼다. 1968년 월드시리즈에서 세인트루이스 커디널스가 패한 직후였다. 홀로웨이는 그래도 자신은 깁슨이 여전히 강력한 최고의 투수라고 믿는다는 말을 해주고 싶었다.

그로부터 1년 뒤 홀로웨이 가족이 사는 하와이 집에 봉투가 도착했다. 봉투에는 우표도, 발신인 주소도 없었다. 봉투를 열었더니 안에는 밥 깁슨이 싸인한 그의 사진이 들어 있었다.

홀로웨이는 감정에 북받쳐 엄마에게 말했다. "밥 깁슨 선수가 저를 찾았어요. 브라이언 홀로웨이를요! 5천 마일 떨어진 곳에서 밥 깁슨 선수가 저를 찾았다고요!"

홀로웨이는 자신도 인생에서 위대한 성공을 거두겠다고 다짐했다. 그러고는 사용하지 않는 물건을 판매하는 야드 세일yard sale을 하는 집에 가서 중고 웨이트 벤치와 짝이 맞지 않는 웨이트 세트를 샀다. 그리고 차고에 이를 설치해 만든 '헬스장'에서 운동을 시작했다. 저녁시간과 주말에는 학습 능력을 키우고, 난독증을 극복하는 데 시간을 쏟았다. 어디서도 원하지 않는 선수였던 홀로웨이는 350개 대학에서 전액 장학금 조건으로 입학 제의를 받았다.

1977년 신장 약 201 센티미터, 체중 약 113킬로그램의 홀로웨이는 미국 명예 학생회National Honor Society 회원으로 고등학교를 졸업했다. 그는 모든 사람이 집중력, 힘, 인내의 초능력을 끌어낼 수 있다고 확신한다. 그러면서 위급한 순간에 차 아래 갇힌 자식을 구하기 위해 모든 논리를 무시하고 차를 번쩍 들어 올리는 어머니를 예로 든다.

홀로웨이는 말한다. "제가 성취를 이루게 된 건 그전에 가지지 못했던 기술을 배우고 발전시키는 데 그러한 초능력을 활용했기 때문입니다. 초능력을 활용하는 상태에서는 무한한 힘과 독창성, 창의성이 생깁니다."

자기 경영 실천 포인트

→ 행동에 대한 책임을 진다.
→ 할 수 없는 이유를 변명하지 말고, 해낼 방법을 찾는다.
→ 탓할 사람이 아니라 해결책을 찾는다.

좌절할지라도
해결책은 언제나 있다

내가 좋아하는 명언 중 하나는 영화 제작자 마이클 토드Michael Todd의 말이다. "무일푼은 일시적인 일이지만, 가난은 마음의 상태다." 이 말은 성공과 마찬가지로 역경도 우리가 어떻게 받아들이느냐에 달려 있다는 점을 잘 보여준다.

대부분은 역경에 잘 대처하지 못한다. 문제가 생기면 해결책을 찾을 때까지 보통은 쉴 수가 없다. 다행히도 언제나 답은 있다. 쓸데없는 걱정을 멈추고, 상황을 분석해 해결책에 집중하면 답을 찾을 수 있다.

역경을 마주했을 때는 즉시 바람직한 최종 결과에 초점을 맞추는 방법이 도움이 된다. 현재 마주한 문제를 누가 불러일으켰는지는 중요하지 않다. 다른 사람이 나를 나쁘게 혹은 불공정하게 대해서 문제가 생겼대도 그건 중요하지 않다. 심지어 애초에 믿을 수 없을 만큼 멍청한 실수를 저지른 탓에 스스로 만든 문제라 해도 그건 중요치 않다. 중요한 건 오직 이 바람직하지 못한 상황에서 빠져나와 긍정적인 방향으로 다시 돌아갈 방법뿐이다.

일본 기업은 이러한 성공의 비결을 수년간 활용해왔다. 일본 기업에서는 자신들이 수많은 미국 기업보다 더 뛰어난 성과를 내는 이유를 정확하게 짚어낸다. 그건 바로 미국 기업은 대체로 문제를 해결하는 대신 탓할 대상을 찾느라 시간을 낭비하기 때문이다.

걱정을 멈추고 문제를 해결하겠다고 마음먹으면 해결책은 얼마든지 있다는 걸 알 수 있다. 하지만 존재하지 않는 '완벽한' 해결책을 찾느라 시간을 낭비하지는 마라. 목표는 현상황에 가장 적절한 해결책을 찾는 것이다.

최선의 조치가 무엇인지 결정한 후에는 실행에 초점을 맞춘다. 계획의 실행을 방해하는 장애물은 걱정하지 마라. 문제에 초점을 맞추면 문제가 생기고, 해결책에 초점을 맞추면 해결책을 찾게 된다. 행글라이더 초보자가 넓은 들판에 서 있는 단 한 그루의 나무에 부딪히는 이유가 바로 이것이다. 넓은 공간인 들판이 아니라 나무에 집중했기 때문이다.

또한 모든 게 무너진 것 같은 처음 몇 분의 공황 상태에서는 생각을 멈추고 스스로에게 이런 질문을 던지면 도움이 된다. '일어날 수 있는 최악의 일은 무엇일까?' 답을 떠올려보면 대개 받아들일 수 있는 일이고, 일어난 문제의 중요성도 적절한 수준으로 줄어든다.

그렇게 얼마 지나지 않아 자신의 결정에 더욱 자신감이 생긴다. 우리가 자주 보듯 자신감을 갖춘 사람은 어떤 식으로든 다른 사람을 뛰어넘는다. 자신감을 갖춘 사람에게는 성공이 쉽고 자연스레 찾아오는 것만 같다.

하지만 조금 더 깊이 살펴보면 이들의 자신감은 오랫동안 공들인 과정의 결과물인 경우가 많고, 누구나 이렇게 자신감을 쌓을 수 있다. 어떤 사람에게는 더 쉬울 수 있지만, 원칙은 쉽게 배울 수 있고 누구나 적용할 수 있다.

긍정적인 사고를 하는 사람, 실패할 가능성 대신 성공할 확률을 보는 자신감 넘치는 사람이 되기 위해 사용할 수 있는 몇 가지 방법을 소개한다.

첫째, 매일 긍정적으로 하루를 시작한다. 감사해야 할 일, 자신을 행복하게 하는 것을 떠올려라. 문제나 이루고 싶지만 아마 그러지 못할 것들에 대해서는 생각하지 않는다.

둘째, 가능하면 스트레스 상황은 피한다. 집을 나서기 전에 벌어지는 사소한 논쟁이 하루를 망친다면, 다른 가족들이 준비를 시작하기 전에 서둘러 집을 나선다. 가끔 일찍 출근해서 미뤄왔던 잡무를 처리하거나 모닝 커피를 마시며 신문을 읽는다.

셋째, 긍정적인 사람과 어울린다. 무익한 친구는 발목을 잡을 뿐이라는 어머니의 말씀은 옳다. 게다가 부정적인 사고를 하는 사람들과 어울리며 시간을 보내면 긍정적으로 생각하기가 훨씬 더 어렵다.

넷째, 경험을 통해 배운다. 부정적으로 지내는 경향이 있다면 기억이 아직 선명할 때 매일 행동을 점검한다. 행동을 분석하고 보다 긍정적으로 지내려면 어떤 행동을 달리해야 할지 결정한다.

다섯째, 현실적으로 생각한다. 자신을 위해 달성 가능한 목표를 세우고 이를 작은 목표로 나눈다. 매일 목표를 향해 나아가게 하는 일을 적어도 한 가지는 하려 노력한다.

여섯째, 계산된 위험을 감수한다. 위험을 감수하지 않으면 가치 있는 일은 아무것도 이룰 수 없다. 자신의 아이디어가 타당하다고 생각한다면, 거절당할지라도 그 위험을 감수하고 제안해본다.

마지막으로 보답을 바라지 말고 누군가를 위해 좋은 일을 한다. 상대는 예상치 못한 일에 깜짝 놀라고, 그 모습에 스스로 만족감을 느낄 수 있다.

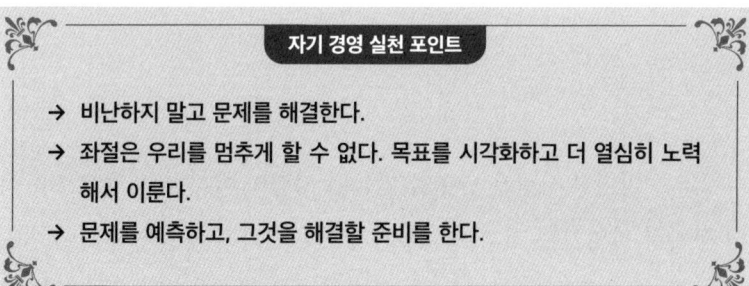

자기 경영 실천 포인트
- → 비난하지 말고 문제를 해결한다.
- → 좌절은 우리를 멈추게 할 수 없다. 목표를 시각화하고 더 열심히 노력해서 이룬다.
- → 문제를 예측하고, 그것을 해결할 준비를 한다.

Day 48

통념을 거부하고
새로운 아이디어 찾기

　지퍼를 발명한 사람은 단추를 만들던 사람이 아니었고, 벨크로를 특허 등록한 발명가는 지퍼 생산업자가 아니었다는 사실은 우연이 아니다. 전문가는 새로운 가능성에 집중하기보다 제대로 작동하지 않는 부분에 초점을 맞추는 경향이 있다.

　게리 하멜 런던비즈니스스쿨 교수는 선견지명의 씨앗은 현 상태에 대한 끊임없는 불만에서 비롯된다고 했다. 혁신가는 언제나 새로운 아이디어와 더 나은 방법을 찾으며, 깊고 끝없는 호기심을 지닌다. 혁신가는 새로운 아이디어를 찾는 걸 좋아하는데, 이는 단순히 새로운 아이디어를 찾는 일이 재미있기 때문이다. 또한, 혁신가는 어린아이와 같은 순수함을 지녔으며, '항상 그렇게 해왔기 때문에 이렇게 해야 한다'는 식의 기존의 사고방식에 얽매이지 않는다.

혁신가는 또한 자신이 속한 산업 밖에서도 새로운 아이디어를 찾는다. 하멜 박사는 근시안적 사고를 완벽하게 보여주는 예로 항공 산업을 꼽았다. 항공업계에서는 수년간 허브 앤드 스포크hub and spokes(자전거 바퀴 모양처럼 중앙의 허브와 여러 개의 분산지가 연결되어 있는 네트워크 구조.—옮긴이) 시스템이 항공사의 유일한 운영 방법이라고 생각해왔다. 비행기는 허브 공항에서 출발해 다양한 목적지로 스포크를 따라 오간다.

그때 버진 애틀랜틱과 사우스웨스트 항공이 등장했다. 두 항공사는 허브 앤드 스포크 시스템을 사용하지 않았다. 그리고 다른 항공사와 차별되는 혁명적인 경영을 선보였다.

사우스웨스트 항공은 자사를 '즐거운fun' 항공사로 홍보한다. 사우스웨스트 항공의 직원은 반바지를 입고 구내전화로 농담을 주고받는다.

버진 애틀랜틱 항공은 스스로를 항공사라기보다 크루즈선 회사처럼 생각한다. 버진 애틀랜틱 항공은 목적지에 도착하는 것도 중요하지만 비행 자체도 즐거운 일이어야 한다고 믿는다. 그래서 기내 서비스로 블랙잭 게임, 개인 VCR, 다양한 동영상을 제공한다.

항공업계의 주요 기업이 끊임없이 파산 직전 상태까지 가거나 파산에서 간신이 벗어나는 와중에, 이 두 회사가 수익을 내는 몇 안 되는 항공사로 남은 이유가 바로 여기에 있다. 두 항공사는 항공업계의 미래를 예측하지 않고 '직접 만들어가고' 있다.

이러한 기업을 창업한 기업가 또한 올바른 직원으로 팀을 구성해야 한다는 선견지명을 지녔다.

성공한 기업가 중에는 자신이 어떤 일에 뛰어나다는 이유로 무슨 일이든 할 수 있다고 확신하는 사람이 많다. 예를 들면 어느 제품을 발명했으므로 판매도 할 수 있을 것으로 생각하는 식이다. 아니면 영업에 뛰어나니까 회사 경영도 잘할 수 있다고 생각한다. 이들은 열정과 신념의 힘이 자신을 이끌 것이라고 믿는다.

기업가로 성공하려면 넘치는 낙관주의와 건전한 수준의 자신감이 분명 필요하지만, 인생의 여러 측면이 그렇듯 최대의 장점은 최대 약점이 되기도 한다. 열정이 넘친다면 자제력과 정확한 사고력을 발휘해 균형을 맞춰야 한다. 판매를 잘하고 다른 사람과 어울리는 일에는 능하지만, 사무실을 운영하는 일에는 그다지 능숙하지 않다면 자신의 약점을 보완하는 강점을 지닌 사람을 통해 일을 조정해야 한다. 그것이 적절한 답이다. 예를 들어 훌륭한 영업사원이라면 팀 내에 사업관리 능력이 탁월한 직원을 두는 식이다. 사업관리 시스템을 수립하고 운영할 인내심 있는 직원을 찾아라.

기업가 유형이라면 하고 싶은 일과 잘하는 일 그리고 싫어하는 일과 그다지 잘하지 못하는 일을 객관적으로 파악하라. 그러고 나서 자신에게 부족한 업무 기술과 관심사를 가진 직원을 찾아라.

완벽한 파트너를 찾기란 쉽지 않을 수 있지만, 노력을 쏟을 가치는 있다. 두 명 혹은 그 이상의 사람이 공동의 목표를 향해 함께 일을 잘해나간다면 그들 가운데 누구라도 혼자서 따로 일했을 때 달성할 수 있는 것보다 훨씬 더 많은 걸 이루어낼 수 있다.

처음에는 예전에 지녔던 통제권의 일부를 포기하기가 어려울 수 있다. 하지만 결국 그렇게 해야 자신이 가장 잘 하는 일에 집중할 수 있음을 깨달을 것이다. 그러고 나면 얼마 지나지 않아 두 사람 모두 놀라운 결과를 이룰 것이다.

자기 경영 실천 포인트

→ 호기심을 활용해 더 나은 방법을 찾는다.
→ 통념에 얽매이지 않는다.
→ 자신의 단점을 깨닫고, 부족한 점을 보완할 수 있는 파트너를 찾는다.

자기 운명의 주인으로 거듭나기

윌리엄 헨리William Henley의 유명한 시 「불굴Invictus」에는 다음과 같은 강렬한 구절이 나온다. "아무리 문이 좁아도, 아무리 많은 형벌이 기다리고 있어도, 나는 내 운명의 주인, 나는 내 영혼의 선장."

인생에서 성공을 바란다면 반드시 자기 운명의 주인이 되어야 한다는 데에 의심의 여지가 없다. 그리고 그에 따른 대가도 치러야 한다. 클레멘트 스톤에 따르면 치러야 할 대가에는 공부하고, 생각하고, 계획하는 활동이 포함된다. 스톤은 우리에게 자기 자신과 가족을 위해 목표를 설정하고, 목표를 매일 공부하고 생각하고 계획하라고 권한다. 목표가 아무리 야심차다 해도 괜찮다. 바로 그 목표를 향한 일상의 사유와 준비가 우리를 성공으로 이끌어줄 것이다.

스톤은 살아 있는 모든 다른 사람처럼 우리도 오직 신만이 만들 수 있는 놀라운 기계를 가지고 있다고 말한다. 그건 바로 두뇌와 신경 체계이다. 즉 인간 컴퓨터다. 하지만 인간 컴퓨터를 제대로 작동시키려면 그 사용법을 배워야 한다.

스톤은 말한다. "학교에서는 생각을 이끄는 법, 감정을 다스리는 법, 잠재의식의 힘을 과학적으로 발휘하고 통제함으로써 운명을 정하는 법을 가르쳐주지 않습니다. 하지만 이는 인간의 마음이 작동하는 방식을 공부하고 이해하는 데 시간을 들이기만 하면 누구나 배울 수 있습니다. 우리는 자신의 본능, 경향, 열정, 감정, 기분, 느낌, 사고 습관, 행동에 대해 배우고 그것을 활용해 목표를 설정하고 달성하는 법을 익혀야 합니다."

스톤은 우선 인생을 더 나은 방향으로 바꾸겠다고 결심하고, 동기부여 및 자기계발 도서에 나오는 원칙을 실행에 옮기는 일부터 시작하라고 제안한다. 자기 운명의 주인이 되고 영혼의 선장이 되려면 먼저 자기 인생을 어떻게 살지 스스로 결정해야 함을 인식해야 한다. 인생에는 통제할 수 없는 사건이 발생한다는 것을 인정하되, 그러한 사건을 대하는 태도는 언제나 통제 가능하다는 점을 기억한다. 우리는 자기 삶에 책임을 다하고, 자신의 성공에 책임을 질 수 있다.

누구나 때로 역경을 마주한다. 하지만 역경에 어떻게 반응하느냐에 따라 우리가 최고인지 아닌지가 결정된다. 배우이자 방송인, 기업가이자 인기 전문 강연가인 빌 클레멘트의 말이다.

클레멘트는 자신의 성공을 책임진 사람의 모범 사례이다. "저는 최악의 자리에도, 최고의 자리에도 서 보았습니다. 그리고 위로 오를 때와 아래로 내려갈 때 중간을 거쳤죠. 그런 제가 말할 수 있는 건 이것뿐이에요. 열망할 가치가 있는 건 단 하나뿐이며, 그건 바로 최고가 되는 것이라는 거요."

클레멘트는 기억할 수 있는 한 예전부터 성취도가 아주 높은 사람super-achiever이었다. 열다섯 살에 하키 마이너리그에서 선수 생활을 했으며 열아홉 살에 프로로 전향했다. 스물다섯 살이 되었을 때는 그때까지 필라델피아 플라이어스팀 소속으로 프로 하키리그의 스탠리 우승컵을 두 번이나 손에 넣은 상태였다.

프로 하키 선수 생활에서 은퇴하고 나서는 하키를 하던 것과 같은 강도의 노력을 기울여 레스토랑 사업을 시작했다. 하지만 해당 업계는 경쟁이 아주 치열하고 변화가 심해서 열심히 노력하는 것만으로는 성공하기에 충분하지 않다는 걸 금방 배웠다. 사업을 시작한 지 2년이 채 되지 않았을 때 클레켄트는 파산하고 말았다. 개인적으로 실패했을 뿐만 아니라 다른 사람의 돈 또한 많이 잃었다. 게다가 그에게는 일자리도 없었고, 직업훈련을 받은 것도, 대학을 졸업한 것도 아니었고, 업무 경력도, 돈도 없는 상태가 되었다. 클레멘트는 새로운 직업으로 연기를 시작해 자기계발서에서 읽은 성공의 원칙을 적용했다. 연기력을 키웠고, 좋은 기회를 몇 번 얻은 뒤 연기에 전념하기로 마음먹었다. 그리고 꿈을 이루기 위해 뉴욕으로 이사했다.

뉴욕에 도착했을 때 클레멘트에게는 일자리도, 전망도, 소속사도 없었다. 가진 돈이라고는 딱 석 달 치 생활비뿐이었다. 하지만 클레멘트에게는 성공을 향한 계획과 불타는 욕망이 있었다.

맹렬하게 연기에 도전했고, 250편 이상의 광고에 출연했다. 이후 ESPN 최고의 하키 경기 분석가가 되었고, 필라델피아 플라이어스 소속 TV 담당 경기 분석가로 다시 친정팀 소속이 되었다. 클레멘트는 하키 경기 분석가로서 스탠리컵 플레이오프전, NHL 올스타전 그리고 동계 올림픽의 경기 분석을 맡았다. 그리고 1993년에는 케이블 TV 최고 스포츠 경기 분석가상을 수상했다.

클레멘트는 지난날 극복해야 했던 장애물을 떠올리며 말했다. "몇 번을 넘어지든 거기에 세상은 관심이 없다는 걸 이제 압니다. 세상이 관심을 기울이는 건 몇 번이나 다시 일어서는가 하는 것이죠."

자기 경영 실천 포인트

→ 자신의 미래를 스스로 책임지겠다고 굳게 다짐한다.
→ 이미 증명된 성공의 원칙을 읽고, 공부하고, 실행한다.
→ 이 책에 나오는 성공 원칙 가운데 실천하고자 하는 원칙을 구체적으로 선정하고, 그 즉시 실행에 옮긴다.

8장

내가 대접받고 싶은 대로
상대방을 대접하라

성공한 사람은 다른 사람을 어떻게 대해야 하는지를 안다.
8주 차에는 공적으로 그리고 사적으로 다른 사람과
잘 지내는 법에 관한 글을 담았다.

선한 영향력의 선순환 만들기

필라델피아의 상업왕으로 불리는 존 워너메이커John Wanamaker는 수익성이 가장 높은 습관은 '사람들이 예상하지 않은 곳에서 유용한 서비스를 제공하는 것'이라고 말했다.

나폴레온 힐은 여기에 성공을 이룰 가장 확실한 방법은 다른 사람이 성공하도록 돕는 것이라고 덧붙였다. 그런데 힐은 다른 사람을 위해 자신의 시간과 에너지를 제공하려는 노력을 의식적으로 기울여야 한다고 경고했다. 그저 "좋아, 도움이 필요한 사람이라면 누구든 기꺼이 돕겠어."라고 말하는 데 그쳐서는 안 된다는 것이다.

힐은 다른 사람에게 봉사하는 창의적인 프로젝트를 만들라고 제안했다. 그러면서 다른 사람을 도움으로써 친구를 얻을 방법을 떠올리게 하는 몇 가지 현실적인 사례를 제시했다.

몇 년 전, 동부에 있는 한 상인은 매우 간단한 방법으로 성공적인 사업을 일궜다. 한 시간 정도마다 그가 운영하는 상점의 점원은 상점 근처의 주차 미터기를 확인했다. 그러다 주차 시간이 만료된 차량을 발견하면 주차 미터기에 동전을 넣어주고, 해당 차량에 쪽지를 붙였다. 쪽지에는 주차 위반 티켓을 발부받지 않도록 상점에서 도울 수 있어서 기쁘다는 내용이 적혀 있었다. 그랬더니 많은 운전자가 상인을 찾아 감사 인사를 전했고, 인사하러 온 김에 물건을 사 갔다.

다른 예로는 보스턴에서 대형 남성복점을 운영하는 주인이 있다. 그는 자신이 판매한 양복마다 주머니에 깔끔하게 인쇄한 카드를 넣었다. 카드에는 구매자가 양복을 입어보고 만족스러울 시 6개월 뒤 카드를 들고 다시 방문하면 어떤 넥타이든 마음에 드는 것과 카드를 교환해준다는 내용이 담겨 있었다. 당연히 양복에 만족하는 고객은 다시 매장을 방문했고, 그건 또 다른 판매로 이어지는 좋은 기회였다.

마지막 사례는 뉴욕시에 있는 뱅커스 트러스트 컴퍼니Banker's Trust Co.에서 높은 연봉을 받고 일하는 여성 직원이다. 그녀는 3개월간 무급으로 일하며 자신의 경영 능력을 증명하겠다고 제안하면서 일을 시작했다. 은행으로서는 아무런 위험을 감수할 필요가 없는 제안이었다.

사실, 도움이 필요한 사람에게 도움의 손길을 내미는 데에는 아주 훌륭하면서도 이기적인 이유가 있다. 얼마나 능력 있고, 얼마나 독립적인 사람이든 그와 상관없이 살다 보면 다른 사람에게 도움을 청해야만 하는 때가 찾아온다.

오클라호마주의 어느 농장에서 자란 나는 어린 시절 다른 사람을 도와야 하는 실제적 이유를 배웠는데, 그때 얻은 가르침은 평생 마음속에 남아 있다. 어느 날 아버지께서 내게 집에서 몇 킬로미터 떨어진 밭에 트랙터를 몰고 가라고 하셨다. 그러면서 다른 차를 만나지 않도록 뒷길로 가라고, 또 매우 천천히 운전해야 한다고 말씀하셨다. 얼마 전 내린 비로 길이 진흙탕으로 변해 미끄러웠기 때문이었다. 그리고 무슨 일이 있어도 멈추면 안 된다고 하셨다. 나는 트랙터 운전을 좋아했기에 신이 나서 임무를 수행하러 나섰다. 하지만 아버지가 내리신 지침을 전부 따르지는 않았다.

질퍽한 도로에서 바퀴가 미끄러지는 감각을 느끼며 엄청 재미있어 하고 있는데, 농부 두 명과 마주쳤다. 두 사람이 탄 픽업트럭은 미끄러져 도랑에 빠진 뒤 옴짝달싹 못 하고 있었다. 농부들은 내게 트랙터를 멈추고 도와달라고 소리쳤다. 하지만 무슨 일이 있어도 멈춰서는 안 된다는 아버지의 말씀을 떠올리고는 두 사람의 도움 요청을 무시했다. 그랬더니 1킬로미터도 채 더 못 가서 농부들과 같은 처지에 놓이고 말았다.

지나치게 빠르게 운전한 탓에 트랙터가 갑자기 길 밖으로 미끄러져 버렸다. 도랑에서 빠져나오려고 하면 할수록 점점 더 깊이 빠져들어갔다. 절망 속에서 갇혀 있는데 아까 지나쳐 왔던 농부 두 사람이 내가 있는 방향으로 천천히 운전해 왔다. 나는 너무 부끄러워서 도와달라는 말도 못 했지만, 두 사람은 그래도 내 앞에서 멈춰 섰다.

거의 아무런 대화도 나누지 않은 채 두 사람은 묵묵히 진흙을 퍼냈고, 내 트랙터에 체인을 감아 배수로에서 꺼내주었다. 어떻게 보답하면 좋을지 물었더니 친절해 보이는 나이 든 농부가 답했다. "우리한테 보답할 필요는 없네. 자네를 도울 수 있어서 기뻤어. 하지만 다음번에 도움이 필요한 사람을 만나면 아까처럼 보지 못한 척 지나치지는 말게. 멈춰서 도움의 손길을 내밀어줘. 그리고 그때 오늘의 경험을 떠올려주게. 보답은 그걸로 충분하네."

그날의 경험은 내게 잊을 수 없는 인상을 남겼고, 그저 지시대로만 할 수 없는 때가 있다는 것을 깨달았다. 자신이 지닌 유효한 감각을 활용해야 한다. 나는 그날 만난 어른의 친절을 결코 잊지 못한다. 그리고 평생 그의 말대로 살기 위해 노력하고 있다.

다른 사람을 대할 때는 상대에게 대접받고 싶은 대로 대접하라는 나폴레온 힐의 말이 의미하는 바는 자기 자신에게 여러 번 되돌아올 선善의 힘을 작동시키라는 것이었다고 생각한다.

자기 경영 실천 포인트

→ 다른 사람을 대할 때는 자신의 평판이 거기 걸려 있다고 생각한다. 실제로 그렇다.
→ 누구를 대하든 상대로부터 대접받고 싶은 대로 대접한다.
→ 기대 수준에 머물지 말고, '한 걸음 더' 나아간다.

내가 한 말과 행동은
반드시 내게 돌아온다

　사람들은 보통 사업으로 큰 성공을 거둔 사람은 화려한 언변으로 상대방을 매료해 자기 뜻대로 그를 움직일 것으로 생각한다. 하지만 때로는 침묵이 확실한 금이다.
　효과적으로 일하는 리더는 말해야 할 때와 들어야 할 때가 언제인지 알며, 다른 사람의 소문을 이야기하고 다니는 건 결코 좋지 못한 행동이라는 것도 안다. 누군가의 뒷담화를 하면 자신이 한 이야기가 반드시 당사자의 귀에 들어가고 만다. 그러면 자신을 방어하거나 왜 그런 말을 했는지 설명해야 하는, 결코 유쾌하다고는 할 수 없는 상황에 놓이고 만다. 그리고 당사자의 귀에 들어갈 정도로 이야기가 퍼지는 동안 자신이 했던 이야기가 왜곡되고 훨씬 더 공격적인 내용으로 바뀔 가능성이 크다. 또한, 그 자리에 없었던 누군가에 관해 했던 말은 당사자 앞이었다면 그만큼 재미있거나 재치 있게 들리지 않았을 것이 분명하다.

어느 기업 혹은 조직에서든 다른 사람에 관한 소문을 주된 즐거움으로 삼는 무리가 있다. 이들은 자신의 행동이 회사에 지장을 초래할 뿐 아니라 타인의 명예를 부당하게 훼손하며, 더구나 자기 자신에게도 나쁜 영향을 미친다는 사실을 결코 이해하지 못하는 것 같다. 이런 사람들은 어떤 대가를 치르더라도 피해야 한다. 이들과 그냥 어울리기만 해도 지각 있는 다른 직원들에게는 우리가 그들과 같은 부류의 사람이라는 인상이 남는다.

게다가 습관적으로 남의 말을 하는 사람은 대개 누가 누구에 관해 무슨 이야기를 했는지 잊어버린다. 그러다 보니 자신이 한 말이 아닌데도 그 사람에게 화살이 돌아올 때가 있다. 또한, 남 이야기를 하고 다니는 사람은 책임이 막중한 자리로 승진하기 어려운 것도 사실이다. 승진을 한다 해도 오래 버티지 못한다. 직원들로부터 신뢰받지 못하기 때문이다.

조직 내에서 다른 사람에 관해 이야기하는 입을 다물지 못한다면 경영진에서 그 사람을 믿고 신제품, 인수합병에 관해 제안받은 내용, 혹은 기타 예민한 문제에 관한 기밀 정보를 공유하지 않을 가능성이 매우 크다. 반대로 어떤 주제든 발설의 걱정 없이 조언을 구할 수 있는 과묵하고 듬직한 사람의 모습을 보이면, 얼마 지나지 않아 회사 내에서 동료 및 다른 직원이 널리 조언을 구하러 찾아올 것이다. 직원들은 우리가 믿을 수 있는 사람이라는 걸 알고 존경하게 된다. 함께 일하는 사람들에게서 신뢰와 존경을 받는다면 리더가 되기 위한 여정에서 커다란 한 걸음을 내디딘 것이다.

그게 무엇이든 뭔가를 할 때는 기억해야 한다. 어떤 행동을 하면, 그 행동이 우리에게 몇 배로 되돌아오는 힘을 만들어낸다는 것을 말이다. 다른 사람에게 했던 행동이나 그들에 관해 했던 말은 자신에게 돌아와 도움을 주거나 해를 끼친다.

몇 년 전 어느 렌터카 업체와 말다툼을 벌인 적이 있다. 쉽게 그리고 빠르게 해결할 수 있는 문제였다. 내가 사는 곳 근처였던 디트로이트 공항에서 차량을 반납하려 했는데, 디트로이트 영업점에서는 내가 차를 빌렸던 캐나다 온타리오주 런던에 있는 영업점에 전화를 걸었다.

알고 봤더니 으레 그렇듯 정신없는 공항에서 차를 빌리며 나는 렌터카 업체에 디트로이트에서 차량을 반납하고 싶다고 말했는데, 직원이 오해해 내가 토론토로 운전해 간다고 생각했던 거였다. 그래서 디트로이트 공항의 렌터카 사무실에 갔을 때 런던 사무소에서는 계속 나와 이야기하기를 원했다. 런던 사무소 직원은 차량이 해외로 나갔다는 사실을 알고 격분했다.

"어째서 우리 차량을 운전해 미국으로 가셨죠?" 직원이 따져 물었다.

"차량을 빌릴 때 디트로이트로 간다고 말씀드렸는데요." 내가 답했다.

"그런 말씀 없으셨어요. 토론토로 간다고 하셨잖아요. 저희 차량을 운전해 해외로 나가실 수 없어요."

이 말에 나는 이렇게 대답했다. "음, 차는 지금 여기에 있는걸요. 어떻게 가져가실지 생각해보세요."

이 말을 하기 몇 분 전 나는 디트로이트 사무실 직원에게 며칠 안에 다시 캐나다로 갈 예정이니 그때까지 차량이 반납되지 않았다면 내가 다시 렌트해서 캐나다로 가겠다고 말한 참이었다. 하지만 런던 사무소 직원과 통화를 하고 나니 그 회사를 위해 그 무엇도 해주고 싶지 않아졌다.

게다가 런던 사무소 직원은 몰랐겠지만, 그 렌터카 회사는 내가 일하는 회사에 주요 렌탈 계약을 제안한 상태였다. 연간 수백만 달러의 수익이 걸린 계약이었다. 그날 내가 한 경험이 회사의 결정을 좌우한 유일한 요인은 물론 아니었지만, 그 회사는 약속한 고객 서비스가 실제와 다르다는 걸 생생하게 보여주었다.

우리 회사는 다른 렌터카 업체와 계약을 맺었고, 회사가 계약에 실패하는 데 한몫을 한 런던 사무소 직원은 자신이 회사에 수백만 달러의 손실을 가져올 부정적인 힘을 작동시켰다는 걸 결코 알지 못했다. 만일 그 직원이 기분 좋게 협조적으로 도움을 주기만 했다면 이후의 상황은 달랐을 것이다.

긍정적이고 협조적인 태도로 모든 상황을 맞이한다면 결과가 얼마나 달라질지 생각해보라. '남에게 한 행동은 결국 자신에게 돌아온다'라는 옛 속담은 사실이다. 긍정적인 마음가짐으로 주변을 대하고 있는지 확인하라.

자기 경영 실천 포인트

→ 다른 사람에 관한 소문을 이야기하는 자리에는 절대 끼지 않는다.
→ 험담에 가담하는 사람들과는 절대 어울리지 않는다.
→ 언제나 대접받고 싶은 대로 대접한다.

기대 이상의
각별한 서비스 제공하기

요즘 세상에 어떻게 하면 작은 회사가 광고에 수백만 달러를 쓰는 대기업과 경쟁할 수 있을까? 대부분의 대기업이 잊어버린 광고 방식, 즉 입소문을 활용하면 된다.

스티브 메세리 Steve Mecesery는 코스코브 COS COB TV의 소유주로, 텔레비전 판매 및 서비스, 비디오 대여업을 결합한 독특한 사업을 운영한다. 그의 상점은 코네티컷주 그리니치의 부촌에 있으며, 미국에서 가장 부유한 사람들이 고객이다. 하지만 근처에는 스탬포드라는 저소득층 대상 주택개발지도 있어, 메세리는 이곳의 가장 가난한 사람들에게도 서비스를 제공한다. 그는 양쪽 손님을 똑같이 대한다. 따뜻하게 환대하고, 친절한 서비스를 베풀며, 품질이 좋은 제품을 제공한다. 여기에는 그가 직접 90일간 품질을 보증하는 리퍼 제품도 포함된다.

메세리는 한 고객에 대한 기억을 떠올렸다. 그 고객은 스탬퍼드의 저소득 주택단지에 거주하며 리퍼 TV를 구입했는데, 제품은 보증 기간이 끝나자마자 단 이틀 만에 고장 났다. 보증 기간이 지난 만큼, 단순히 안타깝다고 말하고 넘어가도 무방했을 상황이었다. 그러나 메세리는 그런 방식으로 장사를 하지 않는다. 그는 아무런 질문 없이 TV를 회수했고, 대신 다른 리퍼 제품을 고객에게 제공했다.

이후 며칠 동안 그 손님과 같은 주택개발지에 사는 신규 고객 네 명이 매장을 찾아 중고 텔레비전 세트를 사 갔다. 텔레비전을 교환해줬던 손님이 고객 서비스에 각별한 노력을 기울이는 코스코브 TV의 정직한 사장님 이야기를 모든 친구에게 전한 덕분이었다.

메세리는 이렇게 말한다. "우리 사업에서는 입소문이 지면 광고보다 훨씬 효과가 큽니다. 어느 한 손님을 대하는 방식은 그 손님의 친구와 이웃으로 얼마든지 전해져요. 좋은 서비스든 그다지 좋지 못한 서비스든 말이죠. 올바르다고 생각하는 방식으로 모든 고객을 대하세요. 공정하고, 정직하게, 한 걸음 더 나아가 각별한 서비스를 제공하라는 말입니다. 그러면 알아차리기도 전에 거래하고 싶은 가게라고 입소문이 날 겁니다. 입소문은 정말 효과가 있어요. 그리고 우리 삶을 훨씬 좋게 만들지요."

스티브 메세리가 대부분의 상점과 같은 태도를 보였다면, 즉 부유한 고객에게만 친근하게 대했다면 가난한 고객을 위해 각별한 노력을 쏟은 덕분에 따라왔던 거래는 놓쳤을 것이다.

고객에게 기대 이상의 서비스를 제공하는 것은 여전히 가장 경제적이면서도 효과적인 광고 수단이다. 그럼에도 불구하고, 이를 인식하고 실천하는 기업은 극히 드물다. 만약 기대 이상의 일을 해낸다면, 경쟁자들과는 자연스럽게 차별화된다.

오늘날 고객 서비스는 거의 진부한 표현이 되었다. 그러나 실제로 고객을 우선시하겠다는 약속을 제대로 이행하는 기업은 많지 않다. 만약 그들이 진심으로 그 약속을 지킨다면, 평생 고객을 만들어낼 수 있을 것이다.

최근에 내가 한 경험이 이 점을 잘 보여준다. 우리 동네에는 '도어 투 도어Door-to-Door'라고 불리는 특이한 배달 서비스 회사가 있다. 이 회사는 지역 내 최고의 레스토랑에서 엄선한 메뉴를 모아서 전단지를 제공한다. 고객이 그중에서 원하는 음식을 고르고 '도어 투 도어'에 주문을 하면, 이들이 해당 레스토랑에 주문을 넣는다. 이후 '도어 투 도어'는 소속 배달원이 직접 식당으로 가서 음식을 특수 보온 용기에 담아 따끈따끈한 상태로 집 앞까지 배달해준다. 이 모든 과정을 소액의 배달비만으로 이용할 수 있다.

매주 금요일 '도어 투 도어'에서 저녁을 주문하는 것이 우리 집 전통이다. 긴 한 주를 마무리하는 완벽한 방법이다. 어떤 레스토랑을 선택하든 언제나 흠 없는 서비스를 누릴 수 있지만, 몇 주 전 예외가 발생했다. 배달 관리 센터에서 여러 차례 전화를 걸어 주문 상태를 알려주었지만, 음식이 도착한 건 한 시간이 넘은 뒤였다.

배달 기사가 우리 집 현관에 와서 말했다. "오늘 주문은 비용을 받지 않겠습니다. 너무 늦게 와서 정말 죄송합니다. 아이오와주에서 이곳으로 이사 온 지 얼마 되지 않아서 아직 길을 다 익히지 못했어요. 다음번에는 더 좋은 서비스를 제공하겠습니다."

물론 우리는 무료 저녁 식사를 즐겼지만, 식사를 마칠 무렵 아내인 메릴리와 나는 '도어 투 도어'에서 각별함 이상의 서비스를 제공했다는 점에 동의했다. 필요 이상의 서비스였다. 우리는 배달 관리 센터에 전화해 말했다. "배달 기사님이 매우 친절하셨고, 사과도 하셨습니다. 그리고 배달이 늦어지긴 했지만 음식도 괜찮았어요. 음식을 무료로 주지 않으셔도 됩니다. 주문 금액을 지불하고 싶어요."

배달 관리 센터에서 말했다. "아닙니다. 그건 고객님께 불공평합니다. 그렇다면 금액을 나눠서 고객님께서 반을 지불하시는 건 어떨까요?"

'도어 투 도어'에 기업 사명missin statement이나 직원 자율 프로그램, 아니면 요즘 비즈니스 세계에서 유행하는 표현을 따르는 어떤 프로그램이 있는지는 모른다. 다만 내가 아는 건 '도어 투 도어'의 직원은 서비스에 불만을 지닌 고객과의 모든 상호작용에서 주도적으로 올바른 일을 하려 한다는 사실이다. 그리고 나는 우리 가족이 이 회사의 평생 고객이 될 것임을 확신한다.

자기 경영 실천 포인트

→ 동료와 고객을 대할 때는 대접받고 싶은 대로 대접한다.
→ 실수를 저질렀을 때는 솔직하게 인정하고, 최선을 다해 바로잡는다.
→ 기억하라. 다른 사람을 돕는 일이 자기 자신을 돕는 일이다.

탓할 사람이나 변명이 아니라 해결책을 찾는다

영어에서 가장 치명적인 단어 네 마디 말은 "그건 내 탓이 아니야(It's not my fault)."이다. 자신이 성공하지 못한 이유에 관해 변명하기 시작하면 이미 실패한 것이다. 어릴 때 어떤 문제를 겪었든, 피부색이 무엇이든, 가족이 부자든 아니든, 어느 민족 출신이든, 어느 학교를 나왔든 그런 건 중요하지 않다. 정말 중요한 건 태도이다.

나는 무엇이 사람을 성공으로 이끄는지를 알아보는 연구를 오랫동안 해왔다. 그래서 성공의 비결이 무엇인지 독자에게 알려줄 수 있다. 그중에서도 확실하게 말할 수 있는 한 가지가 있다. 아무것도 가진 것 없이 시작해서 성공한 사람은 정말 많다. 유복한 환경에서 자랐지만 실패한 사람도 많다. 후자의 경우, 어릴 때부터 수많은 '유리한 조건'을 경험했지만 단 하나가 부족했다. 바로 '이번 일은 내 책임이다'라는 태도 말이다. 그들은 그게 뭐든 자기 행동에 책임을 지지 않았고, 일이 잘 못되면 늘 남 탓을 했다.

하지만 성공하는 사람은 그렇게 생각하지 않는다. 자기 자신을 위해 그리고 자기 사람을 위해 실패의 책임을 진다. 일이 틀어지면(틀어질 일은 항상 생긴다.) 그들은 해결책을 찾지, 누구를 탓하지 않는다.

성공하는 사람은 변명도 하지 않는다. 무언가를 하지 못하는 이유를 합리화하는 대신 장애물을 극복할 방법을 찾는다. 성공하는 사람은 패배가 영원하지 않듯 성공도 영원하지 않다는 걸 안다. 성공이란 매일 쌓아 올리는 것이다.

사업 혹은 직업에서 최고의 자리에 오르려면 한 번에 한 발씩 나아가야 한다. 커다란 성공은 수많은 작은 일을 올바르게 해냈을 때 따르는 보상이며, 대개 생각보다 훨씬 더 오랜 시간이 걸린다.

성공하는 사람은 바닥부터 꼭대기까지 한걸음에 도달하기를 바라지 않는다. 올바른 일을 잘 해내면 결국 승리할 것을 안다. 누군가가 대신 해주기를 바라지 않고, 부하 직원이나 통제할 수 없는 상황을 탓하지도 않는다.

우리가 일하는 회사, 상점, 혹은 직업에서 최정상에 있는 사람의 성격 유형은 다양하다. 하지만 단 한 가지 유형의 사람은 찾을 수 없을 것이다. 바로 변명하는 사람이다. 변명을 일삼는 사람은 그런 높은 자리까지 올라가지 못한다.

성공하는 사람은 실패를 있는 그대로 받아들이고, 학습 과정으로 생각한다. 나폴레온 힐은 실패란 "사람이 인생에서 가치 있는 일을 하도록 자연이 설정한 훈련 계획"이라고 했다. 자연이 제공하는 커다란 도가니이자 담금질 과정으로, 다른 모든 인간적 특질에서 불순물을 태워 내고 정화시켜 인생의 모든 고난을 견딜 수 있게 한다. 실패는 위대한 '저항의 법칙'을 보여주며, 이 저항을 극복하는 정도에 비례해 사람은 더욱 강해진다.

모든 실패 속에는 생각하고 분석해 이익을 얻으려 하기만 하면, 오랫동안 남을 훌륭한 교훈이 들어 있다. 실패를 통해 우리 마음 속에 관용과 연민, 친절이 자란다. 인생을 그리 오래 살지 않아도 모든 고난과 실패가 실은 제 모습을 가리고 있는 축복일 뿐이라는 걸 알게 된다. 모든 고난과 실패가 축복인 이유는 이를 통해 우리의 몸과 마음이 움직이고, 몸과 마음이 움직이다 보면 사용의 법칙을 통해 둘 다 성장하기 때문이다.

과거를 돌아보면 우리를 씻어내고, 정화하고, 강화해주는 실패의 가치가 선명하게 보이는 사건이 가득한 역사를 발견하게 된다. 실패가 교육에 필요한 부분이라는 점을 깨닫기 시작하면 더는 실패를 두려운 눈으로 바라보지 않을 수 있다. 패배의 강한 타격을 받고 쓰러졌다가 일어나지 않고는 어느 면으로든 더 강하고 지혜로워질 수 없다.

과거에 경험한 실패를 돌아보면 그러한 실패가 인생이나 계획에 도움을 주는 어떤 전환점이 되었음을 분명 확인할 수 있을 것이다. 우리는 오직 실패를 통해서만 인생의 주된 목표를 이룰 때까지 견뎌낼 강인함과 용기 그리고 지혜를 기를 수 있다.

실패는 이를 받아들이고 그로부터 이익을 얻는 법을 배우는 사람에게만 자연이 주는 위대한 선물이다.

자기 경영 실천 포인트

→ 탓할 사람을 찾지 말고 해결책을 찾는다.
→ 모든 실패를 학습 기회로 생각한다.
→ 실패를 통해 성공에 필요한 힘, 용기, 지혜를 키운다.

타인이 아니라
나 자신과 경쟁하기

친구를 신중하게 고르라는 어머니 말씀이 옳았다. 용감하고 성실한 사람과 함께 시간을 보내면 자연스레 그와 같은 모습이 되려고 노력하게 된다. 기대치가 자동으로 올라간다.

그런데 안타깝게도 그 반대 또한 사실이다. 연구에 따르면, 어떤 그룹도 그 집단의 '최저 수준'을 뛰어넘는 발전을 하긴 어렵다. 개인적으로 예외가 나타날 수는 있지만, 그룹 전체가 잠재력에 도달하는 일은 드물다. 어머니 말씀처럼 다른 사람을 자신의 수준으로 끌어올릴 수는 없다. 오히려 그들이 우리를 그 수준으로 끌어내릴 것이다.

또한, 합법적이라고 해서 반드시 올바른 건 아니라는 점에 유의해야 한다. 시카고에 있는 홍보회사에서 고위 임원으로 일하는 조안 크르가Joan Krga라는 친구가 있다. 크르가는 윤리와 법에 관한 흥미로운 점을 관찰했다. 사람들은 종종 윤리와 법을 동일시하지만, 사실 두 개념은 매우 다르다.

법은 '문제가 되지 않게 할 수 있는 일'을 다루는 반면, 윤리는 '법과 상관없이 해야 할 일'을 말한다. 다시 말해 우리에게는 법적인 최소 기준을 넘어서는 확고한 기반과 개인 행동강령이 필요하다. 그러한 기준을 스스로 갖추고 있다면 문제에 휘말릴 걱정은 결코 할 필요가 없다.

크르가는 또한 살면서 마주하는 사소한 짜증을 관리하는 재미있는 방법도 안다. 짜증 나는 상황을 마주할 때 크르가는 하던 일을 멈추고 스스로 질문을 던진다. '지금 여기서 진짜 무슨 일이 일어나고 있는 걸까?'

자신을 짜증나게 하는 구체적인 원인에 집중함으로써 크르가는 문제를 식별하고 해결한다.

크르가는 내가 아는 사람 가운데 가장 긍정적인 사람으로, 삶을 최대한 활용하려는 긍정적인 접근 방식을 가지고 있다. 크르가는 매일 무언가 기쁨을 찾는 일을 중요하게 생각한다. 그게 꼭 대단한 성취일 필요는 없다. 친구의 따뜻한 인사 한마디나 하루 중 어떤 일을 평소보다 조금 더 잘해낸 것이면 충분하다.

행복을 찾고, 내게 진정 맞는 삶이 무엇인지 알아내는 비결은 자신의 내면을 들여다보는 데 있다. 왜냐하면 그 답은 오직 자신 안에 있기 때문이다.

얼마 전 뉴욕 포드햄대학교 세무학과 학과장인 친구 월터 오코너Walter O'Connor와 이야기를 나누었다. 내가 6대 회계법인 가운데 하나인 KPMG에서 일하던 시절, 그는 국제사업 부문 부사장으로 재직 중이었고 그때 우리는 처음 만났다. 월터가 KPMG 시절 사용하던 으리으리한 방과 지금 일하는 대학의 검소한 교수실을 비교하며 우리는 웃음을 터뜨렸다. 예전보다 낮은 연봉에, 일하는 방도 더 작아졌지만, 월터는 그 어느 때보다 행복해했다.

회계법인에서 일했던 나날을 함께 회상하다가 월터는 매우 예리한 통찰을 하나 이야기했다. 월터에 따르면 우리는 종종 자기 주변을 둘러보고 함께 일하는 사람과 자기 자신을 비교하며 이렇게 말한다고 한다. "저 사람 좀 봐. 내가 저 사람보다 나은데 저 사람은 연봉이 2억이야. 그럼 나도 연봉 2억을 받아야 해." 그러고 나면 우리는 연봉 2억을 받고 있지 않다는 데 불만을 느낀다.

하지만 우리가 정말로 해야 할 일은 다른 사람과 비교하는 것이 아니라, 자신에게 주어진 기회와 능력에 집중하는 것이다. 인생에서 진정한 경쟁자는 단 한 사람뿐이며, 그건 바로 자기 자신이다.

수년 전 월리 암브러스터Wally Armbruster는 『세일즈맨은 다 어디로 갔을까?Where Have All the Salesmen Gone?』에서 궁극의 경쟁자에 대해 다음과 같이 썼다.

"내게 있어 궁극의 경쟁자는 내 안에 존재한다. 당신도 당신 안에서 각자 자신의 경쟁자를 찾을 수 있을 것이다. 이러한 내면의 경쟁자와 다른 경쟁자 사이에 차이가 있다면 내면의 경쟁자는 결코 이길 수 없다는 점이다. 내면의 경쟁자는 언제나 한 발 앞서 있다. 내가 강해지면 그도 강해지고, 내가 새로운 수준에 도달하면 그는 내가 전에 본 적 없는 새로운 수준을 또 보여준다. 내면의 경쟁자는 우리에게 매번 이전에 했던 것보다 더욱 많이 내놓고, 더욱 열심히 노력하고, 더욱 높이 닿고, 더욱 깊이 파고, 더욱더 잘해낼 것을 요구한다. 내면의 경쟁자에게는 만점이란 게 없다, 심지어 스스로에게도 마찬가지다.

 이 궁극의 경쟁자는 너무나 요구하는 게 많아서 때로 우울해지거나 큰 고통을 선사할 수 있다. 하지만 그는 이 게임을 가치 있게 만드는 유일한 존재다. 그와 경쟁하는 건 정말 즐겁다. 하지만 만약 내가 그를 이긴다면 내가 졌음을 알게 될 것이다."

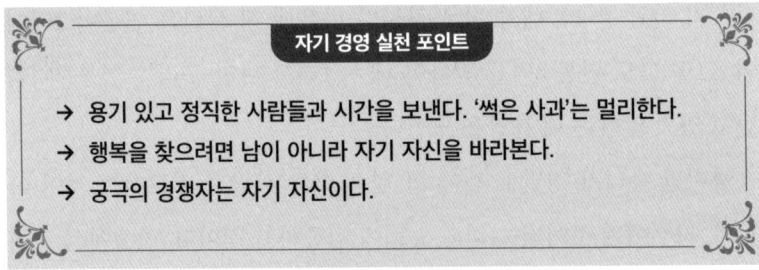

자기 경영 실천 포인트

→ 용기 있고 정직한 사람들과 시간을 보낸다. '썩은 사과'는 멀리한다.
→ 행복을 찾으려면 남이 아니라 자기 자신을 바라본다.
→ 궁극의 경쟁자는 자기 자신이다.

문제 상사와
원활하게 함께 일하기

　비합리적이거나, 일벌레거나, 트집쟁이여서 아마도 상사가 마음에 들지 않을 것이다. 하지만 어쨌든 그와 함께 일해야 한다. 다행히 회사를 그만두지 않고도 문제 상사와 일하기를 조금 더 쉽게 만들 수 있는 몇 가지 건설적인 방법이 있다.

　직장에서 승진했다면 맡은 업무를 잘 처리했다는 뜻이다. 그렇게 해서 상사가 된다. 하지만 원래 직무에서는 훌륭했더라도 상사로서는 효과적으로 일하지 못할 수 있다.

　모든 상사는 어느 면에서 문제 상사이다. 훌륭한 자질을 많이 가졌더라도 참기 어려운 결점도 있을 수 있다.

　여기에서는 조금 더 대처하기 어려운 유형의 상사를 대하는 법을 소개한다. 만일 상사가 소리를 지르는 사람이라면 뭔가를 말하기 전에 상사가 차분해질 때까지 기다린다. 상사의 분노는 무시한다. 그런 분노 안에 개인적인 원한 같은 건 없다. 소리를 잘 지르는 상사는 우리뿐 아니라 모든 직원을 그런 식으로 대한다.

상사가 일벌레라면 그에게 업무의 우선순위와 마감 일정을 정하게 한다. 그렇게 하면 업무와 개인 시간에 그가 지속적으로 끼어드는 걸 막을 수 있다. 우리가 무슨 일을 하는지, 다할 때까지 시간이 얼마나 걸리는지 상사가 정확하게 알기 때문이다. 또한 개인 시간이 중요하다는 점을 분명히 하고, 불필요한 전화로 방해해서는 안 된다는 점을 분명히 전한다.

트집쟁이 유형의 상사에게는 끊임없이 걱정할 무언가가 필요하다. 이런 상사에게도 우선순위를 정하도록 요청하라. 다른 일이 지연될 수 있다는 점을 깨닫게 하면, 끝없이 다시 하라고 요구하던 일을 받아들일 수도 있다. 트집쟁이 상사는 격려하는 데 서툴다. 그러므로 회사 내 다른 사람에게서 격려를 찾아야 할 것이다.

또한, '고립시키는 상사' 유형도 있다. 상사가 소통하지 않고 정보를 주지 않는다면, 스스로 최선의 행동 방침을 정하라. 상사에게 결정한 내용을 알려주고, 다른 지시가 없으면 그대로 진행한다고 말하라. 이는 상사에게 적절한 통제권을 주면서도, 우리가 아무 일도 못 한 채 마비되어 있는 상황에서 벗어날 수 있게 해준다.

아무리 문제 있는 상사라 해도 자신에게 일부 책임이 있을 수 있다. 자신도 모르게 상사의 문제 행동을 부추기고 있을 수 있다. 우리와 상사를 모두 아는 회사 내 다른 사람들과 이야기하고 객관적인 조언을 구하라.

문제에 자신이 어떻게 일조하고 있는지 파악할 수 있다면, 행동을 바꿔 상사와의 관계를 개선할 수 있을 것이다. 이는 상사가 아닌 우리 자신을 위한 일이다.

언젠가 새로운 상사와 일해야 할 때가 올 수도 있다. 미래의 업무 관계는 초반에 관계를 어떻게 시작하느냐에 따라 크게 좌우되곤 한다.

아직 서로를 제대로 파악하지 못한 상황에서는, 상사와 직원 모두 상대방이 어떻게 일하는지 그리고 서로 잘 맞을지를 살펴보게 마련이다. 이러한 상황에 놓였다면 무슨 일이 일어날지 지켜보고만 있을 때가 아니다. 적극적으로 행동에 나서 자격을 증명하고 새로운 상사와 함께 일할 의지가 있음을 보여야 한다.

다음은 몇 가지 기억해야 할 사항이다.

- 처음 만나는 사람처럼 자신을 평가한다. 변화에 열린 자세를 갖는다. 사람마다 스타일이 다르고 상사는 많은 것을 바꿀 수 있으니, 준비하고 협력할 자세를 갖춘다.
- 상사에게 적응할 시간을 준다는 이유로 물러서 있지 않는다. 즉시 자기소개를 하고, 진행 중인 프로젝트에 관해 논의하며 자신의 업무가 상사의 목표와 일치하는지 확인한다.
- 상사의 장기 및 단기 목표를 파악하고 업무를 그 목표에 맞춘다.
- 새 부서장이나 상사에 대해 가능한 모든 것을 파악한다. 이전에 함께 일한 사람들과 이야기 나눠보고, 상사가 좋아하는 것과 싫어하는 것을 알아둔다.
- '이 부서에서 지금까지 항상 업무를 처리해왔던 방식'을 설명하고 고수

하느라 시간을 낭비하지 않는다. 상사가 다른 접근법을 시도하고 싶은지 물어본다.
- 비판받았을 때는 개인적으로 받아들이지 말고, 필요 없는 경우에는 승인을 구하지 않는다.
- 상사에게 자신의 강점을 알리고, 자기 능력에 대한 정직한 평가를 건넨다. 이는 팀 구성이나 프로젝트 배정에서 유용한 정보가 될 수 있다.
- 상사와 잘 지내지 못하는 것 같다면, 잘 지내는 사람들을 관찰하며 방법을 배운다.
- 새로 온 상사를 지원하고 변화에 대해 긍정적으로 말한다. 긍정적인 이야기를 할 수 없을 때는 아예 아무 말도 하지 않는다.

좋든 싫든 책임자는 상사이다. 상사와의 관계를 원활하게 유지할 책임은 대부분 직원에게 있다. 하지만 새로운 상사와 제대로 가까워지면 귀중한 조언자이자 친구, 멘토를 얻을 수 있다. 이는 우리의 경력에 커다란 자산이 되어줄 것이다.

자기 경영 실천 포인트

→ 상사와의 관계에 문제가 있다면 상황을 개선할 수 있는 방법을 상사에게 물어본다.

→ 상사에게 우선순위를 정하도록 한다. 거절하면 스스로 우선순위를 정하고, 상사에게 변경하고 싶은지 묻는다.

→ 상사에 대해 어떻게 생각하든, 여전히 그는 상사다. 관계를 원활하게 유지할 책임은 대부분 우리에게 있다.

협상을 통해 목표를 이루기

협상에서의 성공은 삶에서의 성공과 같다. 잘하려면 먼저 확고한 목표를 마음속에 세워야 한다. 일단 목표를 알았다면 이를 이루기 위해 할 수 있는 일이 몇 가지 있다.

첫째, 긍정적인 마음가짐을 갖춰야 한다. 긍정적인 마음가짐은 비즈니스를 위해 실행하는 거의 모든 일에서 출발점이 되어야 한다. 긍정적인 태도로 협상에 접근하면 상대방에게 우리가 자신감 있고, 확신을 가졌으며, 신뢰할 만하다는 메시지를 전달할 수 있다. 이러한 모습을 본 상대는 그에 따라 반응하게 된다.

다음으로, 협상이 점진적인 과정임을 인식해야 한다. 너무 서두르면 너무 빨리 합의를 이루려 한다는 것을 상대방에게 보여주는 셈이다. 그러면 많은 것을 양보해야 할 것이다. 먼저 서로를 알아가는 데서부터 시작한다. 약간의 사교 시간은 신뢰를 쌓고 상대를 평가하는 데 도움이 될 수 있다. 다만 한담을 나누는 가운데 중요한 정보를 누설하지 않도록 주의해야 한다.

사교적인 대화를 통해 상대의 목표도 이해할 수 있다. 상대의 니즈는 무엇일까? 달성하고자 하는 목표는 무엇일까? 합의에 빨리 도달해야 할까? 의제를 설정한 다른 누군가를 대표하고 있는 걸까?

협상 테이블에 앉기 전에 협상 주제를 완전히 숙지한다. 협상에서의 각 항목이 자신에게 정말 중요한 것인지, 어떤 항목을 포기할 수 있는지, 정말 원하는 바를 손에 넣을 다른 방법이 무엇인지 평가한다. 아는 게 힘이다. 협상 내용을 미리 조사한다.

유연한 태도를 지닌다. 사람들은 흔히 자신의 관점을 타인에게 강요하려는 실수를 저지른다. 상대 또한 충족해야 할 특정 니즈가 있다는 점을 기억하라. 양쪽 모두 만족스럽게 헤어질 수 있도록 윈-윈win-win의 해결책을 찾는다.

성급하게 합의를 이루려 하지 않는다. 충분히 고려할 시간이 없었다면 어떤 합의도 좋은 합의가 아니다. 제안받은 안에 관해 생각할 시간이 더 필요하다면 시간을 더 달라고 요청한다. 그보다 더 좋은 건 잠을 자고 생각해보는 것이다.

밤에 잘 자고 나면 복잡한 문제가 정리된다. 심리치료사 아르만드 다이멀Armand DiMele이 학술지 「뇌/마음 보고Brain/Mind Bulletin」에 실은 글에 따르면 그는 환자들을 통해 다음과 같은 결과를 얻었다. "수면은 하루 동안 수집된 정보를 잠자는 사람의 마음에 통합하는 과정이다. (…) 수면의 목적은 회복이 아니라 통합, 학습, 성장이다."

협상을 통해 얻은 정보를 일단 평가하고 흡수할 시간을 갖고 나면 제안받은 안이 받아들일 수 있는 것인지를 두고 더 나은 결정을 내릴 수 있다.

마지막으로 반드시 말하는 것만큼 듣고 관찰하는 데 힘써야 한다. 경청이 윈-윈 해결책을 가능하게 한다. 상대의 동기에 선입견을 가질 수도 있지만, 그들이 말하는 내용과 특히 그 방식에서 그들의 궁극적인 목표에 대한 단서를 얻을 수 있다. 듣는 동안 더 많은 것을 배운다. 상대가 충분히 말하게 두면 중요한 정보를 드러낼 수도 있다.

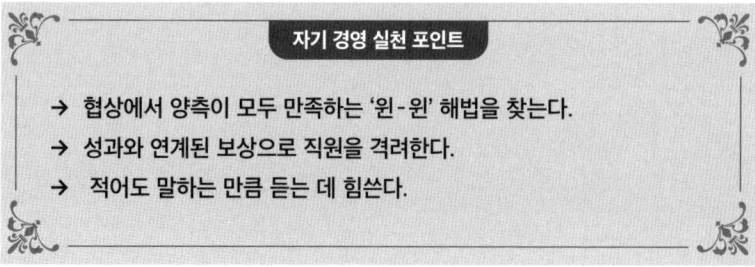

자기 경영 실천 포인트

→ 협상에서 양측이 모두 만족하는 '윈-윈' 해법을 찾는다.
→ 성과와 연계된 보상으로 직원을 격려한다.
→ 적어도 말하는 만큼 듣는 데 힘쓴다.

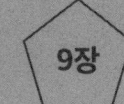

9장

언제
도달할 수 있을까

성공은 하나의 여정이다.
그런데 설사 성공에 정말로 도달한다고 해도 언제
도달하는지 어떻게 알 수 있을까? 이번 장에서는 성공을
정의하고, 목표에 도달할 때까지 성공하겠다는 마음을
고수할 수 있는 몇 가지 요령을 소개한다.

남은 사람들에게
나는 어떻게 기억될까

인생이 오늘 비극적으로 끝난다면 우리의 부고 기사에는 어떤 내용이 실릴까? 원하는 대로 기억될 수 있을까?

노벨상이라면 누구나 들어봤겠지만, 이 상을 만든 스웨덴의 화학자이자 발명가였던 알프레드 노벨Alfred Nobel에 관해서는 알려지지 않은 이야기가 있다.

이야기에 따르면 노벨은 죽기 몇 년 전 아침 신문을 읽다가 우연히 자신의 부고를 발견했다. 실은 노벨의 형이 사망했는데 신문사에서 실수로 그만 알프레드 노벨의 부고 기사를 대신 싣고 만 것이었다.

알프레드 노벨에 관해 잘 알려지지 않은 또다른 사실은 그가 바로 1863년 니트로글리세린과 화약의 혼합물로 특허를 받은 사람이며, 그로부터 3년 후 혼합 과정을 정제해 다이너마이트라는 신제품의 특허를 등록했다는 점이다.

그날 아침 자신의 부고를 읽으며, 알프레드 노벨은 자신이 파괴의 도구인 다이너마이트 발명으로 가장 크게 기억되리라는 사실을 깨달았다. 자신의 미래와 죽음을 돌아볼 수 있는 드문 기회를 얻은 그는 변화를 다짐했다. 그리고 선한 힘을 만드는 데 자신의 재산과 명성을 활용하기로 마음먹었다. 그렇게 해서 노벨의 이름을 딴 권위 있는 상이 제정되었다.

만약 우리 중 누군가가 부고 작가의 시선으로 자신의 삶을 볼 수 있다면 어떻게 반응할까? 원하는 사람이 되고 있는가? 자녀와 손자들이 보고 본받고자 할 만한 삶을 살고 있는가? 아직 늦지 않았다. 알프레드 노벨처럼 파괴를 가져오는 사람으로 기억될 수도, 아니면 선한 힘을 만든 사람으로 기억될 수도 있다. 그건 전부 어떤 삶을 살 것인지 하는 선택에 달려 있다.

인생을 변화시키는 데 수백만 달러의 돈이 드는 것은 아니다. 우리 모두가 좋아하는 대학에 거액을 기부할 정도의 돈을 가진 건 아니지만, 누구나 지역 사회에 무언가를 돌려줄 수 있다. 사실 요즘 대부분 모임에서 가장 부족한 자원은 시간이다. 기부할 돈이 많지 않더라도, 자신이 지지하는 단체에 가입해 중요한 기여를 할 수 있다. 위원회 활동이나 프로젝트에 자원해 우리의 전문성으로 이바지할 수 있다.

이런 단체 활동에는 실질적인 이점도 있다. 새로운 기술을 배울 수 있고, 평소 만나기 어려운 지역사회 리더와 교류하며 사업상·직업상 인맥을 구축할 수 있다. 성공한 사람들은 대체로 시민 단체, 자선 단체, 산업 단체에 적극적으로 참여한다.

인생에서는 투자한 만큼 얻을 수 있다는 말 또한 사실이다. 자신보다 형편이 어려운 사람을 돕는 데 시간과 돈을 아낌없이 들이면 더 선하고 긍정적인 사람들을 끌어들일 수 있다.

가치 있는 대의에 기부할 시간이 전혀 없는 사람은 극히 드물다. 사실 자선 단체들은 옛 속담에서 지혜를 배웠다. "무엇인가 하고 싶다면 바쁜 사람에게 맡겨라." 그들은 여유 시간이 많은 사람은 실제로 해야 할 일을 제대로 하지 않는 사람이라는 것을 안다.

실행하는 사람, 다른 사람을 도울 약간의 시간을 언제나 만드는 바쁜 사람이 되어라. 자신이 베푼 관대함의 가장 큰 수혜자는 자기 자신이다.

자기 경영 실천 포인트

→ 부고기사에 자랑스럽게 쓰일 만한 인생을 산다.
→ 궁극적인 목표에 평생의 노력을 쏟을 만한 가치가 있는지 판단한다.
→ 인생의 방향을 바꾸기에 결코 늦지 않았음을 깨닫는다.

가능성이 있다면
포기하지 않는다

백만장자 델 스미스Del Smith는 성공의 비결에 관한 질문을 받자 이렇게 말했다. "신께 감사하게도 저는 가난하게 태어났습니다. 그래서 일하는 법을 배웠지요."

스미스는 유아 시절 고아가 되어 가난 속에 자랐지만, 오늘날 추정 자산 6억 달러에 달하는 부를 일구었고, 그가 세운 에버그린 인터네셔널 항공 제국은 전 세계에 걸쳐 있다. 지나가는 석탄 열차에 마른 쇠똥을 던지곤 했던 아이가 이루었다기에 나쁘지 않은 성과이다.

스미스가 악의로 열차에 쇠똥을 던진 건 아니었다. 열차 노동자가 그에게 석탄 조각을 던지도록 유도하기 위해서 그랬다. 그렇게 떨어진 석탄을 줍는 게 당시 그의 가족이 난방용 석탄을 얻을 수 있는 유일한 방법이었다.

스미스는 가족의 생계를 돕기 위해 세 군데 신문 배달을 맡았고, 5달러에 구입한 잔디깎이로 잔디를 깎으러 다녔다. 일곱 살에 지역 은행들과 신용 거래를 시작했고, 열 살에는 가족이 살 워싱턴주 센트레일리아의 작은 오두막집 계약금까지 모았다.

구체적인 목표를 설정하고 열심히 일한 덕분에 스미스는 어린아이였을 때 꿈만 꾸던 일을 해냈다. 비행기를 닦아 비행 교습비를 마련한 끝에 비행기 조종사 면허를 땄다. 대학 학비는 밤과 여름 동안 벌목장에서 일하며 마련했다. 공군 복무 후, 그는 헬리콥터를 이용해 기근 구호, 전력선 설치 그리고 자신이 발명한 시스템으로 비료 살포를 하는 등의 사업을 하는 헬리콥터의 선구자가 되었다.

1960년 스미스는 '타협 없는 품질'이라는 철학을 바탕으로 에버그린 항공을 설립했다. 스미스와 그의 팀은 성과가 유일한 기준임을 굳게 믿으며, 고객을 돌보는 것이 회사의 존재 이유이고, 회사의 활동이 인류에게 이로워야 한다고 생각한다.

스미스의 철학은 많은 노력이 뒷받침된 끝에 결실을 맺었다. 에버그린은 전 세계 135개국 이상에서 운영되며 미 항공우주국이나 국제연합UN과 같은 권위 있는 고객을 위한 지원 임무를 수행했다.

스미스는 말한다. "하나님은 우리에게 삶을 주셨습니다. 그러므로 우리는 하나님께 최고의 성과를 보여야 합니다." 무일푼에서 부자가 된 스미스의 이야기가 시사하듯, 성공의 진정한 비밀은 단순하다. 목표를 설정하고, 목표에 도달할 때까지 가능한 한 열심히 노력하면 된다.

물론 꾸준함도 큰 도움이 되는데, 다음 이야기가 이를 보여준다.

수년 전 스위스의 발명가 조르주 드 메스트랄George De Mestral은 개를 데리고 숲으로 산책을 나갔다. 집으로 돌아왔을 때 그는 자신이 생각에 빠져 걷는 동안 도꼬마리가 자라난 곳을 돌아다녔다는 걸 알게 되었다. 대부분 사람과 달리 메스트랄은 짜증을 내는 대신 도꼬마리 씨앗의 접착력에 매료되었다.

메스트랄은 도꼬마리 씨앗을 현미경으로 관찰해 그 표면에 난 수백 개의 작은 갈고리가 자신의 바지 섬유와 개의 털에 엉켰다는 걸 알아냈다. 메스트랄은 생각했다. '얼마나 대단한 기술인가! 이 과정을 모방하면 모든 종류의 물건에 사용할 가벼운 고정 장치를 만들 수 있을지도 몰라.'

메스트랄은 실험을 시작했고, 비교적 짧은 시간 안에 도꼬마리의 고정 능력을 모방하는 데 성공했다. 하지만 정말로 효과적인 고정장치를 만들 만큼 충분히 강력한 소재를 찾을 수가 없었다. 그러던 중 순전히 우연한 계기로, 대서양 건너 미국에 위치한 미국 듀폰 사에서 월러스 캐러더스Wallace H. Carothers가 나일론이라고 불리는 새로운 합성섬유를 이제 막 발명한 참이었다. 나일론은 스위스의 발명가 메스트랄이 찾던 강력한 고정력을 제공할 수 있을 만큼 튼튼했다. 그런데 나일론은 지나치게 튼튼해 오히려 문제가 되었다. 재단용 칼날이 너무 빨리 마모되어 제품을 생산하기 어려웠던 것이다.

결국, 메스트랄은 20년을 더 투자해 적절한 커팅 장비를 개발했고, 그제야 후크와 잠금장치 소재를 시장에 충분히 공급할 수 있게 되었다. 메스트랄은 이 고정장치에 벨크로라는 이름을 붙였다. 벨은 벨벳에서, 크로는 프랑스어로 갈고리를 뜻하는 크로셰에서 따왔다.

오늘날 벨크로는 일부 용도에서 지퍼와 못을 대체한다. 자동차 범퍼를 고정하는 데 사용되기도 하고, 우주에서 우주인의 신발이 떠다니지 않도록 우주인의 신발 바닥에도 들어간다. 그리고 몇 년 전 발명가 모임에서는 벨크로를 20세기의 가장 중요한 발명으로 선정하기도 했다.

메스트랄은 에디슨이 남긴 "천재는 1퍼센트의 영감과 99퍼센트의 땀으로 만들어진다."는 격언의 증거이다. 다음번에 좋은 아이디어가 떠오른다면, 그런데 처음부터 활용할 수 있을 것 같지 않다면 그래도 포기하지 말고 계속 시도하라. 시도하다 보면 마침내 해낼 수 있을 것이다.

자기 경영 실천 포인트

→ 포기하지 않는다. 좋은 아이디어는 실현되기까지 수년이 걸리기도 한다.
→ 명확한 목표를 설정한다.
→ 최선의 노력을 다한다. 어중간한 노력은 어중간한 결과만 가져올 뿐이다.

어디까지 왔는지
진행 상황 점검하기

많은 사람이 스스로 목표를 세운다. 일부는 처음 시작할 때 자신의 현재 위치와 목표에 도달하기 위해 필요한 일을 정확히 평가한다. 그러나 정기적으로 진행 상황을 점검하는 사람은 매우 드물며, 이로 인해 성공의 길에서 벗어나는 경우가 많다.

진행 상황을 측정하고 방향을 확인하기 위해 때로 성취한 바를 상세한 목록으로 만들어 정리하는 것도 좋은 방법이다. 다음 질문에 답하며 성공으로 가는 길에서 개선할 점은 없는지 파악해본다.

1. 나의 목표는 무엇이며 그로부터 얼마나 떨어져 있는가?
2. 목표 달성을 위해 일정표를 세우고, 구체적인 단계별 목표 달성일을 특정 날짜로 설정했는가?

3. 목표 달성에 영감을 주고 길을 안내해줄 롤모델로 어떤 사람을 선정했는가?
4. 일을 좀 더 수월하게 하기 위해 어떤 기술, 학위, 혹은 기타 학습 경험을 쌓았는가?
5. 지난 12개월 동안 누구의 목표 달성을 도와주었는가?
6. 지난 1년 동안 모든 일에서 얼마나 각별한 노력을 많이 기울였는가?
7. 직업에서 싫어하는 부분은 무엇이며, 이를 어떻게 줄일 수 있는가?
8. 직업에서 좋아하는 부분은 무엇이며, 이를 어떻게 극대화할 수 있는가?
9. 새로운 비즈니스 동료와 우정을 쌓았거나, 기존 친구와의 우정을 새로이 했는가?
10. 적어도 향후 12개월 동안 이루어야 할 직업상의 목표와 개인적인 목표를 적은 목록을 가지고 있는가?

나폴레온 힐이 말했던 것처럼 "어디로 가는지 모른다면 어디로 가나 마찬가지"이다. 어딘가에 도착하고 싶다고 싶다면 우선 어디로 가고 싶은지를 알아야 한다.

출발점이 어디인지는 중요하지 않다. 그냥 시작해서 열심히 노력하고 계속 진행 상황을 확인하라. 이를 누구보다 잘 이해하는 사람이 클레멘트 스톤이다.

시카고의 거친 남서부 지역에서 빈곤하게 자란 것을 큰 어려움으로 여기는 사람도 있겠지만, 자수성가한 백만장자인 스톤은 그런 과거를 '축복'이라 불렀다. 스톤은 말했다. "덕분에 저는 스스로 해내는 법, 두려움을 극복하는 법 그리고 목표를 달성하기 위해 노력하는 법을 배웠습니다. 어린 시절에 배운 이런 내용은 성인이 되어 제가 이룬 성공의 기반이 되었습니다."

스톤이 아주 어렸을 때 아버지가 돌아가셨고, 남겨진 어린 스톤과 어머니는 무일푼이었다. 스톤은 자신이 이룬 성공은 어머니의 가르침 덕분이라고 공을 돌린다. 스톤은 어머니로부터 인생의 기본 원칙을 배웠다. 바로 부나 그 외 어느 면에서든 뛰어난 성공을 거둔 사람은 누구나 목표를 높이 설정하고 이를 위해 희생을 감수했다는 것이다.

스톤이 이 원칙을 처음 적용한 건 혼잡한 거리 구석에서 신문을 팔던 여섯 살 때였다. 신문을 파는 다른 두 명의 소년이 스톤을 때리고 쫓아냈다. 하지만 스톤은 포기하지 않았다. 그에게 실패라는 단어는 선택지에 없었다.

스톤은 말했다. "제게는 선택의 여지가 없었습니다. 신문을 사기 위해 돈을 빌렸고, 그러니 신문을 팔아야 했습니다." 그리고 스톤은 실제로 그렇게 했다.

스톤은 근처에서 사람들로 가득 찬 레스토랑을 발견하고 안으로 들어가 신문을 팔았다. 레스토랑 주인이 매번 그를 쫓아냈지만 스톤은 가지고 있던 신문을 다 팔 때까지 다시 또 안으로 들어갔다.

스톤은 말한다. "저는 끈기와 올바른 태도의 중요성을 배웠어요. 또한, 두려워하지 말고 잠재고객이 많이 있는 곳으로 가면 경쟁자보다 훨씬 많이 팔 수 있다는 것도 깨달았죠."

청소년이 된 스톤은 천직, 즉 보험업을 찾을 때까지 다양한 직업을 경험했다. 보험을 판매하면서 스톤은 신문팔이를 하던 시절 배웠던 교훈을 적용해 최단 시간에 가장 많은 고객을 만날 수 있는 장소를 찾았다,

나중에 스톤은 방문했던 부동산 중개소에서 또다른 유용한 교훈을 얻었다. 몇 분만 시간을 내달라는 스톤의 요청에 세일즈 매니저는 고함쳤다. "이봐, 사는 동안 뭔가를 팔고 싶다면 시간을 요구하지 말게. 시간을 빼앗아야지!" 스톤은 그전까지 하루 평균 네 건의 보험을 계약했지만, 그날은 한 자리에서 27건의 계약을 체결했다.

시작은 초라했지만, 스톤은 수십억 달러 규모의 글로벌 보험 제국을 세웠다. 사람들이 성공에서 가장 중요한 원칙이 무엇인지를 묻자 스톤이 대답했다. "긍정적인 마음가짐이지요."

자기 경영 실천 포인트

→ 궁극적인 목표와 함께 일간, 주간, 월간, 연간 목표를 세운다.
→ 매일 시간을 내서 궁극적인 목표가 무엇인지, 거기까지 얼마나 남았는지, 어떤 진전을 이루고 있는지 점검한다.
→ 목표를 달성하면 빠르게 새로운 목표를 설정한다.
→ 긍정적인 마음가짐을 유지한다.

꾸준히 읽고 공부하고 생각하기

진정으로 성공하려면 인생에 균형이 필요하다. 성공이란 최선을 다하는 것, 끊임없는 방향 수정, 한 단계에 도달한 후 다음 단계로 나아가는 것 그리고 서로에게 유익하도록 타인과 협력하는 것이다. 하지만 그 이상의 것도 있다. 성공은 또한 균형이기도 하다.

모든 것을 갖는다는 것은 보람 있는 경력을 쌓으면서도 다른 중요한 모든 것을 등한시하지 않는다는 의미다. 목표를 다듬고 조정하다 보면 삶의 어느 시기에는 불가피하게 어느 한 가지 측면에 더 많은 시간을 할애해야 한다.

예를 들어, 경력 초기에 우리는 기반을 다진다. 승진하거나 고객층이나 사업을 구축하기 위해 긴 시간 일하고 추가 노력을 기울인다. 이때는 돈과 경력에 초점을 맞춘다. 그런데 인생의 어느 한 측면에 지나치게 집착해 다른 중요한 부분을 소홀히 하면 문제가 발생한다.

인생의 어느 부분에 불균형이 발생하면 이는 삶 전체에 부정적인 영향을 준다. 깨어 있는 모든 순간에 일을 하거나 혹은 일 걱정을 하는 바람에 가족 관계가 망가지거나 혹은 친구를 전부 잃는다면 일에서도 인간관계에서도 성공할 수 없다.

직업적 성공에 대한 관점이 바뀌고 있다. 기업의 조직 구조가 수평화되고 중간 관리층이 축소되면서, 직급보다는 전문성과 역량을 중시하는 보상체계로 전환되고 있다. 이제 성공의 기준은 권력이나 관리 인원이 아니라 개인의 지식과 기술이다. 미래의 경력 개발은 수직적 승진보다는 수평적 이동을 통한 전문성 확장에 더 중점을 둘 것이다.

목표는 직원이 기여하고 학습하는 능력을 바탕으로 보상해서 한층 더 많이 기여하도록 하는 것이다. 이 말인즉슨 그 어느 때보다 균형을 잘 갖춘, 다재다능한 개인이 될 필요가 있다는 뜻이다. 이제 더는 고개를 숙이고 하는 일에만 집중할 수 없다. 세상에 자신을 노출해 트렌드를 읽고 변화하는 세상에 맞는 사업이 이루어질 수 있도록 다양한 관계를 통해 정보를 구해야 한다.

세상에서 일어나는 일에 발을 맞추는 가장 좋은 방법은 책을 읽는 것이다. 열렬한 애독가가 되어라. 신문, 잡지, 산업지, 소설을 읽어라. 무슨 글이든 생각하게 만드는 글은 우리의 마음을 넓힌다.

다양한 자료를 읽으면 마음이 확장된다. 어린아이였을 때 나는 헤일리 이모로부터 책 읽기의 즐거움을 배웠다. 나는 이모와 보내는 시간을 좋아했다. 이모는 내가 아는 사람 가운데 가장 똑똑했고, 세상에 어떤 일이 일어나고 있는지 잘 알았다. 이모에게는 텔레비전이 없었지만,

수많은 잡지와 책이 있었다. 이모 덕분에 읽고 배우는 즐거움을 익혔다. 이모의 책은 학교에서 강제로 읽히는 지루한 것들이 아니라, 위대한 모험과 역사 속 위대한 인물, 먼 나라로 떠나는 여행에 대한 영감을 주는 이야기를 담고 있었다. 물론 당시에는 깨닫지 못했지만, 내가 사고의 힘을 발견하게 된 것도 이모 덕분이었다.

소위 '지식 노동자'가 점점 많아지고 있지만, 독서하고, 생각하고, 공부하고, 깊이 사고할 시간은 점점 줄어든다는 것이 우리 시대의 커다란 아이러니다. 독서하고, 생각하고, 공부하고, 깊이 사고해야 이용 가능한 광대한 정보를 지식으로 바꿀 수 있는데 말이다. 물론 동영상을 보는 게 힘은 훨씬 덜 든다. 하지만 내가 아는 어느 신경외과 의사의 말처럼 다른 사람이 한 일을 지켜보는 데는 생각이나 창의성이 개입할 여지가 없다. 그건 다른 사람이 운동하는 걸 보면서 몸매를 가꾸려 하는 것과 마찬가지다.

운동으로 힘을 기르듯 읽고, 공부하고, 분석하고, 수집한 정보를 깊이 생각해봄으로써 지식을 얻을 수 있다. 그리고 그 지식을 실천에 옮기는 지식인은 어떤 직업, 비즈니스, 직업군에서나 리더가 된다.

반드시 매일 약간의 시간을 내 자신에게 중요한 내용에 관해 읽고 깊이 생각하라. 책을 읽는 사람이 되면 자동으로 생각하는 사람이 된다. 생각하는 사람은 경쟁우위를 유지한다.

헤일리 이모는 현재 70대지만, 여전히 지식이 풍부하고 매사에 흥미를 느낀다. 텔레비전은 여전히 없지만, 책과 잡지는 아주 많다. 그 사이에는 어떤 연관성이 있을지도 모른다.

자기 경영 실천 포인트

→ 적어도 매일 하루 **30분**씩 읽고, 공부하고, 생각한다.
→ 운동과 생각하는 시간을 합치는 것은 몸과 마음을 건강하게 유지하는 좋은 방법이다.
→ 자녀에게 책을 읽어준다. 자신에게도, 아이에게도 좋다.

크게 꿈꾸고 꿈을 좇아라

미시간주 디트로이트 교외 고급 주거지인 버밍햄에서 활동하는 심리학자 일로나 토빈 박사Dr. Ilona Tobin는 고전 심리학 기법, 위대한 철학자들의 논리 그리고 입증된 성공 원칙을 혼합해 환자들이 문제를 해결하도록 돕는다. 토빈 박사는 말한다. "교육 수준이 높고 부유한 고객의 지적 방어막을 뚫을 유일한 방법은 단순하게 접근하는 것입니다."

토빈 박사는 자신의 접근법을 이렇게 설명한다. "화창한 일요일 아침 아빠와 함께 놀 생각에 기대에 찬 어린 소년이 있다고 생각해보세요. 한편, 소년의 아버지는 아무것도 안 하기를 바랍니다. 그냥 편히 쉬고 싶어 하죠. 이제 막 제일 좋아하는 의자에 기대앉아 일요 신문의 만화를 읽고 있는데 아들이 다가와서 말합니다. '아빠, 저 준비 다 했어요. 오늘은 일요일이에요. 약속하셨잖아요.'

아빠는 시간을 조금 더 벌기 위해 신문 퍼즐란을 찢은 뒤 아들에게 풀어보라고 하며 돌려보냅니다. 아들은 즉각 퍼즐을 다 맞춘 뒤 돌아오고, 아빠는 묻습니다. '어떻게 그렇게 빨리 맞췄니? 세계지도 퍼즐을 줬는데, 넌 세계에 대해 아무것도 모르잖니.'

아들이 대답합니다. '네, 그렇지만 종이를 뒤집으면 뒤에는 사람 그림이 있어요. 사람 그림을 맞추면 세계 지도도 제자리에 맞춰지는 거죠.'"

자신을 먼저 다잡아야 자신의 세상이 제자리를 찾는다. 하지만 그 일을 할 수 있는 사람은 오직 자기 자신뿐이다. 토빈 박사는 말한다. "우리에게는 꿈이 있습니다. 꿈을 이루기 위해 어떤 일을 할 의향이 있습니까? 앉아서 그저 불평만 한다면 아무 일도 일어나지 않습니다. 일어나 움직여야죠. 뭐라도 해야 합니다. 그러지 않으면 꿈은 그저 망상일 뿐입니다."

PBS 방송 〈디스 올드 하우스This Old House〉의 매력적인 진행자 스티브 토마스Steve Thomas는 토빈 박사의 의견에 동의한다. "저는 크게 꿈꾸고, 꿈을 좇으라는 생각을 지지합니다."

"충분히 높이 올라가지 못했다는 이유로 자멸하는 사람이 많습니다. 그런 사람들은 말합니다. '난 절대 할 수 없어.' 하지만 생각보다 훨씬 더 잘해낼 수 있습니다. 시도하기만 한다면 말이죠. '용감한 자에게 행운이 찾아온다'는 속담처럼요."

토마스의 경력은 불가능해 보이는 일을 향한 도전의 산물이다. 그는 워싱턴주 올림피아에 있는 에버그린 스테이트 컬리지를 졸업한 뒤 주로 주택을 보수하거나 건설 현장 작업반장으로 일하며 생계를 유지했다. 하지만 토마스의 첫사랑은 항해였다.

토마스는 재건한 범선을 타고 서부 해안에서 하와이까지 경주를 벌였고, 스물다섯 살의 나이로 영국에서 출발해 샌프란시스코로 향하는 요트의 선장을 맡았다. 이러한 항해 경주를 벌이던 중 토마스는 지난 6천 년간 오직 별, 파도, 새와 같은 자연의 신호만을 따라 태평양을 항해해온 남태평양 섬 주민들에게 관심을 갖게 되었다.

그래서 2년간 미크로네시아인 선원의 제자로 지내며, 이전에 그 어떤 서양인도 배운 적이 없던 항해의 비결을 배웠다. 토마스는 자신의 항해 모험담을 담아 『마지막 항해사 The Last Navigator』라는 책을 썼고, 〈디스 올드 하우스〉를 제작한 보스톤 방송국이 이 책의 내용을 바탕으로 만든 PBS 다큐멘터리에서 직접 내레이션을 맡았다.

집을 개조하던 중 방송 제작자가 그의 건축 기술과 재치 있는 말솜씨를 알아보고 진행자 자리에 도전해보라고 설득했다. 토마스는 내게 이렇게 말했다.

"그건 제 인생에서 계획했던 일이 아니었어요. 하지만 저는 그게 무엇이든 다음 단계에 초점을 맞추면 저절로 그 과정이 진행되어간다는 걸 압니다. 또 다른 길이 앞에 나타나고 그 길을 따라가기도 하는 거죠. 변화에 유연하게 대처하고 항상 주위에 있는 기회에 주의를 기울이면 모든 것이 제자리를 찾을 겁니다."

토마스가 생각하는 성공의 기준은 대학 시절 교수님이 던지셨던 다음 질문의 답 속에 있다. "6개월 안에 죽는다는 걸 안다면 지금 하는 일을 계속하겠는가?"

토마스는 말한다. "그렇지 않다고 답한다면 도대체 왜 지금 그 일을 하고 있는 건가요?"

자기 경영 실천 포인트

→ 종이 위에 모든 소원을 적는다.
→ 중요도에 따라 소원의 우선순위를 정한다.
→ 가장 중요한 소원을 이루기 위해 구체적인 행동을 취한다.

한 번에 하나씩 이루어라

몇 년 전 위대한 얼 나이팅게일Earl Nightingale을 만날 기회가 있었다. 얼 나이팅게일의 라디오 방송과 강연 녹음본은 수년에 걸쳐 수백만 청취자에게 영감을 주었다. 비록 당시에는 나이가 들고 건강이 좋지 않았지만, 나이팅게일은 여전히 매력을 잃지 않았다. 그가 그날 했던 말, 누구도 흉내 낼 수 없는 스타일과 목소리로 그가 전해주었던 말을 나는 결코 잊지 못한다. 나이팅게일은 말했다. "값을 치를 의향만 있다면 5년이라는 시간 안에 얻지 못할 건 이 세상에 없다네."

생각해보라. 손에 넣기 위해 필요한 일을 할 의지만 있다면 단 5년 만에 뭐든 가질 수 있다. 꿈의 집에 사는 모습, 혹은 전용 비행기를 운항하는 모습 등 상상한다면 뭐든 가질 수 있다. 이 글을 읽는 지금, 우리는 뭐든 원하는 대로 가질 수 있다는 것을 안다.

목표를 달성하기 위해 무엇을 포기해야 할지 그리고 어떤 단계를 거쳐야 할지 이미 생각하고 있을 것이다. 충분한 계약금을 모아야 하고, 좋은 신용 점수를 유지해야 하고, 비용 지출을 줄여야 하고, 소득을 더 늘려야 하며, 조종사 면허를 따야 한다. 하지만 이것을 세상에서 가장 원한다면, 모두 가능하고 실행 가능하다.

목표를 설정하고 달성하는 것은 그리 어렵지 않다. 정말 어려운 일은 어떤 목표가 더 중요한지 결정하는 것이다. 우리 모두는 끝없는 필요와 바람, 욕망을 마주하고 있고, 대부분은 달성할 수 있다. 하지만 동시에 전부 가질 수 있는 건 아니다. 성공하려면 집중, 우선순위, 집착에 가까운 투지가 있어야 한다. 좋은 소식이 있다면 한 분야에서 성공을 거두면 대개 후에 다른 분야에서도 성공하게 된다는 점이다.

예를 들어 자가 비행기를 소유하는 데 필요한 일을 전부 했다면 소득 잠재력이 커졌을 것이고, 신용 점수도 높아졌을 것이다. 이러한 긍정적인 변화는 더 큰 집, 멋진 스포츠카, 혹은 가족 부양 등 다음 목표를 이루는 데도 도움이 된다. 대개 하나의 목표를 향한 단계를 밟으면 다른 목표에도 한층 가까워진다.

하지만 어떤 목표이든 달성하려면 먼저 목표를 이룰 때까지 그 한 가지 목표에만 집중해야 한다. 목표를 이루고 나서는 다음 목표로 눈을 돌릴 수 있으며, 그러다 보면 어느새 새로운 목표에 전보다 훨씬 가까이 와 있다는 걸 알고 놀랄 것이다.

물론, 우리가 주도적으로 한 가지라도 실행하지 않으면, 세상 그 어떤 꿈도 우리를 원하는 곳으로 데려다주지 않는다.

이러한 전략을 실행한 사람이 질레트의 마케팅 전략 담당자인 에이미 힐러드 존스Amy Hillard-Jones이다. 힐러드 존스는 화이트 레인 샴푸에서 가능성을 보았다. 화이트 레인 샴푸는 기대만큼 판매가 이루어지지 않아 당시 회사에서 단종을 고려 중인 제품이었다. 가격 문제는 아니었다. 화이트 레인은 실속파 소비자를 겨냥한 저가형 샴푸였는데, 가격은 경쟁력이 있었지만 소비자에게 충분히 어필하지 못하고 있었다.

나폴레온 힐의『당신은 반드시 성공할 것이다』에 따르면, 힐러드 존스는 이 샴푸를 고품질, 부가가치가 높은 제품으로 재포지셔닝하는 캠페인을 전개했다. 그녀의 전략은 적중했고, 화이트 레인 샴푸는 질레트의 베스트셀러 상품이 되었다.

힐러드 존스가 시장에서 실패한 상품으로 이 정도의 놀라운 성공을 이루었기에 회사는 그녀를 질레트 자회사인 러스트라실크Lustrasilk 코퍼레이션의 부흥을 이끌 적임자로 여겼다. 이 회사는 인종별 모발 관리 시장을 겨냥해 질레트가 새로 인수한 자회사였다.

이 기회를 바탕으로, 힐러드 존스는 모이스처 맥스라는 완전히 새로운 제품 라인을 선보였는데, 이 제품 라인이 경이적인 성공을 거두었다.

현재 힐러드 존스는 아프리카계 미국인에게 제품과 서비스를 판매하는 버렐 커뮤니케이션 그룹Burrell Communications Group의 부사장으로, 「포천」 500대 기업이 아프리카계 미국인에게 제품과 서비스를 판매하도록 돕는 전문 마케팅 회사에서 활동 중이다. 그녀는 항상 주도적으로 뭔가를 만들어내는 데 앞장섰고, 각 성공은 더 높은 단계에서 두각을 나타낼 기회를 열어주었다.

그녀가 일한 회사들은 그녀의 능력, 헌신, 변화를 만들어내고자 하는 열망을 인정했고, 하버드 비즈니스 스쿨도 마찬가지였다. 하버드 비즈니스 스쿨은 그녀에게 유통 부문 맥스 앤드 코헨 상Max and Cohen Award을 수여했다. 최근 「달러스 앤드 센스Dollars & Sense」 매거진은 그녀를 "미국 최고의 여성 경영인 및 전문직 종사자" 중 한 명으로 선정했다.

 에이미 힐러드 존스는 직장에서 인정받고, 승진했으며, 경력상 자신이 원하던 바로 그런 일을 할 기회를 얻어 자기주도성을 발휘한 데 대한 보상을 받았다. 힐러드 존스는 한 가지 목표를 달성함으로써 마침내 궁극의 목표까지 달성할 수 있었다. 우리도 같은 방법으로 목표를 달성할 수 있다.

자기 경영 실천 포인트

→ 이루고자 하는 것을 정하고, 그 대가로 무엇을 포기할지 정한다.
→ 한 번에 하나의 목표에 집중한다. 한 가지 목표를 달성하고 나면 다음 목표로 나아간다.
→ 목표를 달성할 때까지 밀어붙이면, 앞으로의 모든 목표를 이루는 결단력과 집중력을 기를 수 있다.

스스로를 믿으면
언제든 시작할 수 있다

일이 반복적이고 지겹게 느껴지는가? 창의성을 발휘할 여지가 전혀 없는 일상 속에서 지쳐가고 있다면, 업무 밖에서 새로운 출구를 찾는 것이 해결책이 될 수 있다.

많은 사람이 단조로운 업무를 하는 가운데 교회, 학교, 시민 단체에서 리더십을 발휘하거나 취미로 그림을 그리고 음악을 연주하며 자신의 창의성을 다른 방식으로 실현하고 있다. 흥미롭게도, 상사나 동료는 보통 대체로 이들이 직장 밖에서 얼마나 중요한 역할을 맡고 있는지 전혀 모른다.

회사에서 후원하는 워크숍이나 세미나 자리에 가면 나는 어색한 분위기를 풀기 위해 특별한 방법을 사용한다. 참석자에게 같은 조에서 평소 함께 일하지 않는 사람과 대화를 나누게 한 후, 서로를 조원들에게 소개하도록 한다. 그들은 원하는 대로 말할 수 있고, 당사자가 동의하는 내용은 뭐든 말할 수 있다. 여기서 유일한 조건은 이야기를 듣는 나머지 조원이 소개되는 사람을 흥미로운 사람이라고 느껴야 한다는 것이다. 그 사람에 대해 평소 알았던 것과 다르거나 독특한 점을 이야기한다. 직위나 직함은 말하지 않는다. 그런 건 이미 알고 있기 때문이다.

평소에 사적인 이야기를 잘 나누지 않는 사람들에게 이처럼 개인적인 성취를 드러내다 보면, 언제나 한두 가지 놀랄 일이 생긴다. 예를 들어 어느 임원이 수년간 아이처럼 취급해왔던 자신의 비서가 여가 시간에는 어느 이사회에서 책임 있는 자리를 맡고 있다던가 대형 조직을 감독하는 시민 단체에서 활동한다는 게 밝혀지면 전체 인원이 감전이라도 된 듯 깜짝 놀란다.

평범한 사람도 기회가 있으면 놀라운 일을 해낸다. 철학계에서는 위대한 사람이 위대한 일을 하는지, 그렇지 않으면 상황이 요구할 때 평범한 사람도 위대해지는지를 두고 수년 동안 논쟁을 벌여왔다.

두 이론 모두에 어느 정도 진실이 있을 수 있다. 하지만 저녁 뉴스에서 누군가의 생명을 구하려고 목숨을 건 사람들이 "다른 누구라도 같은 상황이라면 그렇게 했을 것이다."라고 말하는 것을 보면, 우리 모두가 위대함의 잠재력을 갖고 있지만 스스로 도전하지 않는 것인지도 모른다. 예상치 못한 사건이나 위기는 우리에게 잠재력을 직시하라고 요구한다.

만일 우리가 위대해질 수 있다는 걸 깨닫고 스스로 믿음을 가진다면 세상은 놀라운 곳으로 변할 것이다.

무언가 이룰 수 있다는 믿음을 갖는다고 해서 자동으로 목표가 이루어지는 것은 아니지만, 그 믿음은 목표를 향해 나아갈 수 있는 용기와 에너지를 준다. 믿음이 원하는 바를 가져다주지는 않지만, 믿음이 없다면 시작조차 할 수 없다.

어떤 순간에는 우리 스스로도 자신에 대한 믿음에 근거가 있는지 확신하지 못할 수 있다. 하지만 그럴 때조차 내면의 직관, 스스로 더 위대해질 수 있다는 느낌을 받아들여야 한다. 당연히, 기대에 못 미쳐 스스로에게 실망할 수도 있다. 하지만 그렇다고 해서 자신에 대한 믿음을 놓으면, 결코 잠재력을 발휘할 수 없다. 시조조차 하지 않게 되기 때문이다.

자기 자신에게 믿음을 갖기 시작하면 멋진 일이 일어난다. 무의식적으로 자신감과 열정을 지니고 행동하기 시작하고, 다른 사람도 그에 맞춰 응답한다. 사람들의 믿음이 자라나고, 얼마 지나지 않아 새 프로젝트와 기회를 우리에게 맡길 정도로 믿음이 커진다. 물론 우리 내면에도 새로운 기회를 받아들일 수 있다는 스스로에 대한 믿음이 자리 잡는다.

내면에 믿음을 키우려면 내가 잘하는 일 그리고 기회만 주어진다면 뛰어나게 잘할 수 있을 것으로 생각하는 분야를 전부 떠올려라. '나는 할 수 있어'나 '나는 마음먹은 일은 무엇이든 해낸다'처럼 동기를 부여하는 문구를 만들어 아침에 일어나 스무 번, 밤에 잠자리에 들기 전에 스무 번 소리 내 반복해라. 계속 반복하면 그런 일이 정말 사실인 듯 믿게 된다. (광고도 같은 원리로 작동한다.) 할 수 있다는 생각을 잠재의식 속에 단단히 심어두면 어떤 일이든 더 자신감 있고 열정적인 태도로 임하게 된다.

어떤 목표든 약간의 믿음과 많은 노력을 기울이면 실제 이룰 수 있다.

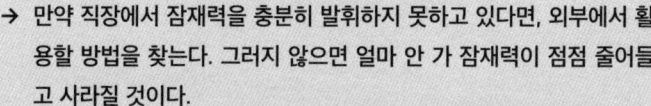

자기 경영 실천 포인트

→ 만약 직장에서 잠재력을 충분히 발휘하지 못하고 있다면, 외부에서 활용할 방법을 찾는다. 그러지 않으면 얼마 안 가 잠재력이 점점 줄어들고 사라질 것이다.

→ 업무 외의 장소에서 잠재력을 발휘하면 더 도전적인 일을 찾는 데 도움을 줄 인맥을 쌓을 수 있다.

→ 자기 의심은 일을 통해 잠재운다. 노력은 성공에 도움이 되지만 걱정은 그렇지 않다.

일상을 정리하면
삶이 개선된다

정리를 잘하면 우리 삶의 거의 모든 측면이 크게 개선된다.
10주차에는 우리의 일상 생활 속에 성공과 건강, 안녕을
조직하고 통합하는 데 초점을 맞춘다.

기록하고 습관이 될 때까지 실행하기

얼 나이팅게일은 이렇게 말한 적이 있다. "아이디어는 미끄러운 물고기와 같습니다. 연필 끝으로 낚아채지 않으면 손아귀를 빠져나갈 가능성이 큽니다."

누구에게나 분명 언젠가 '유레카!' 하고 외칠 만큼 기발한 아이디어가 떠올랐다가, 며칠 뒤엔 까맣게 잊어버린 경험이 있을 것이다. 광고 기획자 척 프레이Chuck Frey는 좋은 아이디어가 떠올랐을 때, 나중에 적당한 시점에 잘 활용할 수 있도록 아이디어를 보관하고 정리하는 방법에 관한 요령을 알려준다. 프레이가 제시하는 방법은 세 가지이다.

첫 번째 방법은 주머니 크기의 메모장을 사용하는 것이다. 몇몇 회사에서는 가죽으로 된 인덱스 카드 홀더를 제작하기도 하며, 어떤 기업은 이를 판촉용으로 증정하기도 한다. 이 홀더에는 3×5인치 크기의 인덱스 카드를 소량 보관할 수 있고, 양복 주머니나 서류가방, 핸드백 등에 쉽게 넣고 다닐 수 있다. 메모장을 가지고 다니다가 아이디어가 떠오르면 핵심 내용을 적어둔다. 그러고 나서 일주일에 한 번 컴퓨터로 타이핑하거나 수첩 혹은 일일 플래너에 적어 오래 보관할 수 있도록 한다.

두 번째로 프레이가 추천하는 방법은 소형 녹음기이다. 오늘날의 소형 녹음기는 주머니에 쉽게 넣어 다닐 수 있고, 녹음된 소리의 품질도 뛰어나다. 녹음했던 아이디어는 다시 재생해 글로 옮겨 그 내용을 영구히 보관할 수 있다. 손으로 적거나 타이핑하면 손의 속도에 맞춰 뇌의 처리 속도도 느려진다. 하지만 구술은 빨리 이루어지므로 창의적인 아이디어가 사라지기 전에 붙잡을 수 있다.

세 번째 방법은 PDA를 활용하는 것이다. 기본적인 워드프로세서 기능이 탑재된 제품도 있어 마음속에 어떤 생각이나 아이디어가 떠올랐을 때 바로 기록할 수 있다. 그러고 나서 편할 때 컴퓨터로 정보를 옮기면 언제든지 데이터를 검색해서 활용할 수 있다.

프레이는 세 가지 방법을 모두 시도해보고 어떤 방법이 자신에게 잘 맞는지 확인하라고 제안한다. 핵심은 좋은 아이디어가 떠오른 순간 기록하는 것이다. 한밤중에 우리를 잠에서 깨우는 그 생각이 어쩌면 천재적인 아이디어일지 모른다. 하지만 이를 기록하지 않으면 알 길이 없다.

다음 단계는 아이디어를 조직화하는 것이다. 떠올린 아이디어가 결실을 맺고, 목표를 달성하려면 아이디어를 체계적으로 정리해야 한다. 정리에서 이익을 보지 못하는 사람은 거의 없다. 해야 할 일을 알고, 그 일을 합리적이고 논리적으로 정리했다는 걸 알고 있으면 그만큼 자신감을 북돋우는 것도 없다.

정리한 내용으로 목록을 만드는 사람도 있고, 일일 플래너를 쓰는 사람, 노트를 쓰는 사람, 혹은 일상생활을 정리하는 데 도움이 되도록 설계된 여러 가지 상업용 시스템을 사용하는 사람도 있다. 활용할 수 있는 도구는 무수히 많다. 우리가 갖춰야 할 건 성공하겠다는 욕망과 자기 규율뿐이다.

아이디어를 조직화하는 첫 단계는 업무를 계획하는 일이다. 업무에 뛰어들어 시작하기 전에 잠시 멈춰 내용에 관해 생각하는 습관을 들이자. 초반에 생각하는 시간을 들이면 훨씬 더 효율적으로 업무를 완수할 수 있다.

정리는 시간을 아껴주고, 일상적인 업무와 씨름하는 대신 더 큰 문제에 집중할 수 있게 해준다. 정리를 성공 철학의 중요한 구성요소로 삼는다면 자신감이 더욱 커지고, 덕분에 더 많은 성취를 이룰 수 있다.

정리를 잘하면 스트레스 또한 줄어든다. 목표를 종이에 적고, 이를 이루기 위한 계획을 세우면 무언가를 잊었으면 어쩌나 두려워하며 목표 달성에 관해 계속 걱정할 필요가 없다.

정리를 하게 만드는 원동력은 개인 규율이다. 일을 끝마칠 때까지 계속하게 만드는 건 의지력과 투지 그리고 인격의 힘이다. 안타깝게도 개인 규율을 발달시키는 쉬운 방법은 없다. 개인 규율은 올바른 일을 하고, 다른 일을 더 하고 싶을 때에도 해야 할 일을 완수하겠다고 주도적으로 나서 자기 자신을 몰아붙인 결과로 얻어진다.

한 번의 행동이 하루씩 쌓여 습관이 된다. 그러면 얼마 지나지 않아

내면의 목소리가 행동하라고 말하자마자 주저하지 않고 긍정적인 행동을 취하게 될 것이다. 이건 전부 자기 자신에게 달렸다. 개인 규율이 발달하면 다른 사람이 뭐라고 비판하든 괘념치 않게 된다. 그리고 자신이 물려받은 유산, 환경, 불운, 혹은 이러한 상황을 초래한 다른 사람을 탓하는 것을 멈추게 된다. 또한 과거에 자신에게 문제가 있었다는 것을 인정하게 되고(누구나 그렇다), 극복할 수 있다는 자신감이 생긴다.

전세계에서 자신의 성공과 실패, 행복을 궁극적으로 책임질 유일한 사람은 바로 자기 자신이다. 그러므로 다음번에 '정말 정리를 좀 해야겠어'라는 생각이 들면 우선 그 생각이 옳다는 것을 인식하고, 정리를 위한 행동에 나선다. 인생을 주도하는 것은 우리의 몫이다.

자기 경영 실천 포인트

→ 하루를 조직화해 스트레스를 줄인다.
→ 정리 계획을 따르도록 자신을 강제하고, 습관이 될 때까지 지속한다.
→ 아이디어는 순식간에 사라진다. 떠올랐을 때 바로 적어둔다.

시간과 돈을 관리하는 시스템 구축하기

필라델피아의 상업왕 존 워너메이커는 시간과 자원의 관리에 대해 이렇게 말했다. "시간과 돈 사용에 대한 시스템이 없는 사람은 부유한 친척이 유산을 남기지 않는 한 결코 재정적 안정성을 갖추지 못할 것이다."

의사, 변호사, 회계사, 컨설턴트와 같은 전문직 종사자는 시간만이 자신이 판매하는 유일한 대상이라는 사실을 뚜렷하게 인식하고 있다. 그래서 그들은 시간을 회계하는 시스템을 개발한다. 즉 시간당 요금을 청구해서 사업 비용을 충당하고 이윤을 창출한다.

이러한 시스템은 우리 모두에게 교훈을 준다. 바로 시간이 가장 큰 자산이라는 점이다. 시간은 우리가 원하는 특정 형태의 부로 전환할 수 있는 유일한 자산이다. 현명하게 시간을 사용할 수도 있는 반면 시간을 낭비하며 먹을 것과 쉴 곳 외에 아무런 목적 없이 평생을 보낼 수도 있다.

벤저민 프랭클린Benjamin Franklin은 이렇게 조언했다. 인생을 사랑한다면 "시간을 낭비하지 마라. 그것이 인생을 이루는 재료이기 때문이다."

일반적으로 우리의 시간은 수면, 노동, 여가의 세 부분으로 나뉜다. 그런데 개인적 성취를 생각한다면 가장 중요한 건 여가 시간이다. 여가 시간은 자기 계발과 교육의 기회를 제공하며, 이는 다시 업무를 적정 가격에 시장에 내놓을 수 있게 해준다. 여가 시간을 전적으로 개인적인 즐거움과 놀이에만 쓰는 사람은 어떤 일에서도 큰 성공을 거두지 못한다.

창의적인 사고를 위한 시간은 반드시 필요하다. 매일 하루 30분씩 창의적인 사고를 하는 데에만 시간을 들이는 건 좋은 출발점이 된다. 하루 중 어느 때를 사용할지는 개인에 따라 다르다. 아침 산책 시간에 생각이 한층 선명해지는 사람이 있는가 하면 밤에 잠자리에 들기 직전 조용한 시간을 더 좋아하는 사람도 있다. 하루 중 언제 가장 생각이 선명해지는지 알 수 있도록 자신만의 신체 리듬을 실험해본다. 그러고 나서 매일 그 시간대는 아무런 방해 없이 창의적인 생각만 하는 시간으로 활용한다.

진정으로 성공한 사람은 시간만큼 수입과 지출에 관해서도 신중하게 예산을 세운다. 식비, 의류비, 생활비, 저축과 투자액, 기부금 그리고 여가비를 정해 명확한 금액을 따로 떼어둔다. 당연히 개인마다 사정이 다르고, 각 항목에 배정하는 구체적인 금액은 각자의 직업과 수입 수준에 따라 달라진다.

지출 금액이 늘어나면 저축과 투자에 소홀해지는 경우가 많은데, 저축에는 사람들이 간과하는 부수적인 이점이 있다. 상황이 다급할 때는 은행 계좌에 약간의 돈만 있어도 용기와 안정감이 든다. 상황이 여유로울 때 은행 계좌에 돈이 들어 있으면 자신감이 커지고 불안이 줄어든다. 돈 걱정은 야망을 죽일 수 있다. 때로는 우리 자신까지도.

저축과 투자 금액을 마련하는 가장 좋은 방법은 '10퍼센트 규칙'을 따르는 것이다. 간단히 말해 급여를 받자마자 다른 비용을 지불하기 전에 제일 먼저 금액의 10퍼센트를 따로 떼어두는 것이다. 이렇게 먼저 금액을 확보해두면 저축할 돈을 지킬 수 있다. 저축 금액을 마지막에 확보하려 하면 그 돈을 이미 다른 데 다 써버리기 쉽다.

10퍼센트가 너무 많다고 생각할 수 있지만, 충동구매를 하거나 낭비벽이 있는 사람이라면 정말이지 그 돈이 티도 나지 않을 것이다. 아예 급여를 받을 때부터 금액의 10퍼센트를 다른 계좌로 입금받을 수 있는지 확인해보는 것도 좋다. 그 돈에 결코 손대지 않도록 말이다. 저축액이 불어나기 시작한 후 쓰고 싶어지면 그 돈이 새로운 집, 은퇴 자금, 안전망이라는 점을 떠올린다. 이 돈으로는 청구서 대금을 지불하지 마라. 이는 마음가짐에 관한 돈이다. 청구서 지불에 쓸 수도 있지만 위기가 닥쳤을 때 현금을 남겨두는 것을 선호하면 여러 고난을 이겨낼 수 있다.

인생의 다른 목표와 마찬가지로 저축 또한 스스로 실현해야 한다. 사회보장제도나 연금에 의존하지 마라. 그런 제도가 모든 것을 보장해주지는 않는다. 자기 자신에게 의존하라. 현명하게 소비하고 나중을 위해 소득의 10퍼센트는 저축하라. 인생이 우리를 압도하게 내버려두지 말고 인생에서 최고를 얻어낼 계획을 세워라. 시간을 들여 시간과 돈의 예산을 짜라.

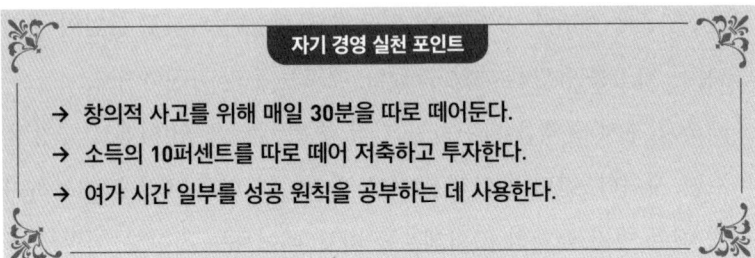

자기 경영 실천 포인트

→ 창의적 사고를 위해 매일 30분을 따로 떼어둔다.
→ 소득의 10퍼센트를 따로 떼어 저축하고 투자한다.
→ 여가 시간 일부를 성공 원칙을 공부하는 데 사용한다.

좌절에 맞서는 습관 들이기

생활 속에서 시간을 내 공부하고, 생각하고, 계획하면 성공을 끌어들일 수 있다. 더 똑똑하게 일하고, 무작정 열심히 하기보다 시간과 업무, 개인적 자원 사이에서 현명하게 균형을 찾아야 한다.

누구에게나 하루 24시간이 주어진다. 그리고 24시간은 수면 시간, 근무 시간 그리고 여가 활동을 위한 시간으로 나뉜다. 각 활동을 위한 시간을 확보하라. 그래야 균형 잡힌 삶을 살 수 있다. 옛 격언을 기억하라. "뭐든지 적당한 게 좋다." 장기적인 재정적, 개인적 성공을 생각하면 일을 지나치게 많이 하는 건 일을 지나치게 적게 하는 것만큼 해롭다.

재정 자원도 신중하게 관리하라. 1달러를 써도 2달러만큼의 효과를 얻어라. 위급할 때를 대비해 소득의 일부는 저축하고, 미래를 위해 투자하라. 개인적 성장을 위한 예산을 세우고, 자녀의 대학 교육 학비나

노후 준비와 같은 장기 비용을 계획하라. 투자할 때는 성공의 원칙을 실행하라. 특히 목적의 명확성, 정확한 사고, 자기 규율 그리고 긍정적인 마음가짐이 필요하다.

지금 있는 곳에서 바로 시작하라. 어려운 환경에서 태어났다는 게 환경을 극복할 수 없다는 뜻은 아니다. 나폴레온 힐이 이야기했듯 우리에게 일어날 수 있는 가장 나쁜 일은 금수저를 물고 태어나는 것이다. 특권을 가지고 태어났더라면 자신의 노력으로만 최고 수준의 성공에 도달할 기회라는 세상에서 가장 큰 선물을 박탈당했을 것이다.

모든 기회가 한 단계 올라가는 계기가 될 때의 보상이 훨씬 크다. 태어날 때 많은 것을 갖지 못했다고 그리고 다른 사람이 더 많은 이점을 가졌다고 원망하지 마라. 사실, 진짜 혜택을 타고난 사람은 가진 것 없이 태어난 사람이다. 자신이 원하는 방식으로 인생의 어려움을 극복하는 과정을 통해서만 얻을 수 있는 자신감을 키울 수 있기 때문이다.

그렇게 앞으로 나아가는 동안 지속적인 성공을 보장해주는 힘과 지식을 얻는다. 이러한 힘과 지식은 주어지는 게 아니다. 반드시 스스로 얻어야만 한다.

이 새로운 힘의 근원은 좌절을 극복하며 생기는 자기 신뢰다. 우리 모두는 매일 실수를 저지르지만, 거기에 주저앉지 않는다. 문제를 확인하고 수정한다. 작은 실패를 극복함으로써 누구나 경험하는 큰 실패를 극복하는 법을 배운다.

일시적인 패배도 나중에 도움이 될 수 있다. 우리가 해결하는 모든 문제, 극복하는 모든 어려움이 궁극의 목표에 한 발짝 더 다가서게 해준다.

목표까지 이르는 과정에서 만날 수 있는 모든 문제를 생각하면, 결코 출발할 수 없다. 아직 일어나지 않은 문제는 걱정할 이유가 없다.

위대한 연설가로 손꼽히는 고故 케네스 맥파랜드 박사Dr. Kenneth Mc-Farland는 인생을 자동차 여행에 비유했다. 박사는 장거리 여행에 따르는 위험을 생각하거나 겨우 몇 센티미터 떨어진 곳에서 속력을 내 달리는 다른 모든 차를 생각하면 결코 집을 떠날 용기를 낼 수 없을 거라고 말했다.

다행히도 우리는 인생을 그런 식으로 살지 않는다. 조금씩 조금씩, 한 번에 1킬로미터씩, 한 번에 하루씩 나아간다.

이는 또한 어려움에 대처하는 가장 좋은 방법이기도 하다. 문제가 생기면 한 번에 하나씩 해결하면 된다. 그리고 각 경험으로부터 배움을 얻으면 같은 실수를 두 번 저지르지 않을 수 있다.

좌절에 맞서는 습관은 지속적인 성공으로 향하는 과정에서 이룬 또 하나의 진전이다.

자기 경영 실천 포인트

→ 균형 잡힌 삶을 추구한다. 일, 공부, 여가는 성공의 중요한 요소다.
→ 오늘을 위한 예산을 짜되, 미래를 위한 투자를 잊지 않는다.
→ 자기 자신과 좌절을 극복할 자신의 능력을 믿는다.

건강한 몸과 마음 유지하기

몸과 마음, 양쪽의 건강을 유지하기 위해서는 균형 잡힌 삶을 위해 노력해야 한다. 일, 놀이, 휴식, 영양, 운동, 공부는 전반적인 안녕에 모두 중요하다. 자신이 하는 모든 일을 긍정적인 마음가짐으로 대해라. 배우기를 멈추지 말고, 열정적으로 살며, 자기 자신에게 믿음을 가져라. 그리고 잘 짜인 계획을 바탕으로 목표를 달성하기 위해 노력하라.

업무를 할 때는 체계적으로 정리한다. 안건을 적어두면 시간을 효율적으로 사용할 수 있을 뿐 아니라 잊어버릴까 봐 받는 스트레스도 줄어든다. 하지만 모든 시간을 일에 쏟지는 마라. 일만 하고 놀지 않으면 둔해질 뿐 아니라 병들 수 있다.

긴장을 이완하고 몸을 회복하는 데는 여가와 놀이가 중요하다. 놀이는 마음속 기어를 변속해 다른 관점을 제시해주기 때문에 보다 창의적인 문제 해결 방법을 찾는 데 도움이 된다. 휴식은 몸과 마음의 건강에 절대적으로 필요한 요소이다. 몸이 휴식이 필요하다고 말하면 귀를 기울여라.

적절한 영양도 안녕에 매우 중요하다. "먹는 대로 된다you are what you eat."는 옛말은 사실이다. 지방 섭취를 줄이고 야채와 과일을 많이 섭취하면 체중이 줄어들 뿐 아니라 집중력과 기억력도 크게 개선된다.

운동은 몸뿐만 아니라 뇌에도 좋다. 운동으로 혈류와 순환이 개선되면 뇌가 산소 및 영양소를 더 잘 공급받는다. 하루 30분 조깅이나 빠르게 걷기처럼 유산소 운동을 실시하면 몸을 건강하게 유지할 수 있다(물론 근육을 단련하거나 상당한 체중을 감량하고 싶다면 운동량을 더 늘려야 한다). 최근에 나온 연구 결과에 따르면 걷기에는 누적 효과가 있다.

집이나 사무실 환경을 관리하는 것 또한 건강 유지에 도움이 된다. 습도가 낮으면 눈과 피부가 가려워진다는 건 이미 알고 있겠지만, 그보다 더 심각한 영향도 있다. 「프리벤션Prevention」지에서는 〈바디 불레틴Body Bulletin〉의 기사를 인용해 최근 상대 습도가 30% 미만(중앙 냉난방을 실시하는 대형 오피스 빌딩에서 일반적인 수준의 습도)일 경우 비강과 기관지 통로를 자극할 수 있다고 보고했다. 결과적으로 감염에 대한 저항력이 떨어져 감기나 더 심각한 질병으로 이어질 수 있다.

「프리벤션」은 습도 통제가 어려우면 사무실에 화분을 두라고 제안한다. 잎이 큰 식물은 공기 중 수분 함량을 높이는 훌륭한 가습기이다.

이 잡지는 질병을 예방할 수 있는 또 다른 새로운 방법도 제안한다.

- 손을 자주 씻는다. 세균은 공기보다 접촉을 통해 더 많이 퍼진다.

- 울고 싶을 때는 운다(혹은 스트레스를 줄이는 다른 방법을 써도 좋다). 과도한 스트레스는 감기와 같은 여러 질병에 대한 면역력을 떨어뜨린다.
- 수염을 기른다. 그렇다, 잡지 편집자는 얼굴(특히 코와 입 주변)에 난 털이 감기 바이러스를 거르는 필터 역할을 할 수 있다고 단언한다.

어차피 해로울 건 없다. 마침내 과학계에서는 할머니가 끓여주시는 닭고기 수프가 정말로 감기 퇴치 효과가 있다는 것을 인정했다. 수염 난 얼굴로 우는 게 정말 건강에 좋다고 인정받는 날이 오지 않는다고 누가 장담할 수 있을까.

공부와 성찰을 해야 한다는 점도 잊지 말자. 공부와 성찰은 정신 건강을 위해 할 수 있는 가장 중요한 활동이다. 공부는 마음의 양식이며, 마음을 넓혀준다. 또한 조용히 성찰하는 동안에 마음으로 사물을 이해할 기회가 생긴다.

균형 잡힌 삶을 살고, 뭐든지 적당히 하기 위해 노력하라. 일한 뒤에는 놀고, 머리를 쓴 뒤에는 몸을 쓰고, 먹고 난 뒤에는 단식하고, 심각한 일에는 유머를 더하라. 그것이 완전한 건강과 행복으로 가는 길이다.

자기 경영 실천 포인트

→ 매일 적어도 30분씩 운동한다.
→ 식단에서 지방을 줄인다.
→ 업무를 체계적으로 정리하고, 공부와 성찰을 위한 시간을 반드시 남긴다.

Day 68

목표 달성에
정보를 활용하는 법

　미래학자이자 베스트셀러 작가인 앨빈 토플러Alvin Toffler는 정보혁명을 제3의 물결이라 불렀고, 같은 제목으로 책도 펴냈다. 이 책은 기술의 급속한 발전이 우리 사회에 일으키는 혁신적인 변화를 다루고 있다.

　토플러는 인류의 역사상 첫 번째 변화의 물결은 1만 년 전 일어났던 농업혁명이라고 썼다. 두 번째 변화의 물결은 1700~1800년대에 일어났던 산업혁명이다. 그리고 토플러가 생각할 때 1950년대 중반부터 컴퓨터와 다른 첨단 기술 기기가 우리 사회에 이름을 알린 때부터 제3의 물결이 시작되었다고 한다. 그로부터 수십 년이 지난 현재 우리는 정보화 시대 한가운데를 살아가고 있다.

　영화 제작에서부터 우주의 나이를 계산하는 일까지 컴퓨터는 모든 곳에 사용되며, 컴퓨터 사용이 매우 빨리 확산되어 어느 곳에 얼마나 사용되고 있는지 확인하기도 어렵다. 새로운 기술이 도입되고 눈부시게 발전할 때는 이를 발 빠르게 배워야 한다. 학습을 하루씩 미루면 그냥 한 걸음씩 뒤처질 뿐이다.

「뉴욕 타임스」는 최근 다음과 같이 보도했다. "가장 숙련되거나 교육받은 신규 근로자를 제외하면, 임금과 근무 시간에 대한 기준은 프랭클린 D. 루스벨트 대통령이 복지 제도를 만들었을 때 이후 가장 인색하다."

한때 강력했던 노동조합(노조원이 새로운 기술을 배우도록 도와준다)은 20년 전에 비해 대표하는 노동자의 숫자가 절반에 그치고 있다. 화이트칼라 직종도 별반 다르지 않다. 컴퓨터의 등장으로 중간 관리자층 전체가 사라졌다. 또한, 낮이든 밤이든 하루 중 언제나 일할 수 있으며, 그 내용을 전 세계 어느 목적지로든 전자 송신할 수 있는 시스템을 만들어냈다.

우리는 정보가 폭발하는 시대의 한가운데 있다. '아는 게 힘이다'라는 말이 생겼을 때는 정보를 구하는 게 가장 중요하고 큰일이었다. 하지만 현재의 기술력 아래에서 어려운 점은 정보를 찾는 것이 아니라 손에 든 정보로 무엇을 할지를 아는 것이다.

그 모든 정보가 우리에게 어떤 의미인지 알아내려면 끊임없이 읽고 공부해야 한다. 매일 시간을 내서(매일 같은 시간대라면 더욱 좋다) 신문과 산업지, 좋은 책을 읽어라. 종이에 인쇄된 활자도 좋고, 온라인으로 봐도 좋다. 사고방식을 넓히기 위해 독서를 다양하게 해라.

자신에게 가치가 있는 정보를 저장하는 연습을 한다. 종이에 적거나 기사를 모은다. 하지만 모든 정보를 수집하려 시도하지 말라. 어떤 식으로든 자신에게 영향을 주지 않는 정보라면 전부 흘려보내라.

텔레비전을 끄는 것도 정보화 시대를 사는 자기 자신을 향상시키는 한 가지 방법이다. 텔레비전을 볼 시간에 교육이나 동기부여 영상을 봐라. 출퇴근 시간, 혹은 언제든 차 안에 갇혀 있을 때는 생산성 있는 시간을 늘리기 위해 팟캐스트를 듣는다.

공부를 하는 동안에는 이미 알고 있는 모든 사실에 비추어 볼 때 특이한 사항, 이례적인 사항, 놀라운 사항을 주의 깊게 살펴라. 하나의 산업 혹은 하나의 지리적 지역을 넘어서는 영향력을 미치는 사건과 패턴을 찾아라. 새로운 아이디어나 유행은 산업이나 지리적 경계를 넘어서기 시작할 때 트렌드로 자리 잡는다. 트렌드를 파악하면 큰 기회가 생긴다. 트렌드를 빨리 파악할수록 기회를 활용할 가능성도 커진다.

클레멘트 스톤은 이러한 기법을 'R2A2 원칙'이라고 이름 지었는데, 이는 파악, 연결, 흡수, 적용을 나타낸다. 자신의 목표가 무엇이든 목표 달성에 도움이 된다면 어떤 분야의 정보든 파악하고, 연결 짓고, 흡수하고, 적용하라는 것이다. 기회의 열쇠는 어디에나 있다. 정보의 원천이 어디든 사용할 수 있는 정보에 대해서는 주의를 기울여라.

목표를 이미 확실하게 설정했다면 우리 마음이 노출된 정보를 자동으로 선별해 목표 달성에 도움이 되는 정보의 조각을 분류해낼 것이다. 하지만 기억해야 한다. 책을 읽고 공부하는 데 지름길이란 없다. 매일 시간을 들여야 한다. 하지만 이러한 원칙을 지키면 지킬수록 트렌드를 제대로 읽을 수 있고, 오늘날과 같은 정보 중심 사회에서 성공에 도움이 되는 정보를 손에 넣는 데 능숙해질 것이다.

자기 경영 실천 포인트

→ 다양한 주제의 책을 읽으려 노력한다.
→ 통근 시간에는 자기계발이나 동기부여 관련 강의를 듣는다.
→ 독서를 하며 패턴과 트렌드를 찾는다. 그것이 미래의 기회를 가리킬 수 있다.

변화에 대처하는 대신 변화를 포용하기

인생에서 유일하게 영원한 건 변화한다는 사실뿐이라는 걸 처음 관찰한 사람은 고대 로마의 철학자 플리니우스Pliny the Elder였다. 인간이 변화하는 세상 속에 살고 있다는 것을 수천 년 전부터 알고 있었음에도 우리는 여전히 변화를 거부한다.

클레멘트 스톤은 오늘날 빠르게 변화하는 세상에서 행복과 성공은 변화가 몰고 오는 도전에 어떻게 대처하는지에 달려 있다고 말했다. 중요한 것은 이런 도전에 마지못해 대응하느냐, 아니면 기회로 받아들이며 적극적으로 대처할 것이냐 하는 관점이다.

리처드 닉슨Richard Nixon 대통령이 사망했을 때 헨리 키신저Henry Kissinger 가 장례식에서 추도 연설을 했다. 논란의 여지가 많았던 인물인 닉슨에 관해 키신저는 이렇게 말했다. "그러니 이제 우리의 용감한 벗에게 안녕을 고합시다. 닉슨이 서 있던 정점은 녹아내렸고, 닉슨은 깊이 고통받았지만, 결코 포기하지 않았습니다."

스톤은 말한다. "불명예스럽게 대통령직에서 물러났지만, 미국에서 가장 존경받는 원로 정치인이 된 닉슨에게 그 이상 훌륭한 찬사는 생각하기 어렵습니다."

닉슨의 정치 경력은 변화라는 도전에 대처하는 방법을 배우는 연구 사례다. 닉슨이 캘리포니아 주지사 선거에서 패배하고 나서 기자단에 "이제 더 이상은 나를 괴롭힐 수 없겠지."라고 말했을 때 많은 사람이 그가 선거에서 패배한 주된 이유가 바로 그런 감정상의 미성숙함 때문이라고 생각했다.

닉슨의 이 발언은 당연히 들어본 적이 있겠지만, 발언 이후에 어떤 일이 있었는지에 관해서는 그다지 알지 못할 것이다. 닉슨은 자기 자신을 바꾸기 시작했다. 부정적인 태도를 긍정적인 태도로 바꿨다. 공부하고, 생각하고, 계획하는 데 시간을 들였고, 영혼을 찾는 긴 탐구에 나섰다. 영감을 주는 자기계발 서적과 잡지를 읽었다. 뉴욕으로 이사해 미국 최고 법률 회사의 대표가 되었다. 뉴욕 마블연합교회의 예배에 참석했으며, 노먼 빈센트 필 박사가 전하는 긍정적인 메시지로부터 영감을 얻었다. 미국 소년 클럽 Boys' Clubs of America 이사회 회장으로 선출되었고, 미국 전역의 불우한 소년 수십만을 도우며 닉슨 자신도 내면의 힘을 길렀다.

닉슨이 정계로 복귀해 미국 대통령으로 선출될 수 있었던 건 바로 그 내면의 힘 덕분이었다. 닉슨은 또한 내면의 힘 덕분에 대통령직 사임이라는 불명예와 절망을 극복하고, 저명한 작가이자 세계 정세 분석가가 될 수 있었다.

비즈니스 세계도 변화에 대처하려면 개인의 삶에서만큼 헌신과 노력, 투지가 필요하다. 관리자가 그저 목표를 설정하고, 전략을 짜고, 목표 달성을 위한 프로그램을 실행하기만 하면 되던 시절은 끝났다. 생산성과 경쟁력이 떨어지는 상황 속에서 관리자는 변화에 대응하는 법뿐만 아니라 변화를 예상하고 포용하는 법까지 배워야 한다.

역동적이고 변화 지향적인 조직을 만드는 한 가지 방법은 트렌드를 파악하고, 올바른 질문을 던지고, 문제의 핵심에 도달해서 해결하는 능력을 개발하는 것이다(문제로 인해 나타나는 증상에 대처만 하는 것이 아니라).

관련 분야의 트렌드를 파악하면 변화를 뒤늦게 따라가는 대신 필요한 시점에 변화를 실행할 수 있다. 다양한 정보를 접하면서 자신을 노출하라. 신문, 업계지, 잡지 등을 폭넓게 읽으면 읽을수록 업무에 영향을 미치는 트렌드를 포착할 가능성이 커진다.

일단 트렌드를 확인하고 나면 변화를 일으켜 이를 이용하겠다는 용기와 투지가 있어야 한다. 자기 자신과 자신의 아이디어에 자신감을 갖고, 다른 사람이 지닌 두려움을 민감하게 포착하라. 하지만 반드시 움직여야 한다. 먼저 움직이지 않으면 결국에는 대응해야 하고, 따라잡기 경기를 할 수밖에 없는 낙오자 대열에 합류하게 된다.

변화는 끊임없다. 그 말은 변화를 활용할 방법을 끊임없이 찾아야 한다는 뜻이다. 변화를 포용하라. 그러면 무한한 기회가 자신의 것이 된다. 변화를 무시하면 얼마 지나지 않아 우리와 우리 회사가 무시받을 것이다.

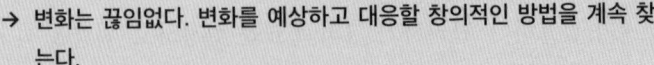

자기 경영 실천 포인트

→ 변화는 끊임없다. 변화를 예상하고 대응할 창의적인 방법을 계속 찾는다.
→ 변화는 기회를 불러온다. 변화를 환영하면 기회를 환영하는 것이다. 변화에 저항하면 실패가 기다릴 뿐이다.
→ 변화를 기꺼이 받아들이고 혁신할 의지가 있어야 한다. 어제 효과 있던 것이 오늘은 효과가 없을 수 있다.

새로운 나로 다시 태어나기

어떤 목표를 설정했든 이미 증명된 성공의 원칙을 적용하면 달성할 수 있다. 클레멘트 스톤은 목표를 달성하는 확실한 단계를 제시한다.

시간을 따로 내서 생각하고, 계획하고, 공부한다. 가장 좋은 시간과 장소를 정해 그 시간에 목표 달성을 돕는 원칙을 확인한다. 목표는 종이에 적어 중간중간 검토하고 진행 상황을 확인한다. 필요에 따라 목표를 조정하고 수정한다. 일주일 내내 매일 특정 목표에 집중해 잠재의식 속에서 기능하게 한 이후 다음 목표로 나아간다.

기록한 목표를 매일 검토하고 점검하면 목표를 향한 진전이 이루어지고 있는 부분과 그렇지 않은 부분을 바로바로 떠올릴 수 있다.

물론 이러한 단계는 우리가 목표 달성을 위해 노력하고 있을 때에만 작동한다. 목표를 종이에 써 매일 검토하고, 시간을 내 목표 달성에 도움을 줄 원칙을 확인하고 계획할 사람은 자신뿐이다. 스톤은 이렇게 질문한다. "정말 변하고 싶은가? 자기 자신과 사랑하는 사람에게 불행, 비참함, 질병과 실패를 가져다줄 부정적인 생각과 무관심, 무대책뿐이었던 과거의 자신으로 계속 사는 게 좋은가? 그게 아니면, '지금 한다'라고 스스로 동기를 부여하는 철학을 채택해 긍정적인 마음가짐을 바탕으로 하는 습관, 생각, 행동을 갖춘 새로운 내가 되고 싶은가?"

다음은 목표 달성을 향해 제대로 나아가는 데 도움이 되는 몇 가지 팁이다.

첫째, 목표 달성을 위한 명확한 일정을 설정한다. 마감일이 없으면 어려운 과제는 미루기 쉽다.

둘째, 절대 포기하지 않는다. 역경과 사소한 어려움 때문에 목표 달성으로부터 멀어지지 마라. 누구나 실수를 저지르고 어려움을 경험한다. 우리가 위대한 목표를 달성하는 걸 막을 정도로 대단한 사람은 아무도 없다.

셋째, 자신의 목표를 공개한다. 다른 사람들에게 무엇을 이루고 싶은지 말하면 포기하기가 부끄러워질 것이다.

마지막으로 큰 목표를 작은 단계로 세분화해 목표를 달성할 방법을 확인한다. 다음 한 해 동안 매달 달성할 목표를 계획한다.

이 과정은 자기 자신에게 달려 있다. 자신이 주도권을 잡고 마음과 감정, 행동을 통제해야 한다. 즉 자기 규율을 갖춰야 한다.

자기 규율을 지키는 건 연습하면 수월해진다. 미리 정해둔 일정에 따라 스스로 세운 목표를 달성하는 게 습관이 되면 성공은 따라온다.

자기 경영 실천 포인트

→ 매일 시간을 내 성공 원칙을 공부한다.
→ 목표를 종이에 적고 매일 검토한다.
→ 미루지 못하도록 '지금 한다'는 동기부여 문구를 채택한다.

11장

세상 속에서
나의 가치를 높여라

우리는 인생의 약 3분의 1을 일하는 데
혹은 일을 찾는 데 쓴다. 11주 차에는 일, 판매, 시장에서의
자기 가치를 높이는 법에 관한 실제적이고 성공 지향적인
팁을 제공하는 데 초점을 맞춘다.

집에서 효율적으로 일하는 법

최근에 테네시주 녹스빌에서 열린 홈 앤드 가든Home and Garden 케이블 TV의 신사옥 개관식에 참석했다. 홈 앤드 가든 케이블 TV에서 일하는 친구가 행사에 나를 초대했고, 신사옥 시설을 둘러보게 해주었다.

신사옥을 둘러보고 가장 인상 깊었던 건, 우리가 미래에 일하는 방식에 깊은 영향을 줄 것 같은 기술이었다. 오늘날 기술은 여러 사람이 같은 영상을 보면서 동시에 작업할 수 있을 정도로 발전했다. 관리자는 여러 대의 스크린을 동시에 확인하고 각 컴퓨터로 아티스트가 어떻게 작업하고 있는지 확인하고 소통할 수 있다. 팀이 전부 같은 공간에 있을 필요가 없다. 같은 건물 안에 있을 필요조차 없다. 집에서 컴퓨터로 일하고, 수정사항을 주고받으면 된다.

이런 환경에 적응하는 것이 나에게는 큰 충격이었다. 이런 환경에서는 자신의 행동이나 태만에 대한 책임을 회피할 수 없게 된다. 말로 문제를 빠져나가거나, "과제는 끝냈는데 개가 종이를 먹어버렸다."는 식의 변명을 잘하는 사람은 이제 더 이상 숨을 곳이 없다. 우리 모두가 곧 일하게 될 이 첨단 기술의 세계에서는 그런 회피가 통하지 않는다.

앞으로 필요해질 기술을 아직 배우지 않았다면 이제라도 배우기 시작하는 편이 좋다. 배우지 않으면 사이버공간에서 한 톨의 우주 먼지처럼 뒤처지고 말 것이다.

미래에는 전자기기로 이어진 망이 형성되어 각자 하는 일을 누구나 볼 수 있게 될 것이다. 그러면 높은 성과를 내는 직원과 그렇지 않은 직원이 누군지 금방 명백하게 드러난다.

현재 재택근무를 하고 있거나 고려하고 있다면 업무 효과를 최대화해줄 몇 가지 팁을 소개한다.

첫째, 업무 전용 공간을 확보한다. 사무실로 만든 방일 수도 있고, 아니면 침실 구석에 놓인 책상일 수도 있다. 중요한 건 해당 공간은 업무용으로만 써야 한다는 점이다. 그렇게 하면 매일 업무 시작을 미루고 싶은 충동을 피할 수 있다.

둘째, 다른 재택근무자와 대화를 나눈다. 다른 사람의 경험에서 어떤 점이 업무에 효과적이고 어떤 점이 그렇지 않은지 배운다. 그리고 가장 도움이 되는 서비스가 무엇인지 물어본다. 예를 들어 프린터, 우편 서비스, 응답 서비스나 소규모 업체 담당 변호사 혹은 회계사 같은 전문 서비스도 있다.

정해진 근무 시간을 반드시 지킨다. 때때로 업무 시간을 유연하게 사용할 수 있다는 게 재택근무의 매력이고 이 점이 너무 좋다 하더라도 고객은 아침 9시부터 오후 5시로 정해진 근무 시간에 더 익숙하다는 점을 기억해야 한다. 근무 일정을 정할 때 적어도 몇 시간 정도는 일반적인 근무 시간대와 겹치게 하라.

홈 오피스에서 만나기에는 인원이 너무 많거나 아니면 특별히 좋은 인상을 심어주고 싶은 고객이 있다면 호텔이나 오찬 모임 장소를 활용한다. 또한, 재택근무자들을 위한 출판물이나 컨설팅 서비스를 제공하는 회사의 자료도 적극 활용한다. 예를 들어, AT&T는 수신자 부담 전화 서비스(800번 전화), 팩스, 모뎀, 응답 서비스 등과 관련된 다양한 지원 자료와 전문가를 보유하고 있다.

다음으로 적절한 보험에 가입했는지 확인한다. 컴퓨터, 가구, 기기 보호 및 기타 책임 부담에 노출되어 있다면 보험이 필요하다. 새로운 업무 환경과 상황을 보험설계사에게 이야기해 보장 범위가 제대로 설정되어 있는지 확인한다.

재택근무자의 홈 오피스는 세금공제 대상이 될 수도 있다. 담당 세무사에게 홈 오피스로 인정받으려면 어떤 조건을 충족해야 하는지 확인한다.

마지막으로 집에서 일하든 사무실로 출근해서 일하든 성공의 규칙은 같다. 목표를 설정하고, 열심히 노력하고, 모든 거래에 공정하고 정직하게 임하라.

현재 '재택근무자'가 아니라도 곧 재택근무를 하게 될 가능성이 크다. 컴퓨터, 인터넷, 팩스기만 있으면 회사 사무실, 고객, 공급업체 등 소통이 필요한 상대와 쉽게 연결된다.

재택근무를 하면 근무 시간의 유연성이 높아지고, 출퇴근으로 낭비되는 시간을 없앨 수 있다. 게다가 사무실 공간과 지원 부서 직원을 줄일 수 있어 비용상의 이점이 생기므로 재택근무는 고용주에게도 매력적인 대안이다.

자기 경영 실천 포인트

→ 별도로 분리된 업무 전용 공간을 확보한다.
→ 업무 스케줄을 정하고, 이를 고수한다.
→ 다른 재택근무자와 이야기를 나누고 유용한 팁을 얻는다.

실행이 변화의 핵심이다

클레멘트 스톤에 따르면 우리는 약간의 마법을 부릴 수 있다. 우리는 배우고, 이해하고, 행동으로 옮길 때, 자신에게 그 힘이 있음을 스스로 증명할 수 있다. 읽고, 보고, 듣고, 경험한 자기계발 원칙을 행동으로 실천해야 진정한 변화가 시작된다.

실행이 핵심이다. 스톤은 인생에서 성취하고 싶은 건 무엇이든 성취할 수 있다고 말한다. 이미 증명된 성공의 원칙을 파악하고, 생활 속에서 공감하고, 흡수하고, 적용하면 된다. 이는 위대한 성취자들이 실제로 해왔던 방식이다. 진심으로 원한다면, 우리도 그 원칙을 따를 수 있다.

매일 시간을 내어, 이루고 싶은 구체적인 목표와 과업에 대해 생각한다. 목표를 종이에 적고 진행 상황을 매일 검토하는 습관을 기른다. 계획 대비 실제 달성 정도를 비교하는 간단한 차트와 그래프를 활용한다. 차트와 그래프는 특히 재정상 목표나 판매 목표를 확인할 때 효과적이지만, 사실상 어떤 활동이든 차트로 만들 수 있다.

성공의 원리와 개념을 진정으로 이해하게 되면 놀라운 변화가 일어난다. 수천 명의 성취자들에게 효과가 있었듯, 이는 우리에게도 똑같이 효과가 있을 것이다.

스톤은 마지막으로, 그러나 가장 중요한 조언을 건넨다. 자기계발 서적을 읽고 난 뒤에는 반드시 그 안의 기술과 원칙을 자신의 삶에 적용해야 한다고. 기억하라. 마법의 단어는 '실행'이다! 쌓은 지식을 바탕으로 행하지 않는다면 세상 모든 생각이 아무런 도움도 되지 않는다.

토머스 에디슨은 기회가 찾아왔을 때 대다수가 포착하지 못하는 이유는, 기회가 대개 작업복을 입고 있고 '노동'처럼 보이기 때문이라고 말했다. 에디슨은 실험실에서의 일에 집착적일 정도로 몰두했다. 더 많은 시간을 일에 투자하기 위해 그는 밤에 네다섯 시간만 자고, 낮에 짧게 잠을 보충했다.

사실 낮잠 시간은 매우 짧았다. 에디슨은 책상에 앉아 쇠공이나 열쇠 꾸러미 같은 금속 물체를 손에 쥔 채, 머리를 숙이고 졸았다. 그의 손 아래에는 금속 쟁반이 놓여 있었다. 잠이 들어 손에 쥔 물건을 놓치는 순간, 그것이 쟁반에 떨어지며 '쨍' 하는 소리를 냈고, 그 소리에 에디슨은 곧바로 깨어났다.

에디슨은 전구를 발명할 때 그런 낮잠이 돌파구가 되었다고 믿었다. 만 번 이상 실험을 시도했지만 실패했고 목표에 가까이 가지도 못하고 있을 때 짧은 낮잠을 자는 동안 그는 숯에 관한 꿈을 꿨다. 잠에서 깼을 때 에디슨은 문제의 해결책이 꿈에 나타났다는 걸 알았다.

숯은 장작불에 공급되는 산소의 양을 제한해 만든다. 그러면 나무가 계속 타는 걸 막을 수 있다. 그는 이 원리를 전등에도 적용해보면 어떨까 생각했다. 그래서 에디슨은 유리 전구에 필라멘트를 넣고, 내부의 공기를 제거했다. 그 후의 일은 역사가 되었다. 이전 만 번의 실험에서는 필라멘트가 다 타버렸지만, 이번에는 산소가 없으니 탈 수가 없었다.

당시 숯을 만드는 방법은 널리 알려져 있었다. 마찬가지로 전기가 전선을 지나가면 빛이 난다는 것도 잘 알려져 있었다. 위대한 발명가 에디슨은 그저 잘 알려진 두 사실을 결합해 다른 방식으로 적용했을 뿐이다. 그리고 그 과정에서 에디슨은 문명의 흐름을 바꾸었다.

다음번에 깊이 잠들었다가 일어났을 때 아무런 의미도 없는 것처럼 보이는 아이디어를 얻었다면, 그것을 너무 쉽게 무시하지 마라. 어쩌면 오랫동안 고민하던 문제에 대한 해답을 우리 잠재의식이 꿈이라는 방식으로 전해준 것인지도 모른다.

자기 경영 실천 포인트

→ '지금 바로 한다'라는 문구로 실행 동기를 부여한다.
→ 성공을 위해 달성해야 할 사항을 적은 '해야 할 일' 목록을 작성한다. 그리고 실행한다. 지금!
→ 아이디어는 순식간에 지나간다. 번뜩이는 아이디어가 떠오르면 바로 적어두고 추후 활용한다.

서비스의 가치를 판매하라

오늘날 혼잡한 시장에는 제품이 너무 많아서 사실상 거의 똑같아 보인다. 품질은 같은데 가치만 상대적인 것처럼 보이는 제품이 점점 늘어난다. 그렇다면 어떻게 다른 제품을 누르고 우리 제품을 판매할 수 있을까? 답은 물건과 함께 자기 자신을 파는 것이다.

상품화된 제품을 판매하더라도 부가가치를 제공하는 서비스에 초점을 맞추면 경쟁우위를 확보할 수 있다. 여기 자기 자신과 회사를 경쟁사와 차별화할 수 있는 몇 가지 팁이 있다.

먼저, 우리가 어디에서 가치를 제공하고 있는지 파악한다. 고객은 왜 우리와 거래하는가? 우리 자신, 우리 회사, 또는 우리 제품에서 특별한 점은 무엇일까?

다음으로 경쟁 상황을 확인한다. 경쟁 제품의 강점과 약점을 분석하다. 최근 경쟁에서 이긴 적이 있다면 승리한 이유를 알아본다. 경쟁에서 진 적이 있다면 또한 그 원인을 확인한다.

고객을 분석한다. 경쟁 제품에는 없지만 우리 제품이 제공할 수 있는 건 무엇일까? 즉 우리는 고객에게 어떤 부가가치를 제공하며, 그 부가가치는 더 높은 가격을 요구할 수 있을 정도의 수준일까?

경쟁 제품과 비교해서 서로 다른 점과 더 나은 점을 확인한다. 프레젠테이션을 하거나 제안서를 제출할 때 이러한 정보를 유리하게 활용한다. 추천 후기를 얻는다. 제품을 인정한다는 고객 후기를 보여주면 경쟁 제품보다 더 좋은 제품이라는 걸 증명하는 데 도움이 된다. 제안서 사본도 함께 넣는다.

'윈-윈' 계약을 맺는다. 고객이 단기적이고 저렴한 해결책을 원한다면 우리와 거래했을 때 얻게 될 장기적인 이점에 초점을 맞춰 설명한다. 가격을 인하하는 경쟁사가 제출한 제안서를 보여달라고 요청한다. 제안서에 포함된 조건을 고객이 전부 파악하지 못했을 수 있다.

교육, 판매 및 기술 지원, 기타 차별화 요소 가운데 빠진 항목이 있는지 점검한다. 하지만 여기서 한 가지 주의해야 할 점이 있다. 고객은 그 어느 때보다 똑똑하며 이미 다 들은 이야기일 수 있다. 그러므로 진심으로 고객의 문제 해결을 돕는 데 관심이 있음을 알린다.

무엇보다 방어적인 태도를 보이지 마라. 우리 제품의 강점을 이야기할 때는 프로페셔널하면서도 예의 바른 모습을 보이되, 열정을 담는다. 항상 긍정적인 마음가짐을 유지한다. 비록 고객이 오늘은 사지 않는다고 해도, 내일도 거래하지 않을 이유를 주어서는 안 된다.

수십 곳에서 판매 중인 제품일지라도 우리가 뛰어난 서비스를 제공한다면 고객이 우리에게서 제품을 구입해야 할 이유가 생긴다. 다음의 사례를 살펴보자. 얼마 전 새 차를 사러 나갔다. 단정치 못한 차림의 성급한 판매원과 끝없이 협상하는 장면이 머릿속을 맴돌았다. 대개 그 모든 끔찍한 경험을 마치고 나면 타던 차를 그냥 탈걸 하는 생각이 든다. 하지만 이번에는 달랐다. 구매 과정이 정말 즐거웠다.

자동차 판매 대리점에 들어섰을 때 영업사원이 자기소개를 하며 명함을 내밀었다. 그리고 해당 지점에서 수년간 판매왕에 선정되었다고 했다(내겐 아무 의미 없는 소리였다). 나는 전혀 신경 쓰지 않았다. 그러고 나서 정말 마음에 드는 차를 발견했다. 영업사원이 내게 운전을 해보고 싶은지를 물었다. 그래서 "아닙니다. 저는 아직 구매할 준비가 안 되었습니다. 그냥 보러 온 거에요."라고 대답했다.

그랬더니 영업사원이 이렇게 말했다. "급하실 건 없어요. 준비가 되시면 그냥 제게 알려주세요. 제가 도와드릴 수 있으면 좋겠습니다."

나는 마음속으로 기억해두었다. '이 사람 좋은데.' 그로부터 몇 주가 지나 매장을 다시 찾았을 때 나는 그날 만난 영업사원을 찾았다. 그러고 나서 구매할 준비가 되었고, 어떤 계약 조건을 제시할 수 있는지 관심이 있다고 전했다. 영업사원은 내게 최소한의 정보만 물었고, 감정인에게 내가 보상판매를 받으려는 차를 평가하도록 했다. 그러고 나서 금액을 제시했다. 나는 계약 조건에 동의했고, 영업사원은 신용 신청서 양식을 작성해달라고 건네며 작성 후 편할 때 팩스로 보내달라고 했다.

바로 다음 날 영업사원은 내게 전화를 걸어 차량 픽업 준비가 완료되었다고 전했다. 차량을 세차하고 주유를 가득 해둔 상태였다. 내가 최종 서류에 서명하는 동안 영업사원은 내가 타던 차에서 새 차로 짐을 옮겨주었다.

내가 서류 작업을 마치자 함께 차로 가서 차량 내 전자기기 작동법을 전부 설명해주었다. 그러고는 말했다. "고객님을 위해 제가 임의로 라디오 주파수를 맞춰두었습니다. 고객님께서 좋아하실 것 같은 방송으로요." 그렇게 말하며 몇 개의 채널을 언급했다.

영업사원은 나를 꽤 잘 알고 있었다. 한 곳을 제외하고 나머지는 다 내가 좋아하는 라디오 방송이었다. 영업사원이 제공하는 서비스는 그가 수년간 판매왕이었다는 사실과 관련이 있을 것 같았다. 이런 사람들이 자동차 판매원에 대한 좋은 이미지를 심어줄 것이다.

자기 경영 실천 포인트

→ 먼저 관계를 쌓는다. 판매는 나중에 따라올 것이다.
→ 잠재고객에게 제품을 '판매'하려 하지 않는다. 잠재고객의 문제를 해결하는 데 초점을 맞춘다.
→ 제공하는 것에 가치를 더할 방법을 찾는다. 예를 들어 무료 교육이나 지원을 제공할 수 있다.

판매와 관련된 활동만이 수익을 창출한다

미래를 예측할 수 있는 사람은 아무도 없다는 걸 우리 모두 안다. 그런데 미래에 일어날 구체적인 일은 알 수 없지만, 우리 운명을 어느 정도는 통제할 수 있다. 만일 성공하기 위해 계속 노력한다면 결국에는 성공한다. 하지만 포기하고 변명을 찾으면 우리 삶은 결코 나아지지 않을 것이다.

나는 사우스웨스턴 오클라호마 주립대학교에 다닐 때 학비를 벌려고 생명 보험을 팔러 다니며 미래를 관리할 책임과 능력에 관한 소중한 교훈을 얻었다. 보험 판매는 내게 완벽한 일이었다. 해군에서 막 제대한 나는 진지하게 공부하는 학생이었고, 가족이 있었다. 오전에는 수업을 들었고 오후와 저녁에는 보험 판매 전화를 돌리며 적당히 생활비를 벌었다.

나는 운 좋게도 글렌 라이트 Glenn H. Wright 밑에서 일할 기회를 얻었다. 그는 전직 교사 출신으로 내가 아는 사람 가운데 가장 뛰어난 영업 교육 전문가이다. 나를 채용했을 때 라이트는 본사 교육팀의 팀장이었다. 하지만 고향인 웨더포드로 돌아가기를 원해 웨더포드에 보험영업소를 열었고, 이곳에서 내가 라이트와 함께 일하게 된 것이다. 라이트와 함께 일하는 건 마치 24시간 내내 개인 트레이너의 지도를 받는 것과 같았다.

라이트는 나에게 모든 활동을 정확하게 기록함으로써 업무 효과를 측정하는 법부터 가르쳤다. 얼마 안 가 나는 판매량이 운에 달린 게 아니라 전적으로 내가 통제할 수 있는 범위 안에 있다는 걸 알게 되었다. 프레젠테이션의 결과가 판매로 이어진다. 전화를 돌린 결과가 프레젠테이션을 할 기회로 이어진다. 돈을 더 벌고 싶으면 내가 해야 할 일은 전화를 더 많이 돌리는 것뿐이었다.

기술이 점점 쌓이면서 업무 효율이 높아졌다. 하지만 원칙은 달라지지 않았다. 보험 판매 경험으로부터 내가 얻은 가장 큰 교훈은 돈을 부르는 활동이 있고 그렇지 않은 활동이 있다는 사실이었다. 서류를 정리하고 사무실에서 하는 일도 중요했지만, 그 일은 언제든지 할 수 있다. 판매와 직접 관련된 활동만이 수익을 창출한다. 나는 기회가 닿는 한 매일 수익 활동을 위한 업무를 해야 한다는 것 그리고 고객에게 전화를 걸기에는 시간이 너무 늦었을 때에 수익성과 무관한 업무를 처리해야 한다는 걸 배웠다.

그로부터 수십 년이 지났지만 그때 배운 교훈을 마음에 품고, 그 내용을 글과 세미나, 강연을 통해 수백 명의 사람과 나누었다. 당시 배운 교훈 덕분에 지금까지 시도했던 모든 일에서 경쟁우위를 지킬 수 있었다.

가장 기억에 남는 교훈은 웨인 빌루트Wayne Bilut라는 사람에게서 얻었다. 그는 말했다. "말할 때보다 들을 때 훨씬 더 많은 돈을 벌 수 있다." 나는 이 말에 공감한다.

미국 최고의 인쇄물 영업사원인 그는 수년간 매년 800만 달러 내지 1천만 달러 가치의 인쇄물을 판매했고, 지금은 일리노이주 레이크포레스트에서 커뮤니링크라는 커뮤니케이션 기업을 이끌고 있다. 하지만 빌룻은 여전히 현장에 나가 고객을 만나고, 프로젝트를 검토하고, 판매를 하며 대부분의 시간을 보낸다.

처음 빌루트를 만난 건 거의 25년 전의 일이다. 나는 이제 막 대학을 졸업하고, 시카고 교외 지역에 있는 회사에 취업을 한 참이었다. 빌루트는 내가 일하던 건물에 콜드콜cold call(미지의 잠재고객에게 투자나 상품 구입을 권유하기 위해 사전 접촉 없이 전화를 걸거나 방문하는 활동.—옮긴이)을 하러 다녔고, 접수처에 가서 인쇄물 구매 담당자를 만날 수 있을지 물었다.

대학 시절 판매 일을 하면서는 문을 두드릴 용기가 있는 사람을 만난 적이 없었다. 나는 그에게 인쇄 작업을 몇 건 맡겼고, 곧 빌루트가 남다른 사람임을 알게 되었다. 그는 약속한 대로 시간을 지키고 예산 안에 맞췄으며, 서비스가 뛰어났다. 그가 일을 맡으면 나쁜 쪽으로 놀랄 일은 결코 일어나지 않았다.

이후 수년 동안 상황에 따라 때로 빌루트와 함께 일하기도 하고 일하지 않기도 했지만, 그는 항상 연락을 주었다. 그는 영업사원의 본보기 같은 사람이었다. 영업을 좋아했고, 영업으로 엄청난 성공을 거두었다.

　빌루트가 거둔 성공의 비결은 간단하다. 그저 좋은 제품을 좋은 가격으로 판매하고 뛰어난 서비스로 뒷받침하는 것뿐이다. 그런데 이를 이해하는 건 전혀 어렵지 않지만, 실행하는 건 믿을 수 없을 만큼 어렵다.

　품질, 가치, 서비스에 대한 약속을 지킨다고 모두가 이야기하지만, 이를 실행하려면 조직의 상층부부터 하층부까지 좋은 관리가 필요하다. 또한 고객의 목소리에 귀를 기울여야 한다. 빌루트는 경청에 아주 뛰어났다. 그는 상대가 하는 말을 듣기만 하는 게 아니라 이야기 속에서 빠진 부분이 무엇인지 주의 깊게 찾았다. 그는 수년간 고객이 가장 크게 걱정하는 게 무엇인지 알아내고, 자기 자신을 해결책으로 제시함으로써 많은 돈을 벌었다.

　상대가 하는 이야기 그리고 하지 않는 이야기에 진정으로 귀를 기울이면 우리도 빌루트처럼 성공할 수 있다.

자기 경영 실천 포인트

→ 시간이 있을 때 수익성 있는 작업을 한다. 세부사항은 나중에 처리할 수 있다.
→ 각 업무를 언제 수행했을 때 가장 수익성이 좋은지 알아낼 수 있도록 업무 활동을 기록한다.
→ 적어도 이야기한 만큼은 듣는다.

설득하는 글은 최고의 판매 도구다

사무실을 정리하고 정보의 고속도로에 올라타기 전에 한 가지 기억할 것이 있다. 옛날식 편지나 안내 책자에 담았든 아니면 이메일이나 팩스 메시지에 담았든 예나 지금이나 최고의 판매 도구는 설득하는 글이다.

오늘날 수익이 낮고 경쟁이 치열한 세상에서 대면 영업 기술을 글쓰기에 적용하면 효율성을 크게 높일 수 있다. 글쓰기를 활용하면 잠재 고객을 발견하고, 계약을 맺고, 더 큰 거래를 성사시킬 수 있다.

설득력 있는 글쓰기는 세부사항을 전달하는 데 도움이 되며, 특히 기술적 배경이 없는 고객에게 기술상의 이점을 설명하는 데 유용하다. 서면 제안서가 있으면 상부의 승인이 필요한 고가의 제품을 소개하기가 쉽다. 신제품이나 새로운 서비스의 이점을 홍보할 때도 글로 소개하면 좋은 효과를 얻을 수 있다.

멋진 표현이나 시선을 사로잡는 문체가 필요한 건 아니다. 제품이나 서비스가 고객/잠재고객의 니즈를 채우는 방식을 자세히 그리고 설득력 있게 전달하기만 하면 된다.

여기 글로 표현된 프레젠테이션을 더 효과적으로 만들기 위한 몇 가지 팁이 있다.

- 잠재고객이 지닌 문제를 해결할 방법, 혹은 잠재고객이 목표를 달성할 방법에 관해 개요를 설명한다.
- 행동 계획을 명확히 제시하고, 그 계획에서 우리 제품이나 서비스가 언제 어떻게 사용되는지 설명한다.
- 계획이 잘못될 가능성이 없음을 보여주고, 다른 고객의 추천 후기를 제공함으로써 계획을 보장한다.
- 잠재고객에게 행동을 유도한다. 제안을 논의하기 위해 언제 만날지 구체적인 시간을 정한다.

고객은 문제를 해결하는 데 관심이 있다는 점만 기억하라. 고객은 우리에게 고객이 얼마나 중요한지, 우리가 고객을 위해 무엇을 해줄 수 있는지에 관한 내용을 읽고 싶을 뿐, 이 제품이 얼마나 중요한지에 관한 우리 생각은 관심사가 아니다. 자기 자신이나 제품이 아니라 고객에게 초점을 맞추면 얼마나 설득력이 커지는지 깜짝 놀랄 것이다.

글쓰기를 통해 제품이나 서비스를 판매하는 또 다른 방법은 뉴스 보도자료를 적절하게 활용하는 것이다. 회사의 최근 노력이 뉴스 미디어의 관심을 끌면 무료로 홍보가 될 뿐만 아니라 고객 유치로도 이어진다. 그런데 회사 소식을 지역 언론에 실으려고 해봤다면 이미 알겠지만, 우리 회사의 보도자료가 눈에 띨 확률은 희박하다.

기자로 일하는 한 친구가 말했다. "쓰레기통 위에서 우편함을 여는 사람에게 편지를 쓰고 있다는 점을 기억해야 해." 기자가 매일 받은 산더미 같은 보도자료 속에서 눈에 띄려면 사람들의 관심사를 새로운 각도로 제시하거나 내용에 반전이 있어야 한다.

효과적인 보도자료를 쓰기 위한 첫 번째 단계는 자료를 보내려는 언론사에서 낸 기사를 열심히 읽는 것이다. 기자가 어떤 스타일로 쓰인 어떤 유형의 정보를 찾는지를 공부한다.

뉴스 보도자료를 쓸 때는 다음 사항에 유의한다.

- 전문 용어의 사용은 피한다. 해야 할 말을 분명하고 간결하게 전한다.
- 내용을 정확하게 쓴다. 모든 주장은 타당해야 한다.
- 적절한 도구를 손이 닿는 곳에 보관한다(유의어 사전, 참고자료 등).
- 사진을 포함한다. 좋은 특집 사진과 함께라면 기사로 실릴 가능성이 높아진다.
- 지역 신문의 비즈니스 담당 기자와 친분을 쌓는다. 우리가 쓴 보도자료는 여전히 뉴스 가치가 있어야겠지만, 기자가 우리 이름을 알면 생존 가능성이 더 높아진다. 그리고 새로운 고객에게 제품을 판매할 기회도 더 커진다.

자기 경영 실천 포인트

→ 글을 통해 고객의 문제를 해결하는 방법에 초점을 맞춘다. 제품이 얼마나 대단한지는 고객의 관심사가 아니다.

→ 제안서는 간략하게 작성한다. 주제를 정확하게 다루되 너무 길지 않게 쓴다.

→ 보도자료를 배포하여 더 많은 사람에게 다가간다.

인간적인 접촉을 강화하기

요즘처럼 빠르게 움직이는 시대에는 기업의 임원이나 소유주가 업계에서 매일 일어나는 일에 관한 소식으로부터 동떨어지기 쉽다. 그리고 그건 치명적인 실수가 되기도 한다.

몇 년 전 내가 일했던 회사에서는 시설을 새로 단장하고 건물 안에 직원용 카페테리아를 설치했다. 하지만 오래된 습관을 버리기는 어려워서 많은 직원이 회사 근처의 인기 있는 델리를 자주 찾았다. 사실 회사 사장님이 그 가게에서 파는 점심용 특별 샐러드를 정말 좋아해서 회사 카페테리아가 문을 열고 나서도 오랫동안 델리를 애용했다.

그러다 마침내 직원의 친절함, 편리함, 맛있는 음식 등의 이유로 대부분 직원이 델리를 멀리하고 카페테리아의 손님이 되었다. 하지만 델리에서는 이러한 카페테리아의 영업 활동을 알아차리지 못했다. 델리 주인은 과거의 성공을 바탕으로 가게를 확장해 아이스크림 판매대와 선물 코너를 추가했다.

그러다 점점 매출이 줄어든다는 사실을 뒤늦게 눈치채기 시작했다. 매장 한정 특별 메뉴와 인하된 가격으로 맞섰지만, 그 무엇도 도움이 되는 것 같지 않았다. 델리 주인은 매출 하락이 경기침체 때문이라고 생각했고, 경기가 좋아지면 사업이 다시 잘될 것으로 여겼다.

현재 그 델리는 문을 닫았다. 델리 주인이 고객과 가까이 지내며 주변에서 무슨 일이 일어나는지 눈치챘더라면 결과는 크게 달랐을 것이다. "오랜만에 오셨네요."라는 간단한 인사만 했더라도 손님이 새로 생긴 카페테리아에 관해 이야기해주었을 것이다.

손님과 가까이 지내고 카페테리아라는 새로운 경쟁 상대를 알아차렸다면 많은 일을 시도해볼 수 있었을 것이다. 카페테리아가 괜찮은 식당인지 불분명하던 초기에 충성고객을 유지하기 위해 배달 서비스를 시작했을 수도 있다. 그보다 훨씬 더 좋은 방법은 시간을 들여 고객을 조사해 우리 회사의 사장님이 델리에 만족하는 단골이라는 점을 파악하는 것이었다. 그랬다면 사장님의 도움을 얻어 회사 카페테리아에 음식을 공급하는 케이터링 계약을 체결할 수도 있었을 것이다.

델리 주인은 클레멘트 스톤이 제시한 R2A2 원칙을 활용하지 못했다. 이미 정보가 갖추어져 있었지만, 이를 인식하고, 관련지어 이해하고, 적용하는 데 실패했다.

기업 임원은 매일 일어나는 일에 관한 소식에서 단절되어 있기 쉽다. 이런 일이 일어나게 두는 것도 실수이다. 그래서 하얏트의 관리직은 날을 정해서 호텔 직원으로 일하고, 맥도날드의 임원은 종종 햄버거를 만든다. 그렇게 함으로써 임원은 현장에서 일하는 직원이 얼마나 힘든지 알고, 고객과의 접점을 유지하며, 자신이 어떤 업계에서 일하고 있는지 다시 한번 떠올리게 된다.

광고 전문가인 존 오툴John O'Toole은 잡지 「셀링Selling」에서 이렇게 말했다. "자판기에서 판매되는 상품은 예외지만, 그외 모든 판매에서는 인간적인 접촉이 일어난다. 그러므로 성공적인 판매는 많은 부분 잠재고객에 관해 되도록 많이 알아내는 판매자의 능력에 달려 있다."

오툴은 잠재고객과 가까워지기 위한 가장 좋은 방법은 고객의 직장 생활과 더불어 사생활에 대해 아는 것이라고 했다. 잠재고객의 개인적인 목표, 경력 계획, 개인 철학을 알면 어떤 상황에서도 잠재고객과 공감할 수 있다. 하지만 이건 쉽지 않은 일이다. 첫 번째 단계로 숙제를 해야 한다. 산업 간행물이나 잠재고객, 중요한 인물에 관한 기사를 읽고, 업계에서 중요한 인물의 약력을 여러 출처를 통해 확인한다. 다른 고객이나 회사 사람 가운데 잠재고객에 관해 알고 있는 사람이 있으면 그에 관해 물어본다. 잠재고객은 어떤 사람일까? 어디 출신일까? 골프를 칠까? 낚시? 볼링은 할까?

오툴은 만일 대량의 소비자를 상대한다면 일이 훨씬 더 어려워진다고 경고한다. 집에서 간단하게 확인할 수 있는 인구통계 정보에 현혹되지 마라. 그런 정보는 현장에 나가면 도움이 되기보다 헷갈리게만 한다.

예를 들어 인구통계학상 프로필이 이렇게 쓰여 있다면 어떨까? '백인 여성, 18~49세 사이, 도시 거주, 대학 교육, 가계 소득 5만 달러 이상.' 처음 보면 도움이 될 것처럼 보이지만, 이 정보는 마돈나Madonna와

티퍼 고어Mary Elizabeth Tipper Gore(앨 고어 미국 전 부통령의 부인.―옮긴이)를 동시에 설명한다. 오툴은 마돈나를 대할 때와 같은 방식과 같은 판매 전략으로 고어 부인과 '개인적 접촉'을 하려는 영업사원이 있다면 다른 일자리를 알아보는 게 낫다고 말한다.

시장 조사 내용을 여러 가지 멋진 표와 차트로 뒷받침하며 설득력 있는 언어로 제시하면 눈길을 끌 수 있겠지만, 「셀링」에서 오툴은 인구통계학상 프로필만으로 고객을 파악하면 그 고객에게 제품이나 서비스를 판매할 방법은 전혀 모르는 거라고 말한다. 판매의 오래된 원칙에 따르면, 사람들이 구매하거나 구매하지 않는 데에는 항상 두 가지 이유가 있다. 하나는 여기저기서 자주 들을 수 있는 이유이고, 다른 하나는 진짜 이유다. 고객을 개인적으로 알지 못하면 진짜 이유를 결코 알 수 없다. 고객과 친해지는 데는 시간이 걸리지만, 수고로움을 감당할 가치가 있다.

자기 경영 실천 포인트

→ 직원, 동료, 고객과 이야기를 나누며 업계에서 무슨 일이 일어나고 있는지 계속 파악한다.
→ 주변에 이미 존재하는 정보를 인식하고, 관련지어 이해하고, 적용한다.
→ 상황이 바뀌었을 때 그 이유를 안다고 짐작하지 말고, 고객과 직원들에게 묻는다.

자기 사업을 즐겁게 하는 법

"좋아하는 일을 사업으로 삼지 말라."는 격언을 들어본 적이 있을 것이다. 하지만 스스로 일하는 사람들은 다른 말을 한다. 그들은 자신이 하고 싶은 일을 하며, 그 일이 즐거울 수 있다고 말할 것이다.

연구에 따르면 사업 소유주는 대개 직원보다 근무시간이 50퍼센트 더 많다고 한다. 그런데 이런 통계는 한 가지 중요한 점을 보여주지 못한다. 사업 소유주가 그렇게 오랜 시간 일하는 건 일을 좋아하기 때문이라는 사실이다. 자신이 하는 모든 일이 자신의 성공으로 이어지는 곳에서 자기 자신을 위해 일하는 기쁨은 매우 강력한 동기를 부여한다.

물론 이 모든 건 자신에게 맞는 일을 골랐다는 것을 전제로 한다. 돈을 많이 벌 것 같다는 이유에서 사업을 선택하는 사람이 많다. 그런 선택에도 전혀 문제는 없지만, 돈이 동기를 부여하는 유일한 수단이라면 아마 비참함을 느낄 것이다. 그러지 않으려면 자신이 하는 일을 좋아해야 하고, 좋아하는 일을 함으로써 수익을 얻을 수 있어야 한다.

여기서는 자기 사업을 시작하려는 사람에게 유용한 몇 가지 팁을 소개한다. 첫째, 자신이 원하는 사업을 찾는다. 지금까지 했던 모든 일 가운데 어떤 일을 정말 좋아했고, 그 이유는 무엇이었는지 자기 자신에게 물어본다.

다음으로 자신이 원하는 일에 대한 시장이 분명히 존재하는지 확인한다. 아무리 좋아하는 일이라도 판매할 시장이 없다면 즐겁지만은 않을 것이다.

전혀 경험이 없는 분야에서 사업을 시작하고 싶다면 먼저 업계에서 일자리를 얻는다. 그러면 업계 내부에서 일을 배울 수 있고, 자기 돈을 잃을 위험 없이 그 일을 정말 좋아하는지 알아볼 수 있다. 그리고 이 사업을 운영하는 데 필요한 모든 기술을 갖췄는지, 아니면 자신에게 없는 기술을 가진 파트너를 찾아야 하는지 스스로 점검한다.

마지막으로, 자신을 돌아보고 사업을 성공적으로 시작하기 위해 필요한 자제력을 갖추었는지 확인한다. 스스로를 위해 일하는 것은 재미있고 보람 있겠지만, 사업 초기에 수익이 좋지 못할 때는 포기하고 싶은 마음을 억누르고 스스로에게 동기를 부여하며 계속 나아가야 한다.

통계에 따르면 우리는 평균적으로 인생의 3분의 1을 직장에서 보낸다. 자신이 정말 좋아하는 일을 찾는다면 더욱 행복하고 충만한 인생을 살게 될 것이다. 또한 더욱 성공적인 인생이 될 것이다.

하지만 잭 밀러Jack Miller가 경험했던 것처럼 그 길은 분명 생각보다 시간이 오래 걸리고 어렵다. 1929년 시카고에서 태어난 밀러는 열한 살 때 처음 일을 시작했다. 자전거로 세탁물을 배달하는 일이었다. 그 이후 밀러는 일을 쉬어본 적이 없었다.

고랑을 파고, 화물을 선적하고, '힘들고 더럽지만 돈을 많이 주는 일' 은 뭐든 했다. 밀러는 일을 하며 대학까지 마쳤고 27세가 되자 이제 자기 사업을 시작할 때라고 생각했다. 장인어른으로부터 2천 달러를 빌려 집 침실에 사무실을 열었고, 삼촌 댁의 지하실을 창고로 사용했다.

밀러는 아침 6시 반이면 거리로 나가 온종일 물건을 팔았다. 그리고 도매상에게 주문을 넣고, 집에서 물건을 받아 UPS로 배송한 뒤 집으로 돌아와 송장을 작성해 고객에게 보냈다.

밀러는 특별한 천재가 성공하는 건 아니라고 생각했다. 성공은 엄청난 노력과 훌륭한 상식, 성공하겠다는 욕망 그리고 사업의 모든 면에서 탁월함을 강력하게 추구한 결과라고 생각했다.

밀러가 세운 회사인 퀼 코퍼레이션에서는 최고 수준의 탁월함을 요구한다. 밀러는 말한다. "탁월함이 기준이 되어야 해요. 어떤 사업을 하든 자기 자신을 위해 사업을 하는 겁니다. 자신이 상품이에요. 우리는 각자 어느 정도의 잠재성을 가지고 태어났고, 인생이란 더 큰 잠재성을 실현해나가기 위한 여정입니다."

여분의 전화선 하나로 시작했던 밀러의 회사는 현재 시카고 교외링컨셔에 약 5만 평에 달하는 부지에 본사를 두고 있다. 퀼 코퍼레이션에 근무하는 직원은 1천 명 이상이며 수억 달러의 매출을 자랑한다.

퀼 코퍼레이션의 성공에는 뛰어난 고객 서비스도 한몫했다. 1970년 이 회사는 고객 권리 장전을 제정했다. 소비자의 권리라는 말이 유행하기 훨씬 전의 일이었다. 내용을 간단하게 소개하면 다음과 같다.

1. 고객은 실제 감정을 지닌 한 사람으로서 친절함, 정직함, 존중을 갖춘 대접을 받을 권리가 있다.
2. 고객은 지불한 금액의 완전한 가치를 누릴 권리가 있다.
3. 고객은 만족을 완전히 보장받을 권리가 있다.
4. 고객은 빠른 배송을 받을 권리가 있다.
5. 고객은 신속하고 예의 바르며 빈틈없는 대답을 들을 권리가 있다.
6. 고객은 인간 대 인간으로서 존중받을 권리가 있다.
7. 고객은 고객으로서 우리가 받고 싶은 대접 그대로 받을 권리가 있다.

밀러는 이렇게 말한다. "대부분은 고객의 가치를 잘 알지 못합니다. 오늘은 100달러짜리 거래에 불과했지만, 평생에 걸치면 1만 달러 혹은 그 이상의 거래가 될 수 있습니다." 고객을 잘 대접하면 나중에 큰 복으로 돌아온다.

자기 경영 실천 포인트

→ 탁월함을 기준으로 삼는다. '할 가치가 있는 일이라면 잘해낼 가치가 있다'라는 옛말을 기억한다.

→ 어떤 사업이든 그건 자기 자신을 위한 일이다. 자기 자신이 바로 상품이다.

→ 자신을 위해 결정한다. 이 세상에서 어떤 일이든 할 수 있다면 어떤 일을 하겠는가? 답을 찾았다면 그 일을 한다.

열정이 성공과
즐거움을 만든다

열정은 프로젝트를 성공으로 이끄는 비밀 연료이다.
만일 우리가 열정적이라면 다른 사람도 우리와 우리가
달성하려는 바를 열정적으로 대한다. 이번 장에서는 열정과
열정이 샘솟는 성격을 형성하는 법에 관해 소개한다.

열정은 성공의 비밀 연료다

열정은 성취를 이끄는 연료이다. 열정이 없으면 자신의 아이디어가 가치 있다고 다른 사람을 설득할 수 없다. 사실 자신의 목표에 대해 열정을 느끼지 않는다면, 그것을 스스로에게조차 납득시키기 어려울 것이다.

곁에서 실제로 열정의 힘을 목격한 적이 있을 것이다. 친구나 지인이 진심으로 마음속 깊이 믿는 바에 관해 이야기하면 그들의 삶 속 다른 어떤 부분에서도 볼 수 없었던 강렬함이 느껴진다. 그들은 더 활기차고, 말에 힘이 실리며, 저항하기 어려운 아우라를 내뿜는다. 처음에는 그들의 의견에 동의하지 않았더라도, 어느새 그들의 관점에 점점 설득당하는 자신을 발견하게 된다. 열정을 키우면, 그러한 에너지를 성공을 이끄는 원동력으로 사용할 수 있다.

열정이 있으면 직장에서 보내는 하루가 힘들거나 단조롭게 느껴지지 않는다. 전보다 에너지 레벨이 높아지며, 그래서 쉽게 지치지 않는다. 전보다 더욱 역동적인 사람이 된다. 역동적인 사람은 주위 사람을 끌어들인다. 열정적인 사람을 좋아하지 않기는 어렵다.

좋은 소식을 전하자면 열정적인 사람이 되는 법은 배울 수 있다. 클레멘트 스톤에 따르면 먼저 열정적으로 행동하면 감정이 뒤따르고, 그래서 곧 열정적으로 변한다고 한다.

스톤이 말하기를 열정적으로 행동하려면 강한 어조와 목적 있는 말투로 이야기해야 한다. 이 방법은 특히 사람들 앞에서 긴장하거나 초조할 때 더더욱 유용하다. 목소리에 감정을 담고, 중요한 단어를 강조하고, 마침표나 쉼표가 있는 곳에서는 잠깐 멈춰라. 말하는 도중 극적으로 멈추면 그 부분에서 청중은 이야기에 더욱 빨려든다. 목소리에 미소를 담는다. 행복한 사람처럼 행동하면 마침내 행복해지는 데 큰 도움이 된다. 말하는 내용보다 말하는 방식이 더 중요하다는 것만 기억하라. 말하는 어조와 태도는 다른 사람에게 오래가는 깊은 인상을 남긴다.

물론 자신이 말하는 내용에 믿음이 있어야 한다. 진심을 담아 정직하게 이야기하지 않으면 다른 사람들이 꿰뚫어 보기 시작한다.

결국에는 스스로 열정을 불러일으키는 자기만의 방식을 발견하게 되겠지만, 온 마음으로 믿는 확고한 목표를 갖는 것이 좋은 출발점이 되어준다. 그다음에는 자신의 능력을 믿어야 한다. 스스로 설정한 어떤 과제든 성취할 수 있다는 믿음을 가져야 한다. 그렇게 믿고, 열정적으로 행동하고, 긍정적이고 정직하며 진실된 생각에 집중하면, 열정은 자연스럽게 따를 것이고, 성공도 그 뒤를 따를 것이다.

기업에서 사업을 키우는 데도 열정의 원칙을 적용할 수 있다. 다음 이야기가 그 예이다.

브룬스윅Brunswick 코퍼레이션의 대표 잭 라이커트Jack Reichert는 니먼 마커스Neiman-Marcus 백화점의 카탈로그를 훑어보다가 자신의 회사도 이 유명한 유통업체가 자랑하는 품질에 대한 열정을 공유하고 있다는 사실을 퍼뜩 깨달았다. "제가 아는 회사 가운데 품질이 뛰어난 제품을 공급하는 회사가 어디일까 생각해보니 그게 바로 저희 회사더라고요. 그런데 왜 세상에 이걸 알리지 않은 걸까요?"

그러한 생각이 든 덕분에 브룬스윅은 회사에서 생산하는 고품질 한정판 제품의 광고를 시작해 회사를 동종 업계에서 최고의 제품을 만드는 회사로 포지셔닝했다.

「시카고 트리뷴」에 따르면 브룬스윅에서 '리더십 시리즈'라고 불리는 이 광고 캠페인은 직원들에게 매우 긍정적인 효과를 냈다. "제조 부문의 사기가 높아졌습니다. 직원들은 금도금 제브코Zebco 낚싯대에 고급 티크 손잡이를 부착하거나, 브런즈윅이 당구대만 만들던 시절 사용하던 나무와 접착제를 활용해 당구대를 수작업으로 제작할 기회를 얻었으니까요."

이러한 자부심과 열정은, 관리자가 직원에게서 더 높은 수준의 만족감과 생산성을 이끌어내기 위해 보여야 할 바로 그 모습이다. 미국 증권거래위원회 위원장이자 미국 비즈니스 콘퍼런스 전 의장인 아서 레빗 주니어Arthur Levitt, Jr.가 한 말이다.

국제 회계법인 KPMG 파트너를 위한 연설에서 레빗은 아메리칸 비즈니스 콘퍼런스에서 실시했던 연구 결과를 보고했다. 그에 따르면 지난 10년 동안 성공 스토리를 구성하는 기본 요소는 보통 '품질의 중요성을 이해하는 추진력 있고, 헌신적이며, 카리스마 있는 리더'였다고 한다. 이러한 리더는 자신의 가치, 헌신 그리고 흥분되는 기분을 회사 전체에 투사할 수 있다. 직원에게 동기를 부여해 보통 수준을 뛰어넘는 성과를 내게 하고, 직원이 업무에 개인적으로 깊이 관여되어 있다고 느끼게 한다. 레빗은 이러한 리더가 이끄는 기업은 혁신을 향한 열정을 지니고 가격보다는 가치로 경쟁하는 경향이 있다고 했다.

이와 반대로 회사의 직원과 제품의 품질에 그다지 관심을 보이지 않는 경영진이 이끄는 기업에서도 얼마 지나지 않아 경영진의 태도가 회사 전체에 퍼져나간다. 게다가 품질을 중시하지 않는 그런 태도가 일단 한번 뿌리내리면 그것을 긍정적인 태도로 바꾸기는 매우 어렵다.

자기 경영 실천 포인트

→ 열정적인 사람이 되려면, 열정적으로 행동한다.
→ 업무에 열정적으로 임하려고 노력한다. 작업 공간에 '열정을 잊지 말자'는 메모를 붙여둔다.
→ 긍정적이고 열정적인 사람과 어울린다. 열정은 전염된다.

실패는 배움의 기회다

 실패를 인정하고 받아들여 다음에는 성공하도록 준비하는 대신 실패를 변명하고 싶은 마음이 든 적이 있다면 톰 뎀프시Tom Dempsey의 이야기가 흥미로울 것이다.

 뎀프시는 오른쪽 발의 절반이 없고, 오른팔은 일부만 있는 상태로 태어났다. 하지만 다른 남자아이들과 마찬가지로 스포츠를 즐기고 싶어 했다. 다른 무엇보다 미식축구를 하고자 했다.

 뎀프시에게는 미식축구를 하겠다는 불타는 욕망이 있었기 때문에 부모님은 그에게 나무로 의족을 만들어주셨다. 특수 축구화에 넣은 이 나무 발로, 뎀프시는 날마다 온종일 축구공을 차는 연습을 했다. 그는 필드골(미식축구에서 공을 바닥에 둔 채 발로 차서 상대방 골대에 넣어 득점하는 방법.―옮긴이)을 넣기 위해 시도하고 또다시 시도했고, 매번 골대에서부터 점점 더 멀리 떨어져서 시도했다. 그리고 결국 그는 뉴올리언스 세인츠에 스카우트될 정도로 뛰어난 실력을 갖추게 되었다.

1970년 11월 8일 톰 뎀프시에게 큰 기회가 찾아왔다. 뉴올리언스 세인츠는 1점 차이로 디트로이트 라이온스를 뒤쫓고 있었는데, 남은 경기 시간은 단 2초였다. 뉴올리언스 세인츠에서 필드골을 시도할 준비를 하자(골대로부터 약 57m 떨어진 곳이었다.) 팬뿐 아니라 선수들조차 터무니없다고 생각했다. 하지만 공이 하늘을 가르며 골대 사이를 통과하자, 관중석에서 전국에 들릴 정도로 커다란 함성이 울려 퍼졌다.

상쾌한 공기 속 11월의 그날 톰 뎀프시는 최장거리 필드골로 세계 기록을 썼다. 그리고 이 기록은 43년 동안 깨지지 않았다.

조셉 슈미트Joseph Schmidt 디트로이트 라이온스의 코치가 말했다. "우리는 기적에 패배했습니다."

그건 기적이었다. 타고난 신체적 장애로 인한 한계를 받아들이기 거부한 청년의 투지와 끈기가 만들어낸 기적이었다. 뎀프시는 역경을 극복했고, 세계에서 가장 뛰어난 선수도 흉내 낼 수 없던 위업을 달성했다.

톰 뎀프시의 놀라운 위업은 시도했다가 실패하고, 또다시 시도했다가 실패하는 우리 모두에게 희망과 영감의 등불이다. 인내하며 계속하면 결국에는 승리한다.

사실, 최근 연구에서 인생의 성공에 있어 가장 중요한 요소가 태도라는 사실이 밝혀졌다. 태도에 대한 설문조사 결과가 며칠 동안 토크쇼에서 뜨거운 주제가 되었다. 놀랍게도 이런 당연해 보이는 사실이 많은 사람에게는 새로운 소식이었다.

실패할 것이라고 생각하면 이미 실패한 것이다. 반대로, 성공할 것이라고 믿으면 성공할 가능성이 크다. 처음에는 성공하지 못하더라도, 계속해서 노력하면 결국 성공한다. 실패했다고 해서 모든 것이 끝나는 것은 아니다.

누구나 실패한다. 삶에서 위대한 성취를 거둔 거의 모든 사람이 가끔씩, 심지어 극적으로 실패한다. 하지만 성공한 사람과 패배한 사람을 가르는 차이점이 있다면 성공한 사람은 실패를 영원한 것으로 여기지 않는다. 그리고 언제나 자신의 통제 범위를 넘어서는 외부의 힘이 있다는 걸 안다.

우리가 모든 상황을 통제할 수는 없다. 하지만 상황을 대하는 태도는 통제할 수 있다. 아무리 많은 좌절을 겪더라도 주의 깊게 살펴보면, 그것들이 전혀 좌절이 아님을 알게 될 것이다. 그것은 학습의 기회이다. 긍정적으로 접근하고 실수에서 배우려 한다면, 오랫동안 실패에 머물 수 없다. 이는 매우 간단한 논리이므로 누구나 이해할 수 있지만, 실행하기는 몹시 어렵다.

긍정적인 사고는 자동으로 습득되지 않는다. 반드시 배워야 한다. 부정적인 생각이 처음 드는 순간 이를 긍정적인 생각으로 바꾸는 훈련을 함으로써 긍정적인 사람으로 변할 수 있다. '할 수 없어'라는 반응이 '해낼 거야'로 자동으로 바뀔 때까지 훈련을 계속해야 한다.

사람들이 내게 긍정적인 사고가 정말 효과가 있는지 물을 때면 나는 이렇게 대답한다. "제가 분명히 말씀드리지만, 긍정적으로 생각하는 것보다 부정적으로 생각하는 편이 더 나은 경우는 단 하나도 떠올릴 수 없을 겁니다." 그런 경우는 그냥 없다. 무엇을 성취하고 싶든 정말로 믿는다면, 모두 이룰 수 있다.

자기 경영 실천 포인트

→ 계속 노력한다면 실패는 일시적일 뿐이다.
→ 역경을 마주했을 때는 더 큰 장애물을 극복하고 성공한 사람을 떠올린다.
→ 실패했을 때는 다시 시도한다. 또다시 실패하면 또다시 시도한다.

마음은 언제나
새롭고 높은 목표를 추구한다

목표 설정의 특성상 하나의 목표에 도달하면 자동으로 더 높은 목표를 찾게 된다. 성취를 이루는 사람은 보통 차례차례 여러 가지 목표를 이루기 위해 노력하기 때문에 단기 혹은 중기 목표를 달성하는 때가 되면 벌써 다음으로 오를 산을 생각한다.

목표 달성을 향해 나아갈수록 도전 정신을 유지하려면 목표를 높여야 한다. 그래야 항상 전진하고 있다는 것을 확인할 수 있다.

성공은 대부분의 경우 점진적인 과정이다. 우리는 매일 조금씩 목표를 달성하기 위해 열심히 노력함으로써 승자의 습관을 기른다.

승자는 위험 부담을 감수하지만, 그 위험은 관리된 위험이다. 승자는 선택사항을 주의 깊게 평가하고, 가장 유망한 기회를 선택한다. 그리고 시행착오를 통해 성공이 결국 찾아올 것이라는 확신을 갖는다.

하지만 이건 작게 생각하라는 뜻은 전혀 아니다. 오히려 그 반대이다. 생각은 크게 하되, 목표를 달성하기 위한 계획은 정확하고 체계적이어야 하며, 관리 가능한 작은 단계로 나누어야 한다. 자기 자신을 포함해 그 누구도 성취를 막는 벽을 세우지 못하게 하라.

마음은 항상 새롭고 더 높은 목표를 추구하는 습관이 있다. 하지만 마찬가지로 한계를 지키려는 습관도 있다. 그래서 어떤 일이 불가능하다고 믿거나 특정 수준의 성공만이 가능하다고 생각하면, 그 생각이 현실이 된다.

누군가 내게 멋진 이야기를 들려준 적이 있다. 두 마리의 물고기를 대상으로 한 실험에 관한 이야기다. 이 물고기는 서로 다른 종으로, 하나는 다른 하나를 먹이로 삼는 종이었다. 연구자들은 수족관 중앙에 유리 칸막이를 설치해 두 종 사이에 보이지 않는 장벽을 만들었다.

물고기를 수족관에 처음 넣었을 때 포식자인 물고기는 유리벽에 반복해서 부딪히며 먹잇감인 물고기에 다가가려는 헛된 시도를 계속했다. 하지만 시간이 흐르면서 포식자 물고기는 벽의 존재를 받아들이고 마침내 포기했다. 얼마간 시간이 더 흐르고 연구팀은 칸막이를 치웠지만, 두 마리 물고기는 모두 칸막이가 더는 존재하지 않는다는 걸 모른 채 각자의 구역에서만 유순하게 계속 헤엄쳤다.

우리가 마주하는 가장 높은 벽은 성공에 대한 두려움이다. 펜실베니아대학교 정신의학과의 조안 하비 Joan C. Harvey 박사는 성공에 대한 두려움을 보인 여섯 가지 유형의 사람들을 규명했다.

일중독자 하비 박사는 말한다. "일중독자는 성취가 오직 남다른 노력에서만 나온다고 생각합니다." 그래서 시험, 프레젠테이션, 혹은 프로젝트를 동료보다 항상 더 오래, 더 철저하게, 더 강박적으로 준비한다. 매 시험, 매 보고서, 매 회의가 몹시 중요하다. 각 기회마다 자신이 가짜처럼 보일 가능성이 있다고 생각하기 때문이다.

칭찬이나 인정을 받으면 약간 기쁠 뿐이다. 그리고 어느새 이미 다음 프로젝트를 준비하고 있다. 일중독자는 모든 성공을 노력의 결과로 보는데, 노력은 결코 변하지 않기 때문이다. 노력은 일중독자가 스스로 생각하는 자신의 어리석음과 평범함, 부적절함을 이기기 위한 끝없는 투쟁이다.

비합리적인 사고를 하는 사람 주술적 사고를 하는 사람은 일중독자와 유사하게 예술 행위라고 할 정도로 과도한 준비를 계속한다. 이 과정에서 실패하는 모습을 의식을 치르듯 불러내어 떠올리며 준비를 계속해야 할 동기를 부여한다. 이들은 성공을 걱정과 연관시키고, 낙관적으로 성공을 기대했다가는 운명이 실패라는 처벌을 내릴 거라고 자주 생각한다.

매력적인 사람 대개 여성으로, 때로 남자도 여기 속한다. 매력이 넘치고 호감이 가는 사람으로 상사나 멘토에게 알랑거리거나 추파를 던진다. 이들은 상대에게 좋은 인상을 남기기 위해 멋진 외모와 성격, 재치를 활용하기 때문에 성공을 거두었을 때 혼란스럽고 애매모호한 상황에 놓인다. 자신의 외모와 사회성에 상사가 눈이 멀어 자신의 부족함을 보지 못하지는 않았나 하는 자기 의심이 들기 때문이다.

하비에 따르면 매력을 흘리는 사람은 자신의 매력이 '일종의 후광 효과'를 만들어 전문가의 판단을 흐리게 한다고 믿는다. 칭찬이나 보상을 받으면 실수로 일어난 일이라며 즉시 평가절하한다.

모방자 이들은 다른 사람에게 받아들여지려면 자신의 의견은 억누르고 자신이 인정받고 싶은 사람의 관점을 장려해야 한다고 생각한다. 이들이 상사와 멘토의 의견에 공개적으로 동의하지 않는 경우는 결코 없으며, 종종 대놓고 상사와 멘토의 아이디어를 지지한다. 그러나 몰래 상사나 멘토의 아이디어에서 흠을 찾고, 그러다 보면 자신이 가면을 쓰고 있다는 생각이 더 깊어진다.

카멜레온 카멜레온 유형은 모방자 유형과 비슷하지만 더 세련된 방식을 보인다. 단순히 흉내만 내는 것이 아니라 상호보완적인 방식으로 행동한다. 멘토와 상사의 명백한 니즈와 감지하기 힘든 니즈를 직감으로 파악하고, 다차원적 니즈를 충족시킨다. 이들은 저항이든 동정이든 성적 접촉이든 상황에 맞는 적절한 행동으로 반응하며 인정을 구한다. 하지만 자신의 능력이나 재능, 지적 능력을 통해 원하던 인정을 받았을 때는 이를 받아들이지 못한다. 자신이 인정을 받은 이유는 진짜 그럴 만한 자격이 있어서가 아니라 내용을 조작한 결과라고 보기 때문이다.

내성적인 사람 이들은 극도로 겸손하고, 칭찬받는 걸 매우 꺼린다. 칭찬을 받으면 "감사합니다만……."이라고 조용히 피하며, 자신이 한 업무에서 사소하게 부족한 점을 지적하거나 얼마나 더 잘할 수 있었는지를 길게 이야기한다. 내성적인 사람은 거만하다고 여겨질까 봐 또는 무능력이나 평범함이 드러날까 봐 두려워하며 칭찬을 부인한다. 이들은 불가피하게 칭찬을 거부하는데, 칭찬 내용을 인정하거나 받아들이면 결국 자신의 몰락을 앞당길 뿐이라고 생각하기 때문이다.

목표를 점점 더 높이 설정할수록 과거 자신을 제한하던 벽과 성공에 대한 두려움이 사라진다. 하지만 앞에 놓인 벽을 향해 계속해서 도전하지 않으면 이러한 진실을 결코 깨달을 수 없다.

자기 경영 실천 포인트

→ 자신을 확장한다. 하나의 목표를 달성하면, 더 높은 목표를 선택한다.
→ 성공을 가로막는 장벽에 계속 도전한다. 그러면 어느 날 장벽이 무너졌다는 걸 알게 된다.
→ 목표를 결코 포기하지 않는다.

호감 가는 성격으로 포지셔닝하기

길에서 만나는 사람 10여 명을 붙잡고 성격이 어떤지를 묻는다면 십인십색의 답을 들을 것이다. 하지만 대부분 사람이 동의하듯 성격은 인생에서 성공 혹은 실패를 결정하는 중요한 요소이다. 호감 가는 성격을 기르기 위해 할 수 있는 일은 여러 가지가 있다.

나폴레온 힐은 성격을 한 단어로 정의할 수 없다고 했다. 성격은 이 세상 다른 모든 사람과 나를 구분하는 여러 특징이 모여 형성된 것이다. 우리가 입고 있는 옷도 성격의 일부를 보여주지만, 그게 전부는 아니다. 얼굴 표정도 성격의 일부를 보여주지만, 그 또한 성격을 전부 다 보여주지는 않는다. 우리의 말은 수많은 빛과 그림자를 형성하고, 빛과 그림자가 서로 어우러져 우리의 성격을 이룬다. 우리의 목소리도 그러한 빛과 그림자 가운데 하나이다. 또한 악수를 나누는 매너도 성격의 일부를 형성한다.

매력적인 성격은 대체로 다른 사람을 끌어당기고 회사에서 동료애를 형성하도록 돕는다. 반면 매력적이지 않은 성격은 사람들이 되도록 멀리 떨어져 있고 싶게 만든다.

매력적이고 사람의 마음을 끄는 성격을 가진 사람은 부드럽고 친절하며, 상대가 불쾌하지 않도록 적절한 단어를 골라 말한다. 적절한 스타일에 맞춰 다양한 색깔이 잘 조화를 이루는 옷을 고른다. 이기적이지 않고 다른 사람을 위해 기꺼이 봉사한다. 재산이나 신조, 국적이나 피부색과 무관하게 모두와 친구가 된다. 그리고 자리에 없는 사람에 관한 좋지 못한 말은 삼간다.

호감 가는 성격을 가진 사람은 또한 대화를 나눌 때 논쟁에 휘말리지 않으며, 다른 사람을 논쟁이나 의미 없는 소문에 끌어들이려 하지도 않는다. 상대방의 좋은 면을 보고 나쁜 점은 너그럽게 봐주며, 상대를 바꾸려 들거나 질책하지 않는다. 자주 미소를 지으며, 아이들과 꽃, 새와 자라나는 풀과 나무, 흐르는 개울과 야외를 좋아한다. 어려움에 처한 사람을 측은하게 여기고 상대의 불친절한 행동을 용서한다. 정치와 종교에 관해서는 기꺼이 상대가 스스로 선택한 대로 믿을 권리를 인정해준다. 모든 생각과 행동을 건설적으로 하려고 진지하게 노력한다. 다른 사람에게 용기를 북돋아주고, 인류에 도움이 되는 활동에 더 큰 노력을 기울이도록 이끈다.

물론 습관을 바꾸고 되고자 하는 사람으로 변하는 건 가능하지만 그것이 자동으로 이루어지지는 않으며, 다른 사람들이 이를 알아차리지 못할 수도 있다. 그러나 광고업계에서 사용하는 '포지셔닝'이라는 원칙을 사용해 다른 사람이 나를 바라보는 인식을 바꿀 수 있다.

포지셔닝이 작동하는 방식은 다음과 같다. 우리 마음은 무엇인가를 선택적으로 받아들이거나 거부하기 때문에 정보의 계층 구조가 형성된다. 새로운 아이디어는 우리가 이미 아는 내용과 관련되고, 계층 구조 상에서 적절한 장소에 자리 잡는다. 그래서 광고주는 소비자가 이미 아는 내용에 제품을 연결 지어 소비자의 마음속에 틈새를 만들려고 시도한다.

포지셔닝의 개념을 가장 잘 보여주는 예가 에이비스Avis가 허츠Hertz와 비교해 만든 렌터카 광고이다. "우리는 2등입니다. 그래서 우리는 더 열심히 노력합니다." 매출이 치솟았다. 에이비스가 더 열심히 노력했기 때문이 아니라 고객을 만족시키기 위해 더 열심히 한다는 주장에 소비자가 공감했기 때문이다.

어떤 업계의 어떤 직업에서든 이 원칙을 자신에게 유리하게 적용할 수 있다. 예를 들어 고객에게 자신은 품질에 신경 쓰는 사람이라는 인식을 심어주고 싶다면 광고뿐만 아니라 사업 운영의 모든 측면에 품질을 투사해야 한다. 고용주에게 믿음직하고, 책임감 있는 임원으로 인식되고 싶다면 어떤 상황에서든 책임감 있게 행동해야 한다.

외부에 투사하는 이미지는 자신이 지닌 특정한 강점이나 진실(거짓은 금방 들통난다.)에 기반해 만들어야 한다. 바꾸거나 버리고 싶은 습관을 대체해 긍정적이고 성공하는 습관을 기를 때처럼 이미지도 그만큼 신경 써서 관리해야 한다. 다른 사람들에게 어떻게 인식되고 싶은지 생각해보고, 행동이 목표에 부합하는지 확인한다. 편지를 쓰거나 대화를 할 때를 비롯해 상대방을 대하는 모든 순간에 다른 사람이 어떻게 반응할지 고려해야 한다.

> **자기 경영 실천 포인트**
>
> → 미소 짓는다.
> → 다른 사람에 관해 절대 나쁘게 이야기하지 않는다.
> → 주변 사람들에게 진심 어린 관심을 쏟는다.

실수에서
훌륭한 판단이 나온다

누군가 훌륭한 판단은 경험에서 나온다고 했다. 그렇다면 경험은 어디서 오는 것일까? 잘못된 판단에서 나온다.

몇 년 전, 나는 뛰어난 사진작가인 로이 왓슨Roy Watson과 함께 일한 적이 있다. 로이는 사진을 잘 찍었을 뿐만 아니라, 종종 자신의 비행기를 조종하면서 사진을 찍었다. 로이의 비행에 승객으로 몇 번 함께했는데, 로이가 창문 밖으로 몸을 내밀어 항공 사진을 찍을 수 있도록 파일럿이 비행기 날개가 아래로 향하도록 비행기를 세워 비행할 때면 약간 마음이 불안해졌다. 하지만 로이는 그렇게 해서 항상 멋진 사진을 찍었다.

그런 모험 이야기와 별도로 내가 로이와 함께 일하는 걸 좋아했던 가장 큰 이유는 그가 항상 내게도 카메라를 가지고 와서 사진을 찍으라고 권하며 기꺼이 나를 도왔기 때문이다. 사진 촬영을 업으로 하는 사람인데 꽤나 이상하다고 생각해 로이에게 아마추어 사진가에게 왜 그렇게 협조적인지 물어보았다.

로이는 질문으로 답했다. "프로 사진작가와 아마추어 사진가의 차이를 아나?" 모른다고 답했더니 그가 이어 말했다. "아마추어는 실수를 통해 배운다는 거네."

그의 정의를 처음 들었을 때부터 많이 생각해보았지만, 몇 년이 지난 지금도 더 나은 정의를 떠올릴 수 있을 것 같지 않다. 가장 엄격한 의미에서, 전문가란 단순히 자신의 서비스에 대해 돈을 받는 사람을 의미한다. 더 넓은 의미에서, 우리는 진정한 전문가는 지식을 바탕으로 문제에 대한 건전한 조언을 하거나 해결책을 제시하는 기술을 빠르게 활용할 수 있다고 기대한다. 하지만 여기에 추가로 이렇게 제안하고 싶다. 우리가 747 비행기를 타고 있을 때 조종석에 앉아 있거나 IRS 감사(미국 국세청이 수행하는 세무조사.—옮긴이)를 받을 때 곁에 있어주기를 원하는 가장 믿을 만한 전문가들은, 이론적인 지식뿐만 아니라 몇 년간 쌓아온 실질적인 경험으로 단련된 사람들이다.

회사에 천만 달러의 손실을 입히는 결정을 내린 임원에 관한 재미있는 이야기가 있다. 임원은 그 정도 금액의 실수를 저질렀으니 당연히 해고될 것으로 생각했다. 그래서 선수를 치기로 마음먹고 상사를 찾아가 말했다. "저를 해고하실 필요 없어요. 사직하겠습니다."

"자네를 해고한다고!" 상사가 소리쳤다. "지금 농담하는 건가? 방금 자네를 교육하는 데 천만 달러를 썼다고. 우린 자네를 해고하지 않을 걸세." 이런 상사를 만나기를 바라지 않는가? 혹은 그보다 더 멋지게 이런 상사이고 싶지 않은가?

직원들에게 적절한 동기부여와 함께 성장하고 실수할 수 있는 여지를 준다면 그런 상사가 될 수 있다. 하지만 조심해야 한다. 〈경영 생산성Executive Productivity〉 뉴스레터는 "직원은 생산적이지 않거나 만족스럽지 않으면서도 동기부여를 받을 수 있다."고 지적했다. 이처럼 효과적이지 않은 동기부여가 이루어지면 '관리는 잘 되지 않는데, 의욕만 드높은 사람들의 집단'이라는 무서운 광경을 만들어낼 것이다.

성과 향상을 보장하기 위해서는 동기부여가 적절하게 이루어져야 한다. 다음에 소개하는 네 가지 방법은 신시내티대학교와 렌슬라어 폴리테크닉대학교의 연구팀이 제안한 것으로 〈경영 생산성〉에 실린 내용이다.

1. 모든 부하 직원을 존엄과 존중으로 대하고, 부하 직원이 위험을 감수했다가 실패했을 때 혼자 남겨지지 않을 거라고 안심시킨다.
2. 동기부여란 대부분 감정적이므로, 논리적 분석은 접어둔다. 어떤 방법이 동기부여에 효과가 있다면 이유를 캐묻지 말고 그대로 두고 직원들 사이에 확산되기를 바란다.
3. 직원의 루틴에 변화를 준다. 지루한 일에서 또 다른 지루한 일로 바꾸는 것에 불과할지라도 말이다. 연구팀은 말한다. "예를 들어 슈퍼마켓에서 계산대 버튼을 누르고 잔돈만 내주는 계산 담당자는 야채 코너에서 비닐봉지에 셀러리를 담는 일이라 해도 변경된 업무가 신선하다고 느낄 겁니다."
4. 성공에 대한 보상은 빨리 제공한다. 회사의 공식적인 보상 시스템을

따르면 성공 이후 보상을 받기까지의 시간이 너무 길다. 그러므로 보상을 빨리 진행할 수 있는 비공식 인정 방법을 만들어 보상 제도를 보완한다.

자기 경영 실천 포인트

→ 실수를 통해 경험이 쌓이므로, 실수를 최소화하되 두려워하지 않는다.
→ 다른 사람이 때로 실수할 여지를 준다. 실수가 인격, 강인함, 경험을 키운다.
→ 유일하게 비극적인 실수는 반복되는 실수다.

열정은 전염된다

요즘 아이들이 어떻게 자라날지 걱정해본 적이 있다면 그런 생각을 하는 사람이 우리만은 아니다. 누구나 요즘 아이들이 그 어느 때보다 바보 같고, 게으르며, 폭력적이라고 말할 수 있다. 그런데 정말 그럴까?

얼마 전 내가 아는 어느 선생님의 초청으로 중학교 2학년 네 개 반 아이들 앞에서 외부인사 강연을 하게 되었다. 우리 아이 두 명이 중학교 2학년을 거쳐가긴 했어도 내가 중학교 2학년이었던 때로부터 수십 년이 흐른 탓에 아이들과 공감대를 형성할 수 있을지 확신이 서지 않았다. 그 나이 또래 아이들은 주목시키기 힘들다는 것도 안다. 그런데 칭찬을 받아서인지 아니면 어려운 일을 시도하는 것을 거부할 수 없었기 때문인지 나는 덜컥 강연을 수락해버리고 말았다.

약속한 날이 왔고 약간의 걱정을 안고 학교로 향했다. 하지만 걱정할 필요가 없었다. 강연은 정말 즐거웠고, 강연 과정에서 몇 가지 귀중한 교훈도 배웠다. 나는 이 나라의 공교육 체제에 누구보다 비판적이었다. 하지만 열정과 신념을 담아 각 반에서 몇 번이고 같은 이야기를 반복하는 일이 결코 쉽지 않다는 것을 깨달았다. 그런데 그날의 가장 깊은 교훈은 하루가 끝날 무렵 찾아왔다.

나를 초대한 교사는 그날 마지막 수업이 가장 힘들 것이라고 경고했다. 그 반 아이들은 성취도가 낮고 말썽꾸러기들이라고 했다. 하지만 아이들은 성적이 좋지 못할지는 모르지만 머리가 나쁜 건 아니었다. 강의한 내용의 개념을 빨리 파악했고, 질문을 했으며, 나와 농담도 나누었다. 즉 매우 재미있는 아이들이었다. 만약 말썽꾸러기라는 단어가 농담을 하고 배우는 것을 재미있게 만드는 아이들을 뜻한다면, 나는 전적으로 그 정의에 동의한다. 배움은 재밌다. 고등학교를 졸업하고 나서야 배움이 얼마나 즐거운지를 알게 된다면 너무 안타까운 일이다.

강연했던 날을 되돌아보면서 나는 마지막 학급, 즉 학업 성취도가 낮고 소란스러운 아이들이 온순하고 학구적인 아이들보다 인생에서 훨씬 더 많은 성취를 이룰 수 있겠다는 깨달음을 얻었다. 예를 들어 창의성, 열정과 유머 감각 등 학교와는 맞지 않는 성격상의 특징은 후에 인생에서 성공을 거둘 수 있게 하는 요소와 동일하다.

아인슈타인은 최악의 학생이었다. 에디슨의 선생님은 에디슨의 발달이 느리다고 생각했고, 바브라 스트라이샌드Barbra Streisand는 학교에 맞지 않고, 부끄러움을 많이 타며, 친구가 없는 내성적인 여학생이었다. 그렇다면 오늘날의 관점에서 보면 걱정이 되는 아이들이 커서 제2의 아인슈타인, 에디슨, 스트라이샌드가 되는 게 당연하다.

규율이 필요 없다고 말하는 것은 아니다. 규율은 열정을 긍정적이고 건설적인 방향으로 이끄는 힘이다. 규율 없이는 삶이 무너질 것이고, 규율이 없는 사회는 엉망이 될 테니 말이다.

얼마 전, 나는 매우 기묘한 상황에 처했었다. 여느 10대와 마찬가지로 쌍둥이 딸 에이미와 벳시는 텔레비전을 너무 많이 본다. 물론 아이들이 가장 좋아하는 프로그램은 역사 다큐멘터리나 '3대 테너' 공연 실황 같은 게 아니다. 요상한 인물들이 등장해 서로를 보고 소리를 지르거나 어른을 놀려대는 아이가 나오는 시트콤 보는 걸 좋아한다.

우리 부부는 아이들의 TV 시청 시간을 제한하고 있지만, 전형적인 10대 아이들이 그렇듯 텔레비전을 꺼야 할 시간이 되면 규칙 같은 건 편리하게 잊는다. 그래서 항상 실랑이를 벌여야 한다.

마침내 어느 날 나는 텔레비전 시청 문제로 아이들과 입씨름하는 데 지쳐서 이렇게 말했다. "자, 텔레비전 끄는 문제로 너희 둘과 싸우다 지쳤어. 이런 바보 같은 프로그램을 보면서 뇌를 망가뜨리고 싶다는데 신경 쓰지 않으마. 하루 종일 보렴. 매일 봐도 돼. 24시간 시청하려무나."

그런데 몇 분이 지나자 기적이라고밖에 할 수 없는 일이 일어났다. 아이들이 텔레비전을 끄고 말했다. "부엌 청소를 도우려고요. 어쨌든 저희도 저 프로그램 이제 지겹거든요."

더욱 놀라웠던 건 아이들이 실제로 부엌을 청소했다는 것이다. 그것도 아주 깨끗하게 청소해주었다.

그 이후 우리는 오랫동안 이야기를 나누었다. 요지는 아이들도 규율이 필요하다는 걸 알고 있으며 선을 정해주는 걸 고맙게 생각한다는 거였다. 시간 낭비를 하든 말든 신경 쓰지 않겠다는 말을 아이들은 전혀 좋아하지 않았다.

아이들에게 나는 다시는 그들을 신경 쓰지 않는다는 인상을 주지 않겠다고 약속했고, 그들도 규율에 대해 더 책임감 있게 행동하겠다고 약속했다. 그래서 지금은 텔레비전을 꺼야 할 때 아이들이 불평하면 이럴 거면 다시 한번 너희 마음대로 하도록 놔둘 거라고 이야기한다. 그러면 아이들은 답한다. "아니에요, 아빠. 그 말씀만은 말아주세요!"

아마 나는 지구상에서 아이들에게 허용적인 부모가 되겠다는 말로 아이들을 협박해 긍정적인 답을 받아내는 유일한 부모일지 모른다. 물론 이 방법의 효과가 아주 오래가지는 않을 것이다. 하지만 이러한 협박이 유효한 동안에는 즐기고 싶다.

만약에 아이들의 자연스러운 열정을 망가트리지 않으면서 가이드라인을 설정할 방법을 찾을 수만 있다면 세상은 활기차고, 즐겁고, 만족스러운 곳이 될 것이다.

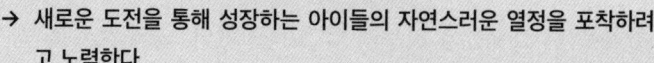

자기 경영 실천 포인트

→ 새로운 도전을 통해 성장하는 아이들의 자연스러운 열정을 포착하려고 노력한다.
→ 맹목적으로 현상을 유지하려 하지 않는다. 일상에 의문을 제기하면 종종 남다른 해결책으로 이어진다.
→ 새로운 기술이나 조직과 그 안에서 자신의 위치에 대해 배움으로써 업무에 대한 열정을 유지한다.

패배는 일시적이다

나폴레온 힐이 이런 말을 한 적이 있다. "실패와 일시적인 패배 사이에는 엄청난 차이가 있다."

나폴레온 힐의 할아버지는 1800년대 말 북캘리포니아에 살며 농부이자 마차 제작자로 일했다. 그는 농지를 개간할 때마다 들판 한가운데에 참나무 한 그루쯤은 일부러 남겨두곤 했다. 숲의 보호를 받지 못하고 바람과 비, 햇볕에 그대로 노출된 그 나무는 자연의 거센 힘을 이겨내며 강인하게 자라날 수밖에 없다는 것을 할아버지는 알고 계셨다. 그리고 그런 나무로 마차의 바퀴를 만드셨다. 그렇게 강하게 자란 참나무 목재는 튼튼하고 강했으며, 운행할 때 마차에 실은 짐의 무게를 견딜 만큼 내구성이 좋았다.

이 경험은 어린 힐에게 큰 깨달음을 주었다. 그는 강인한 참나무처럼, 사람도 시련을 겪을 때 비로소 강해진다고 생각하게 되었다. 누구나 살아가면서 일시적인 장애물과 마주친다. 인생은 좀처럼 계획대로 흘러가지 않는다. 하지만 바로 그 장애물 덕분에 우리는 문제를 해결하고 삶의 고난을 견뎌낼 힘을 얻는다. 역경은 우리를 더욱 강하게 만들고, 언젠가 찾아올 성공을 준비하게 한다. 인내하며 계속 나아간다면, 결국에는 성공하기 마련이다.

가난한 가정에서 태어났지만 엄청난 성공을 거두는 사람이 많은 데는 이유가 있다. 이런 사람은 열심히 노력하는 법, 영리하게 일하는 법, 인내하며 계속 나아가는 법을 배운다. 그리고 문제가 생기면 해결할 방법을 찾아야 한다는 걸 안다. 누구도 문제를 대신 해결해주지 않는다.

엄청난 성공을 거둔 사람의 삶을 살펴보면 그 사람이 커다란 성공의 비결을 발견했다는 걸 알 수 있으며, 이 비결을 적용해 우리도 이점을 얻을 수 있다. 그들이 찾은 성공의 비결은 이것이다. 일시적인 패배는 말 그대로 일시적인 일일 뿐 그 외에 아무것도 아니라는 사실을 알았다는 점이다. 일시적인 패배는 사실 엄청난 배움의 기회이다.

삶에는 언제나 좌절이 따른다. 그것은 인생의 일부이며, 오히려 우리가 가장 값진 교훈을 얻는 순간이다. 절대 잊히지 않는 그 교훈들이 우리를 성공으로 이끄는 밑거름이 된다.

문제는 항상 발생한다. 하지만 문제 속에 기회가 있다. 정말 중요한 것은 발생한 문제가 아니다. 문제에 대처하는 방법이 중요하다. 나폴레온 힐이 조언했던 것처럼 모든 역경 속에서 그와 동등하거나 더 큰 기회의 씨앗을 알아본다면 그리고 그 역경이 오히려 우리를 목표에 한 걸음 더 가깝게 이끈다고 믿는다면, 세상 누구도 우리를 막을 수 없다.

발명가 프레드 올굿Fred Allgood은 창의성은 문제 해결과 밀접한 관련이 있다고 보았다. 올굿은 "누군가가 제게 해줄 수 있는 최고의 일은 문제를 제시하는 것입니다."라고 말했다.

텍사스 포트워스에 위치한 올굿 프로덕츠의 대표이자 CEO인 프레드 올굿은 스물다섯 개의 특허를 보유하고 있으며, 대부분 의학 관련 특허이다. 하지만 올굿이 천재로 태어난 건 아니다. 그의 말에 따르면 사실 어릴 때는 여러 가지 문제를 겪었다고 한다. 읽기 속도가 느렸고, 언어 장애를 겪었으며, 스스로 절망적으로 멍청하다고 생각했다. 그렇게 생각한 건 교사들도 마찬가지라서 올굿을 특수 학급에 배정했다.

하지만 운 좋게도 어느 선생님 한 분께서 올굿에게 관심을 가지고 그가 자신의 문제를 인식하고 교정하도록 도와준 덕분에 그는 달라질 수 있었다. 학교 성적이 좋아지기 시작했고, 고등학교를 졸업하고 병원에 수술 전담 간호사로 취업했다. 그리고 금방 외과의 사이에서 인기 있는 간호사가 되었는데, 그건 올굿이 수술 도구를 다루는 지식이 있었기 때문이었다. 올굿은 계속 수술 도구를 손보며 개선했다.

현재 그는 한 외과용품 제조업체와 고정 계약을 맺고 새로운 제품을 개발하고 있다. 하지만 올굿은 자신의 능력을 특별한 재능으로 생각하지 않는다. 그는 "문제를 발견하는 순간, 그건 곧 발명의 기회가 된다."라고 말한다. 누군가 "이거 맨날 제대로 안 돼."라고 불평하는 소리를 들었다면, 그건 바로 더 나은 무언가를 만들어낼 기회인 것이다.

그는 아이디어의 실현에 대해 이렇게 조언한다.

1. 잊어버리지 않도록 아이디어를 종이에 적는다.

2. 처음에는 말도 안 되는 것처럼 보이더라도 모든 아이디어를 전부 테스트해본다. 효과가 있는 아이디어를 찾을 때까지 테스트를 계속한다.
3. 친구에게 너무 빨리 아이디어를 보여주지 않는다. 그들은 이해하지 못해서 그만두라고 말릴지 모른다.
4. 의욕을 꺾으려는 사람이 많겠지만, 기업에서는 항상 새로운 아이디어를 찾는다. 자신의 아이디어에 잘 맞는 기업을 찾는다.
5. 문제는 당연히 생긴다. 무언가가 잘 되지 않는 이유는 항상 튀어나온다. 굳이 이유를 찾을 필요가 없다. 대신 아이디어를 실현할 방법에 집중한다.

자기 경영 실천 포인트

→ 패배는 일시적이라는 점을 인식한다. '패배자' 같은 태도를 취하지만 않는다면 말이다.
→ 패배는 기회와 함께 오니, 기회를 찾는다.
→ 절대 포기하지 않는다.

13장

감히 해보겠다고
도전한 사람들 II

이번 장에는 큰 성공을 거두기 위해
어려움을 극복한 사람에 관한 이야기가 담겨 있다.

구체적인 목표로
피자 제국을 세우다
- 톰 모나한

소박한 피자 가게 주인이 어떻게 세계 최대 피자 기업의 대표가 되었을까? 도미노 피자의 창업자이자 디트로이트 타이거스의 전 구단주인 톰 모나한Tom Monaghan에 따르면 자신을 위해 명확한 목표를 설정한 덕분이라고 한다.

"글쓰기가 나의 목표 설정 시스템의 핵심입니다." 모나한은 언제나 메모장을 들고 다니며 자신의 계획, 꿈, 심지어 발생 가능한 문제와 그 해결책까지 적는다. 모나한은 사실상 머릿속에 떠오르는 생각을 전부 메모장에 적는다고 한다. 한 권을 다 쓰면 다시 새로운 메모장에 쓰기 시작한다.

"지난 20년 동안 메모장으로 가득 채운 박스 수십 개가 쌓였습니다. 그런데 재밌는 점은 다 쓴 메모장을 다시 보는 법은 결코 없다는 겁니다." 모나한은 그저 쓰는 행위 자체가 자신에게 중요한 과정이라고 생각한다. 일단 종이에 적고 나면 생각이 마음속에 확고하게 자리 잡는다.

모나한은 자서전 『피자 타이거Pizza Tiger』에 이렇게 적었다.

"나는 장기 목표, 연간 목표, 월간 목표, 주간 목표, 일일 목표를 설정합니다. 장기 목표는 꿈의 목록입니다. 하지만 다른 목표 리스트는 명확하고 실행 지향적이고 구체적입니다. 예를 들어 연간 목표 리스트는 이렇게 시작합니다. '500개 점포', 이는 연말까지 도합 500개 점포를 낸다는 걸 의미합니다. 달성하기 어려운 목표입니다. 하지만 이 목표에서 중요한 건 그것이 구체적이라는 것입니다. '올해 점포 수를 늘리자'가 아니라 500개가 아니면 안 된다는 것이지요."

모나한은 강조한다. "목표가 구체적이어야 다른 사람들에게 전달하기 쉽습니다. 이는 기업 목표를 다룰 때 중요한 부분입니다. 왜냐하면 당신이 목표를 달성하는 데 도움을 줄 사람들에게 그것을 '판매'해야 하기 때문입니다."

모나한은 직원이 목표 달성을 위해 행동하기 전에 먼저 그것을 이해해야 하고, 그것이 가능하다고 믿고, 자신에게 그것을 실현할 수 있는 능력이 있다고 믿어야 한다고 말한다.

모나한은 또한 목표 달성을 효과적으로 이루려면 목표에 엄격한 시간 제한이 있어야 한다고 생각한다. 예를 들면 목표를 정할 때 그냥 언젠가 달성한다거나 이루어질 때까지 한다는 식이 아니라 이번 달 안에 혹은 올해 안에 달성한다고 정한다.

모나한은 또한 목표를 "공개적으로 선언"하는 것이 중요하다고 생각한다. 그는 1952년 담배를 끊으려 했을 때 이를 깨달았다. "나를 아는 모든 사람에게 '이제 끝이다. 마지막 담배를 피웠다'라고 말했습니다. 그랬더니 금연을 완수할 힘이 생겼습니다. 무엇인가를 해야 한다면 그걸 하겠다고 모든 사람에게 말하세요. 그러면 그들의 믿음이 당신의 믿음을 뒷받침해줄 겁니다."

모나한은 또한 자신의 성공 비결이 큰 힘에 대한 흔들리지 않는 믿음이었다고 생각한다. "종교적인 믿음에서 얻은 힘이 없었더라면 도미노를 세울 수 없었을 거라는 걸 저는 압니다." 모나한은 창업 초기 일련의 큰 문제로 고통스러웠을 때 그를 항상 지켜준 건 종교에 대한 믿음이었다고 말한다.

현재 모나한은 직원과 가맹점주에게 "성공을 거두기 위해 해야 할 건 좋은 제품, 좋은 서비스를 제공하고, 황금률을 적용하는 것이 전부입니다."라고 말하며 종교적 신념을 실천한다.

모나한은 직원과 가맹점주가 자신이 대접받고 싶은 대로 고객을 대접하게 함으로써 피자라는 단순한 제품으로 거대 제국을 세울 수 있었다.

도미노는 최근 몇 가지 문제를 겪었다. 하지만 다른 모든 사업과 마찬가지로, 어려운 시기를 이겨내고 좋은 시기를 활용해야 한다. 톰 모나한은 피자 전쟁에서 계속 정상에 머물기 위한 전략이 적힌 노란 메모지를 어딘가에 가지고 있을 것이다.

자기 경영 실천 포인트

→ 목표를 마음속에 확고히 새기기 위해 종이에 적는다.
→ 목표를 구체적으로 정한다. 모호한 목표는 모호한 결과를 낳는다.
→ 달성하기 쉽지 않은 목표를 정한다. 적은 노력이 필요한 목표는 대체로 가치도 적다.

타협하지 않고 꿈을 이루다
- 미셸 블러드

오스트레일리아의 싱어송라이터인 미셸 블러드Michele Blood는 거의 죽을 뻔했던 자동차 사고 이후 병원 침대에 누워 몸을 회복하며 동기 부여 서적을 읽었다. 블러드의 인생을 영원히 바꿔놓은 과정의 시작이었다.

블러드의 부상은 너무 심각해서 의사들은 그녀가 회복할 수는 있겠지만 평생 신체적 제한이 있을 거라고 말했다. 이는 그녀가 받아들일 수 없는 진단이었다. 그리고 전문가의 치료 의견을 거부하고 스스로 회복 과정을 책임지기로 마음먹었다.

블러드는 열광적으로 책을 읽었는데, 긍정적이고 삶을 긍정하는 메시지가 담긴 책을 탐독했다. 그리고 동기를 부여해주는 강연을 들었다. 강연을 듣다가 문득 전부터 강연을 들어왔지만, 들은 내용을 실제로 종이에 써본 적은 없다는 생각이 들었다.

점차 아이디어가 형태를 갖추기 시작했다. 블러드는 치유의 메시지를 음악적 기술과 결합해 자신만의 확언 노래를 썼다. 현재 블러드는 완벽하게 건강을 회복했고, 이는 그때 쓴 긍정적인 확언을 담은 노래의 힘 덕분이었다고 생각한다.

사고 이후, 블러드는 모든 도전을 "더 배우고, 사람으로서 더 성장하고, 다른 사람들이 나를 어떻게 생각하는지에 전혀 신경 쓰지 않는" 기회로 본다고 말한다. "저는 내면의 목소리를 듣는 법을 배웠습니다. 신과 제 자신을 향한 사랑 덕분에 계속 나아갈 수 있어요. 모든 게 잘 될 것이고 그러니 잘못된 건 아무것도 없다고 진심으로 믿기 때문입니다." 블러드는 신과 자신을 향한 사랑의 힘을 매우 확신하고 있어서 자신이 세운 회사 이름을 L.O.V.E 매니지먼트라고 지었다. '폭넓은 경험을 사랑하다Love Of Vast Experience'라는 문구의 앞 글자를 딴 이름이다.

어려움이 생기면 블러드는 나폴레온 힐의 일화를 떠올린다. "나폴레온 힐은 이렇게 말했죠. '큰 성공을 거둔 사람을 알려주세요. 그러면 제가 큰 어려움을 지닌 사람을 알려드리겠습니다.' 한 번은 나폴레온 힐이 강연을 하고 있을 때 누군가 다가와서 자신이 마주한 많은 문제를 이야기하며 어떻게 문제를 없앨 수 있을지 물었습니다. 나폴레온 힐은 대답했어요. '인생에서 문제를 전혀 겪지 않는 사람을 보여드리겠습니다.' 그리고 나서 질문한 사람과 함께 그곳에서 두 블록 떨어진 공동묘지로 갔습니다. 나폴레온 힐은 묘비석을 가리키며 말했어요. '여기 아무런 문제가 없는 사람 수천 명이 있습니다.'

그러므로 문제를 문제로 보지 마세요. 도전 과제로 여기세요. 도전해야 할 일이 생길 겁니다. 반기세요. 도전 과제가 크면 클수록 더 큰 성공을 거둘 겁니다. 어려움이 우리를 성장시킵니다. 어려운 일을 겪을 때마다 더 많은 벽을 부수고, 더 큰 두려움을 극복하게 됩니다."

블러드는 누구나 "성공과 모든 형태의 풍요로움을 끌어당기는 자석"이 될 수 있다고 믿는다. 그녀는 말한다. "진정으로 긍정적인 생각을 하면 원하는 모든 것을 이룰 수 있고, 이룰 것입니다. 불가능한 것은 없습니다."

"당신에게 필요한 것은 아이디어, 깊은 열망, 그리고 끈기뿐입니다. 절대, 절대로 꿈을 포기하지 마세요. 당신의 마스터 플랜을 타협하지 마세요. 타협의 제안을 모두 거절하세요. 타협의 본질상, 한번 하면 계속 타협해야 합니다. 그러면 결코 진정으로 꿈을 이룰 수 없을 겁니다."

블러드가 제안하듯 계획을 세우되 다른 누구에게 알리지 마라. 누구의 승인도 필요하지 않고, 누구도 설득할 필요가 없다. 사람들이 의심하면 자기 안의 믿음과 꿈을 잃게 된다. 자신을 믿는 마음이 우리의 꿈을 적합한 사람과 이어주고 기회의 문을 열어줄 것임을 알고, 그냥 계속 자신의 꿈을 믿어라. 꿈이 이루어지기까지 시간이 걸리는 것뿐이다. 적절한 때, 적절한 곳에서 성공이 모습을 드러낼 것이다.

블러드는 실행의 중요성을 크게 옹호한다. "어디에서 들은 건지 아니면 읽은 건지 기억나지 않지만, 저는 이걸 아주 잘 이해할 수 있어요. 세상 모든 사람에게 무엇을 할 것인지 이야기하세요. 하지만 말하기 전에 먼저 보이세요. 목표를 달성하는 데 필요한 모든 일을 하세요. 매일 시간을 내 자기계발에 힘쓰세요. 마음속에 성공한 모습을 그리고, 생각하고, 느끼고, 확언하고, 책을 읽고, 공부하세요. 이렇게 하면 목표가 뚜렷해집니다. 목표의 명확성은 목표 달성에서 정말 중요한 요소입니다. 명확한 목표가 목표를 달성할 힘으로 이어지니까요."

항상 긍정적인 블러드는 성공에는 세 가지 필수 요소가 있다고 생각한다. 바로 지식, 기술, 태도이다. 대부분 사람은 지식과 기술이 가장 중요하다고 여기지만, 블러드는 연구 결과에 따르면 지식과 기술이 성공에서 차지하는 비중은 15퍼센트라고 말한다. "가장 중요한 건 태도, 태도, 태도입니다."

확언은 긍정적인 태도를 기르고 성공의 사다리를 오를 좋은 방법이라고 블러드는 힘주어 말한다. "확언을 노래하고, 말하고, 종이에 쓰고, 그것이 되세요. 입 밖으로 꺼낸 말이 지니는 힘을 절대 과소평가하지 마세요. 아이디어를 실행에 옮기고, 자신이 정말 원하는 바가 이미 현실이 되었다는 걸 알고 더 큰 힘에 항상 감사드리세요."

블러드는 노래를 통해 확언을 감정화하는 것을 추천한다. ("나는 돈을 부르는 자석이야. 돈은 나를 사랑하지.") 블러드는 성공하려고 작정한 사람go-getter은 목표를 설정하는 사람goal-setter이라고 생각한다. 목표를 종이에 적어라. 돈에 관한 목표뿐만이 아니다. 재미있는 목표, 터무니없는 목표여도 된다. 그러면 목표 달성을 부르는 자력이 채워진다. 자기 자신이 납득하면 결과는 따라온다.

자기 경영 실천 포인트

→ 긍정적인 마음가짐을 유지하기 위해 확언을 사용한다. 확언을 적고 크게 소리 내 말하고 노래한다.
→ 문제가 생기면 환영한다. 문제를 성장할 기회, 더 큰 목표를 이룰 기회로 여긴다.
→ 긍정적인 생각을 진정으로 믿으면 무엇이든 원하는 바를 이룰 수 있다.

계산된 위험에
대담하게 도전하다
- 리처드 브랜슨

    자칭 '모험 자본가'인 리처드 브랜슨Richard Branson은 쾌속정으로 대서양을 두 번 횡단했고, 열기구를 타고 대서양과 태평양을 횡단한 인물이다. 잡지 「베니티 페어Vanity Fair」는 그를 이렇게 평가했다. "절망적으로 불리한 상황에 강한 의지로 도전할 때 가장 큰 기쁨을 느끼는 사람이다."

    브랜슨은 다른 사람들이 불가능하다고 여긴 일들을 해내며 막대한 부를 일구었고, 그의 대담한 모험담은 이미 전설이 되었다. 그는 비행선에 매달려 수상스키를 타고, 비행기에서 낙하산을 타고 뛰어내렸으며, 자신의 결혼식장에는 헬리콥터 착륙 지지대에 매달린 채 등장하기도 했다.

    영국 최고의 기업가로 손꼽히는 리처드 브랜슨은 열여덟 살의 나이에 이미 비즈니스 감각, 재치와 유머 감각을 사업으로 연결시키는 재능을 선보였다. 브랜슨의 첫 번째 사업은 1968년 창간한 「스튜던트 Student」라는 잡지였다. 이 신생 잡지는 브랜슨에게 꽤 많은 주목을 안겨주었는데, 그 주된 이유는 그가 영국의 유명 인사들을 설득해 기고를 받는 능력이 뛰어났기 때문이다.

유명세를 떨치며 잡지를 출간하기는 했지만, 잡지 사업의 성적은 신통치 못했다. 다만 잡지 사업 덕분에 브랜슨은 음반 산업에 진출할 수 있었다. 버진 레코즈 Virgin Records의 시작에 관해서는 여러 가지 다른 이야기가 있지만, 「스튜던트」에 실린 한 건의 성공적인 광고를 계기로, 브랜슨은 우편 주문 방식의 음반 판매 사업을 시작하게 되었다.

음반 사업은 번창해 버진 레코즈 레이블이라는 레코딩 스튜디오 사업으로 진화했다. 이후 버진 레코즈는 성장을 계속해 세계 6대 음반사가 되었고, 이 회사에서 창출하는 현금으로 브랜슨은 버진 애틀랜틱 Virgin Atlantic 항공사를 시작할 수 있었다.

리처드 브랜슨은 말한다. "저는 위험을 감수하는 걸 좋아하지 않아요. 이렇게 말하면 열기구 이야기와 모순되게 들릴 수 있지만, 저는 어떤 일을 시작하기 전에 대부분의 리스크를 최소화할 방법을 마련해둡니다."

"모든 게 잘 풀릴 거라고 기대할 수는 없어요. 기업가란 계산된 위험을 감수하는 사람이고, 그가 하는 모든 일이 성공할 수는 없습니다. 그는 자신과 직원들 그리고 회사를 끊임없이 앞으로 밀어붙여야 하며, 본격적으로 물에 뛰어들기 전에 발끝부터 담가보며 감을 잡아야 하죠."

브랜슨이 언급한 '열기구 이야기'란 대서양을 건너는 등의 극한 모험을 향한 그의 열정을 의미한다. 그런 모험은 그를 세계적인 유명 인사로 만들어주었지만, 동시에 두 번이나 죽을 뻔한 경험을 안기기도 했다.

"물론 그런 모험을 하다가 집에 돌아오지 못할 수도 있다는 위험은 있어요. 하지만 살아 돌아온다면, 그걸 해냈다는 성취감은 정말 대단하죠. 위험에 대해 지나치게 걱정하고 가능성은 충분히 생각하지 않는다면, 이 세상에 일어나지 않았을 일이 너무 많았을 겁니다."

브랜슨이 신이 나서 모험을 즐기는 탓에 사업을 대하는 그의 진지한 모습이 가려지는 경우가 종종 있다. 브랜슨은 사업은 즐거워야 하되, 가치 있는 기업을 키우고, 일자리를 창출하며, 이익을 내야 한다고 생각한다.

"대부분의 회사와 사람들은 재미있게 사는 게 중요하다는 걸 잊고 살아요. 기업이 그걸 잊어버리면, 사람들은 삶을 즐기지 못하게 되죠. 저는 즐겁게 살아서 여든이나 아흔이 되었을 때 인생을 돌아보면 살아온 시간이 꽤 즐거웠고 행복했다고 느끼고 싶어요."

리처드 브랜슨은 성공 공식을 따른 덕분에 막 40대에 접어들었을 때 억만장자가 되었다. 그런 브랜슨은 기회를 활용하는 방법에 대해 다음과 같이 조언한다.

1. 실수로부터 배움을 얻고 교정하라.
2. 위험을 피하지 마라. 다만 최소화하라. 부정적인 면에 대비하면서도 긍정적인 면을 활용할 수 있는 위치를 확보하라.
3. 어려운 결정을 내려야 한다면 생각을 정리하고, 선택지를 충분히 살

필 시간을 갖는디.

4. 위험에 관해서만 생각하고, 가능성은 충분히 살피지 않는 것은 좋지 않다. 자신을 밀어붙이지 않으면, 절대 앞으로 나아가지 못한다.

자기 경영 실천 포인트

→ 매일 조금 더 나아지도록 자신을 밀어붙인다.
→ 기회를 잡는다. 위험을 최소화하되 가끔 자신을 개선할 기회를 잡는다.
→ 즐긴다. 목표를 향한 노력이 즐겁지 않다면, 잘못된 목표를 선택한 것일 수 있다.

암웨이의 길을 이끌다
-딕 디보스

"성공한 부모의 자녀로 자라는 것은 복합적인 축복입니다. 좋기도 하고, 나쁘기도 하지요." 세계 최대의 직접 판매 회사 중 하나인 암웨이 코퍼레이션의 사장 딕 디보스Dick DeVos의 말이다. "제가 얻었던 것과 같은 경험과 가르침을 대신할 건 없습니다. 동시에 제가 높은 기대에 부응해야 했던 데에도 의심의 여지가 없지요."

암웨이 공동 창업자인 리처드 디보스의 아들인 딕 디보스는 1989년 스스로 투자회사를 창업해 나가기 전까지 아버지의 회사인 암웨이에서 15년 동안 근무했다. 그러다 1992년 말 아버지가 심장마비를 겪고 은퇴하자 암웨이로 다시 돌아왔다.

디보스 가문이 소유한 올랜도 매직 프로 농구팀의 구단주이기도 한 딕 디보스는 가족 사업을 이어받은 다른 많은 2세 사업가와 자신 사이에는 중요한 차이가 있다고 말했다.

"자식 세대 사업가가 자기 자신과 자기 능력 그리고 재능에 자신감을 가지려면 부모의 그늘을 벗어나 살아야 합니다. 그런데 때로 그렇게 하지 못하도록 막는 부모도 있지요. 하지만 저희 부모님은 결코 무언가를 강요하는 법이 없으셨어요. 부모님께서는 이렇게 말씀하셨습니다. '하나님이 네게 주신 재능이 무엇이든 그걸 바탕으로 가능한 최고의 네가 되기를 바란다. 나가서 재능을 펼쳐보렴. 그러면 네가 더 행복할 테고, 그러면 우리도 더 행복할 거야.' 부모님은 저희에게 자신의 모습으로 살라고 권하셨고, 저희가 성취한 바를 결코 부모님의 공으로 돌리지 않으셨어요."

사실 딕 디보스는 그의 아버지가 1959년 제이 반 안델Jay Van Andel과 함께 집 지하실에서 시작한 청소용품 판매 회사에 이미 자신의 흔적을 남겼다. 1974년 암웨이에 합류한 딕 디보스는 연구개발, 제조 및 유통, 마케팅, 판매, 재무, 홍보, 정부 업무 등 다양한 직책에서 일했다. 1984년에는 국제 부사장으로 임명되어 18개국의 암웨이 계열사 운영을 책임졌다. 그의 리더십 아래에서 매출은 세 배 이상 증가했고, 회사 역사상 처음으로 국제 매출이 국내 매출을 넘어섰다.

미시간주 에이다(그랜드 래피즈의 교외 지역)에 본사를 둔 암웨이는 1994년에 39억 달러의 매출을 기록했고, 해외 매출이 회사 수익의 3분의 2를 차지했다.

조용하지만 자신감 넘치는 리더인 딕 디보스는 급격한 변화를 일으킬 계획은 없다. "저희에게는 1만 명의 종업원과 200만 개가 넘는 대리점이라는 막중한 책임이 있습니다. 암웨이와 직접 연결된 사람이 아주 많고, 그 가족들도 우리가 내리는 훌륭한 결정과 약속에 기대고 있습니다."

모든 사람을 개개인으로 대우하는 것이 리더의 핵심 책임이자 암웨이 성공의 중요한 요소라고 디보스는 믿는다.

"정치권과 일부 기업에는 개인이 단지 그룹의 일부일 뿐이고 그룹에 종속된다는 관점이 만연해 있습니다. 하지만 암웨이에서는 개인이 집단보다 우선합니다. 저희는 모든 종업원을 한 사람의 개인으로 대하려 노력하고, 각 개인이 기여하는 부분을 인정해줍니다. 직원이 기계의 어떤 부분인지는 상관없습니다. 모든 기계는 각각의 부품이 있어야 작동합니다.

암웨이에서는 개인의 이익에 맞춰 조직의 최선의 이익을 추구하려 모든 노력을 다합니다. 그래서 암웨이와 함께 일하는 개인이 두 가지 목표를 달성하게 하는 겁니다. 개인의 삶도 나아지고 회사에도 도움이 되는 거죠."

암웨이는 다양한 인센티브와 상을 활용해 뛰어난 성과를 내는 개인을 인정해주고, 직원과 대리점주에게 긍정적인 자료를 읽고 동기를 부여해주는 강연을 들으라고 권한다. "긍정적인 환경 조성은 성공에 절대적이고 필수적인 기본 요소입니다. 우리는 누구나 자신을 둘러싼 환경의 영향을 받습니다." 딕 디보스는 말한다.

"아버지께서 한 번은 제가 정말 좋아하는 강연을 하신 적이 있습니다. 성공을 구성하는 세 가지 A에 관한 이야기였어요. 실행 action, 태도 attitude 그리고 분위기 atmosphere 입니다. 사람들은 실행에 자주 초점을 맞추지만, 태도와 환경이 적절하지 않다면 어떻게 원하는 행동을 할 수 있겠습니까? 자신을 격려하고 지지하는 사람, 스스로 할 수 있다고 생각하는 것보다 더 나은 사람이 될 것을 요구하는 사람 곁에 있으면 긍정적인 태도로 이어지는 분위기가 조성되고, 여기에 노력이 더해지면 적절한 행동을 할 가능성이 훨씬 커집니다."

암웨이는 또한 다른 어느 곳보다 유연성을 제공함으로써 사람들에게 동기를 부여하려 노력한다. "오늘날 개인의 삶은 빠른 속도로 진행되고, 변화가 많습니다. 예전 사람들은 8시에 출근하고 5시에 퇴근했죠. 그게 다였습니다. 하지만 더는 그런 식으로 살 수 없습니다. 암웨이 직원과 대리점은 중요한 일을 할 수 있도록 유연하게 움직입니다. 예를 들어 아이의 학교 행사에 참석해야 할 때 자유롭게 다녀올 수 있지요. 암웨이에 남편과 아내 둘 다 고위 임원인 부부가 있습니다. 그들은 직장 근처의 사립학교로 딸을 전학시켰습니다. 학교 '쉬는 시간 지도' 봉사활동을 아내가 계속할 수 있도록 하기 위해서였는데, 이것이 그녀에게 중요했기 때문입니다."

딕 디보스에게 성공의 공식이 무엇인지 묻자 이렇게 대답했다. "틀을 벗어나 생각하는 능력, 일반인의 시각을 벗어나 사물을 보는 능력, 즉 창의성이 핵심 요소입니다." 여기에 더해 또한 자신의 아이디어를 전달하고, 자신의 비전에 다른 사람을 참여시킬 수 있어야 한다.

"혼자 성공할 수 있는 사람은 아무도 없습니다. 무언가 성취하려면 다른 사람과 함께해야 합니다. 그런데 다른 사람을 인질로 데려갈 수는 없어요. 열정적인 봉사자로 함께해야 합니다.

성공의 세 번째 원칙은 끈기입니다. 외골수처럼 굴거나 맹목적으로 고집하는 것이 아니라 '아니요'라는 말을 쉽게 받아들이지 않는 끈기가 필요합니다. 모든 사람에게 완벽한 제품은 없습니다. 하지만 당신이 정말로 자신이 제공하는 제품이나 서비스가 사람들에게 중요하고 유익하다고 믿는다면, 당신에게는 그것을 제안할 책임이 있습니다. 받아들일지 말지는 상대방의 선택이죠.

일하는 방식을 개선할 방법을 계속 찾는 것 또한 중요합니다. 완벽한 아이디어란 없습니다. 모든 아이디어는 다듬고 발전시킬 수 있지요. 아이디어의 핵심 가치를 명확히 이해하면, 성공 확률을 높이는 최적의 방법을 찾아 실행하기가 훨씬 쉬워집니다."

자기 경영 실천 포인트

→ 성공을 이루는 세 가지 A는 실행, 태도 그리고 분위기이다. 세 가지 요소를 모두 긍정적으로 이룰 수 있도록 노력한다.
→ 다른 사람들이 자신에게 가장 좋은 것을 결정하도록 허용한다.
→ 긍정적인 글을 읽고, 동기를 부여하는 강연을 들음으로써 긍정적인 태도를 강화한다.

거리의 소년에서
뇌 외과의가 되다
- 벤 카슨

"수산 시장에 가서 게가 담긴 통 안을 살펴보세요. 통 위에 상자를 덮을 필요가 없습니다. 왜냐하면 게 한 마리가 밖으로 기어 나가려고 하면 다른 게가 그 게를 잡아 끌어내리기 때문입니다. 동료 집단으로부터 받는 사회적 압력 peer pressure이 부정적이면 이런 일이 일어납니다."

강연자는 42세의 벤자민 카슨 Benjamin Carson 박사로, 존스홉킨스대학 및 병원의 소아 신경외과 책임자다. 그는 정기적으로 연설하는 수백 개의 청소년 단체 중 한 군데에서 이 이야기를 했다. 그가 디트로이트의 험난한 거리에서 어떻게 오늘날 미국에서 존경받는 신경외과의 중 한 명이 되었는지에 관한 이야기다.

초등학교 3학년이 학력의 전부인 어머니 밑에서 자란 그는 극심한 가난과 병적인 울분을 극복했다. 병적인 울분 때문에 한 번은 트랜지

스터 라디오에서 어떤 채널을 들을 것인가 하는 문제를 두고 말싸움을 벌이다 친구를 칼로 찌를 뻔한 적도 있었다.

싸구려 캠핑용 칼의 칼날은 친구가 멘 허리띠의 버클에 부딪혀 부러졌고, 이는 어린 카슨을 감옥이나 더 나쁜 상황에서 구했다.

"친구는 공포에 사로잡혀 뛰쳐나갔어요. 하지만 그 순간 친구보다 제가 더 공포를 느꼈습니다. 제가 정말 아무것도 아닌 일로 사람을 죽이려 했구나 하는 사실을 갑자기 깨달았기 때문이죠. 저는 집으로 달려갔습니다. 욕실에 틀어박혀 생각하기 시작했어요. 그리고 세 시간 동안 내 분노의 원인을 파악했죠. 나는 항상 주목받아야 한다는 강박 때문에 화가 났다는 걸 깨달았습니다. 그 후로 알게 되었죠. 내가 분노하지 않으면, 누구도 나를 무너뜨릴 수 없다는 것을 말입니다. 어떤 외부 영향도 더 이상 나를 휘둘 수 없어요. 그 위에 군림하는 힘은 이제 내게 있어요."

카슨 박사는 대부분 젊은이는 랄프 왈도 에머슨이 '젊은이의 주된 욕구'라고 불렀던 것, 즉 우리가 할 수 있는 일을 하게 해줄 누군가를 찾는 것을 비밀스러운 욕망으로 품는다고 믿는다. 카슨 박사의 삶에서는 어머니가 그런 영향력을 제공했다.

카슨 박사의 어머니는 교육 수준이 낮았고, 심각한 우울증을 자주 앓았지만, 아들에게 높은 기대를 품었다. 카슨 박사는 말한다. "어머니는 저의 에머슨이셨어요. 제가 할 수 있는 모든 걸 하라고 요구하셨죠. 저와 형에게 일주일에 두 권씩 책을 읽고 독후감을 쓰게 하셨어요."

어린 카슨에게 책은 완전히 새로운 세상을 열어주었다. 지식은 카슨의 도피처가 되었고, 카슨은 반에서 존재감 없던 아이에서 5학년 학생중에서 가장 똑똑한 아이로 변신했다.

카슨은 디트로이트의 사우스웨스턴 고등학교를 1등으로 졸업했고 수많은 유수 대학에서 입학 제안을 받았지만, 선택지는 제한적이었다. 모든 학교에서 입학시험을 치르는 데 10달러의 수수료를 요구했는데, 카슨이 가진 건 10달러짜리 지폐 한 장뿐이었다. 단 한 곳의 대학에만 지원할 수 있었던 것이다. 카슨은 예일대학교를 선택했고, 학비의 90퍼센트를 지원하는 장학금을 받았다.

카슨은 돈 문제와 불안으로 고통받다가 1학년 1학기가 거의 끝날 즈음 화학 과목에서 낙제하고 자기의심에 휩싸였다. '내가 예일대학교에서 뭘 하고 있는 거지?' 카슨은 스스로에게 질문을 던졌다. '내가 누구라고 생각하는 거야? 디트로이트의 가난한 동네에서 자란 멍청한 흑인 아이에 불과하잖아. 예일대학교의 똑똑하고 부유한 학생들과 함께 졸업하려 하다니 말이 안 되잖아.'

카슨은 자신에게 어떤 선택지가 있는지 생각하다가 경영이나 교육에는 그다지 끌리지 않는다는 걸 알았다. 카슨은 항상 의사가 되고 싶었다. 그런데 그 기회가 손 틈 사이로 빠져나가고 있었다.

카슨의 유일한 희망은 화학 기말고사에서 좋은 점수를 받는 것이었다. 시험 준비로 벼락치기를 하다가 카슨은 가망이 없다는 걸 깨달았다. 너무 뒤처져 있었고 따라갈 수가 없었다. 카슨은 지쳐서 침대로 쓰러지며 속삭이듯 기도했다. "하나님, 죄송해요. 하나님과 제 자신을 실패하게 만든 걸 용서해주세요."

잠이 든 카슨은 꿈을 꿨다. 꿈속에서 카슨은 화학 수업 강의실에 혼자 앉아 신기한 천상의 인물이 칠판의 화학 문제를 푸는 걸 보고 있었다. 눈을 떴을 때 카슨은 꿈속에서 본 문제가 생생하게 기억났고, 기억에서 사라지기 전에 얼른 적어두었다.

그는 심리학 지식이 있었기에, 이건 아마 자신의 잠재의식이 문제를 풀려고 시도한 결과일 것이라고 생각했다. 하지만 그 후에 일어난 일은 기적이라고밖에 말할 수 없었다. 교수님이 시험지를 나누어 주는데, 거기에는 꿈속에서 그림자 같은 인물이 풀었던 바로 그 문제가 똑같이 나와 있었다. 기말시험 성적표를 받아보니 카슨의 점수는 97점이었다.

그날 이후 카슨은 자신이 올바른 길을 가고 있다는 것, 앞으로 인생에 엄청난 일이 일어날 테니 그에 대한 대비를 하는 게 좋을 거라는 확신을 갖게 되었다. 카슨은 예일대학교를 졸업하고 미시간대학교 의학대학원에 진학해 인턴을 마치고 존스홉킨스 대학병원에서 인턴십과 고급 외과 수련 과정을 밟았다. 오스트레일리아 서부에서 1년간 신경외과 의사로 일한 뒤 존스홉킨스 대학병원으로 돌아와 소아신경외과 학과장이자 신경외과 조교수로 임명되었다.

카슨 박사는 현재 희망이 없다고 여겨지는 수술 케이스를 종종 맡으며 다른 사람의 인생에서 기적을 일으키고 있다. 1987년에는 뒤통수가 붙어 있는 샴쌍둥이를 분리하는 수술을 성공적으로 마쳐 집도의로서 세계적인 명성을 얻었다. 수술 방법을 계획하는 데 5개월, 실제 수술에 스물두 시간이 걸렸다. 그 수술은 쌍둥이 양쪽 모두가 살아남은 최초의 분리 수술로 기록되었다.

부드러운 목소리로 말하는 외과의사인 카슨 박사는 수많은 수술 기법을 개척해 의학계에서 존경받고 있으며, 환자와 환자의 부모로부터 끝없는 감사를 받는다. 카슨 박사는 명예박사 학위를 여덟 개 가지고 있으며, 수십 개의 논문을 썼다. 또한 수많은 기사와 인터뷰의 대상이 되었고, 외과의사로서 그의 삶을 다룬 영화와 텔레비전 프로그램도 만들어졌다.

이 모든 여정이 끝난 뒤 사람들에게 어떻게 기억되고 싶은지 물었을 때 카슨 박사는 간단하게 답했다. "자기 자신과 주변의 모든 사람이 더 나은 삶을 살 수 있도록 하나님이 주신 재능을 사용한 사람으로 기억되고 싶습니다."

자기 경영 실천 포인트

→ 스스로 발전하려 하기보다 남을 끌어내리는 게 더 쉽다고 생각하는 사람은 피한다.
→ 노력과 믿음이 있으면 최악의 환경도 극복할 수 있다.
→ 자기 자신을 믿으면 모든 것이 가능하다. 자신을 의심하면 그 무엇도 할 수 없다.

고객을 도우면
사업은 저절로 굴러간다
- 짐 비규

짐 비규Jim Vigue는 크게 생각하지 않는다. 거대하게 생각한다.

그는 메인주 워터빌에 있는 벤처캐피털 및 재무 서비스 컨설팅 회사인 퍼스트마크 코퍼레이션Firstmark Corporation의 대표로, 마흔세 살이다. 비규는 이렇게 말한다. "한 번은 누군가가 제게 '네 문제는 충분히 크게 생각하지 않는다는 거야'라고 말한 적이 있습니다. 그때 이후로 저는 더욱 손을 뻗으려고, 더 많이 하려고, 더 크게 생각하려고 노력했습니다."

메인주 토박이인 비규는 또한 메인주 사람은 열심히 일하고 과묵하다는 평판을 활용한다. 퍼스트마크의 고객 가운데에는 수많은 유명인이 있지만, 비규는 고객의 이름을 언급하지 않으며, 평판 조회에조차 응하지 않는다. "새로운 고객이 우리 회사의 서비스 수준을 확인하려고 고객 명단을 요청하면 거절해야 합니다. 고객 관계에 관해서는 비밀을 철저하게 준수합니다."

"퍼스트마크의 철학은 '고객을 먼저 돌보면 사업은 저절로 된다'입니다. 업계 사람들은 대부분 고객으로부터 받을 수수료나 요금을 생각합니다. 하지만 퍼스트마크는 그렇게 하지 않습니다. 고객을 도울 방법, 고객이 마주한 문제를 해결할 방법, 고객의 걱정거리를 다룰 방법을 생각합니다."

비규의 진정성은 결실을 맺었다. 놀라울 정도로 윤리성이 부족하고 끊임없이 고객이 바뀌는 것이 특징으로 여겨지는 업계에서 비규는 20년 넘게 관리 고객을 단 한 명도 잃지 않았다. 고객을 돌보았더니 수익을 지킬 수 있었다. 퍼스트마크의 시장 가치는 천억 달러가 넘고, 운용 자산은 수억 달러 규모이며 재무서비스 사업은 작년에 50퍼센트의 성장률을 기록했다.

비규는 사회생활 초기부터 확실한 사업가 기질을 보였다. 대학 시절에는 핫도그 매대를 운영해 번 돈의 일부를 투자했다. 1972년 콜비칼리지를 졸업하자마자 주식 투자 상담사 자격증을 취득하고 지역 투자 회사에 입사했다. 이후 또 다른 투자 회사에서 짧은 기간 파트너로 일한 다음, 투자 자문 회사를 설립했다. 그리고 후에 뉴욕 증시에 상장된 소규모 컨설팅 회사와 합병해 퍼스트마크를 설립했다.

비규는 자신이 성공한 건 나폴레온 힐과 같은 작가가 제시한 성공의 원칙을 따랐기 때문이라고 공을 돌린다. 그는 이렇게 말한다. "그러나 책만 읽으면 모든 게 자동으로 일어날 것으로 생각한다면 실망하게 될 겁니다. 바로 여기에 끈기가 필요합니다. 무언가 한번 시도했다가 실패하면 다시는 시도하지 않는 사람이 많습니다. 하지만 퍼스트마크의 철학은 무언가 시도했다가 잘 안 풀렸다면 다음번에는 그만큼 성공에 더 가까워진다는 것입니다."

비규는 또한 '마스터 마인드'라는 개념이 매우 중요하다고 생각한다. "함께하는 훌륭한 사람이 없다면 실질적으로 어떤 일을 이루는 건 거의 불가능합니다. 시작은 배우자부터입니다. 강하고, 적극적이며, 자신을 지지해주는 배우자가 없다면 큰 성공을 이루기가 매우 어렵습니다. 배우자부터 시작해서 핵심 인물을 데려와야 합니다.

우리 업계에서는 또한 전문 지식이 대단히 중요합니다. 전문 지식을 갖춘 직원을 채용하기 위해서는 경쟁사에서 제시하지 않는 무언가를 제시해야 합니다. 우리는 여러 명의 제너럴리스트와 진정으로 전문화된 많은 사람들을 통해 회사를 성장시켜왔습니다. 저희는 마스터 마인드 연합을 통해 회사와 개인의 목표를 통합합니다."

비규는 고객 관리에 각별한 노력을 기울여 고객과의 관계를 탄탄하게 유지해왔고, 현재는 부유하고 유명한 고객에게 서비스를 제공하는 법에 관한 (두 번째) 책을 집필하고 있다. 비규는 말한다.

"저는 고객의 관심사를 파악하고, 무엇이 고객의 삶에 개입되어 있는지 파악하는 데 각별한 노력을 기울입니다. 이는 마케팅을 위한 개인 맞춤형 접근법이지요. 기본적으로 퍼스트마크는 고객을 도우려 합니다. 그러고 나면 사업은 저절로 굴러갑니다. 수익 기회가 있을 땐 있고, 없을 땐 없습니다. 저는 수년간 고객과 친구로 지내왔습니다. 때로는 같이 일하기 전부터 친구였던 고객도 있습니다.

하지만 결국 크게 성공한 사람과 함께 일하고 싶다면 세상에 가치를 더할 수 있어야 합니다. 퍼스트마크의 고객은 우리가 내일도 이곳에 있을 거라는 걸 압니다. 그리고 회사의 진실성과 실적을 보면 퍼스트마크에 관해 알게 됩니다. 저희는 또한 이곳 메인주에서는 시각을 조금 달리한다고 생각하는 걸 좋아합니다. 메인주는 소문의 근원지인 월스트리트와 묶여 있지 않습니다. 태양이 메인주에서 처음 떠오르기 때문에 우리는 매사 좀 더 분명하게 볼 수 있습니다."

자기 경영 실천 포인트

→ 세상에 가치를 더하는 사람과 일하기 위해서는 자신도 세상에 가치를 더하는 사람이 되어야 한다.
→ 다른 사람을 돕는 데 집중하면 사업 수익은 따라온다.
→ 고객이 돈을 맡기기 전에, 먼저 신뢰할 만한 사람임을 증명한다.

90일 자기 경영의 여정을 마치며

지난 90일 동안 성공하기 위한 수많은 팁과 방법, 기법을 접했다. 그중 상당수가 서로 밀접하게 연결되어 있다는 것을 깨달았을 수도 있다. 실제로 그렇다. 개별 아이디어와 원칙은 궁극적으로 하나의 철학으로 이어진다.
바로 개인적 성취의 철학이다.

1. 목표를 설정한다 명확한 목표가 없으면 그저 흐름에 떠내려갈 뿐이다. 어디로 가는지, 어떻게 갈 것인지 알고 있어야 한다. 그게 무엇이든 자신에게 가장 잘 맞는 방법을 사용해 구체적인 목표를 설정하고, 목표를 달성하기 위해 행동으로 실천한다.

2. 긍정적인 마음가짐을 유지한다 목표를 달성할 수 있다고 생각하면 달성할 가능성이 아주 크다. 하지만 실패할 것으로 생각하면 이미 실패한 것과 마찬가지다. 그러므로 긍정적인 마음가짐은 모든 성공의 출발점이다. 긍정적인 태도를 기르고, 사소한 어려움 앞에서 긍정적인 마음가짐을 유지하기 위한 전략은 많다. 자신에게 가장 잘 맞는 전략이 무엇이든 기억해야 할 중요한 점은 우리는 해낼 수 있다는 사실이다. 할 수 있다고 생각하기만 한다면 말이다.

3. 배움을 멈추지 않는다 지식은 진정한 힘이다. 성장하고 발전하는 힘, 변화하는 시기에 대응하는 힘, 새로 등장하는 트렌드에서 기회를 포착하는 힘이다. 주변 세상에서 일어나는 일에 관해 계속 읽고 배우면 삶에 긍정적으로 대처할 수 있을 뿐 아니라 자신과 가족이 바라는 삶을 창조하기 위해 필요한 행동을 취할 준비를 할 수 있다.

4. 훌륭한 인격을 바탕으로 호감 가는 성격을 형성한다 큰 성공을 거두려면 대부분의 경우 파트너, 동료, 친구, 친척, 심지어 모르는 사람으로부터도 협력을 얻어야 한다. 견실한 인격을 바탕으로 호감 가는 성격을 기르는 여러 가지 기법을 배웠다. 배운 기법을 적용하면 주변 사람들

이 좀 더 호의적으로 반응하기 시작할 것이다. 예전에는 닫혀 있었던 것 같은 문이 갑자기 열린다. 우리의 목표 달성을 돕기 위해 다른 사람이 즐겁게 함께 일해줄 것이다.

5. 목표를 달성하기 위해 자신과 자신의 마음을 믿는다 마음은 놀라운 것이다. 어떤 목표나 생각에 전념하면 잠재의식은 즉시 이를 현실로 만들기 시작한다. 생각을 마음속에 확고하게 자리 잡게 할 여러 가지 방법이 있지만, 중요한 건 자신의 능력을 믿는 것이다. 나폴레온 힐은 "마음이 상상하고 믿으면 달성할 수 있다."고 말했다. 꿈을 크게 가져라. 우리의 잠재의식은 작은 꿈을 이룰 때나 큰 꿈을 이룰 때나 똑같이 실행된다. 달성하기 힘들어 보이는 목표를 향해 손을 뻗어라.

이제 마음으로 정한 목표를 달성할 수단을 손에 넣었다. 목표를 설정하고 실행하라. 지금 당장. 때때로 동기부여가 필요하다면, 이 책을 펼쳐 적절한 부분을 다시 읽어라. 그보다 더 좋은 방법은 지난 90일 동안 배운 성공을 위한 기술과 비결을 다른 사람에게 가르쳐주는 것이다. 다른 사람을 가르치는 일만큼 자신의 생각을 명확하게 해주는 것도 없다. 그리고 다른 사람의 성공을 돕는 것만큼 자신의 성공에 도움이 되는 일도 없다.

자기 경영 실천 포인트 핵심 요약

✤ 긍정적인 마음가짐

1. 긍정적인 마음가짐을 유지한다.
2. 긍정적인 사람과 어울린다. 부정적인 말을 하는 사람은 멀리한다.
3. 긍정적인 대화에 참여한다. 불평 불만은 피한다.
4. 긍정적인 내용의 책과 동기를 부여해주는 자료를 읽어 의욕을 유지한다.
5. 최악의 시나리오를 그려본다. 그러면 대개 최악의 상황이 벌어져도 괜찮다는 걸 알게 되며, 최악의 상황은 거의 일어나지 않는다는 사실에서 위안을 얻을 수 있다.
6. 탓할 대상을 찾지 말고, 문제를 해결한다.
7. 어려운 결정을 내려야 한다면, 시간을 두고 신중하게 생각한다.
8. 할 수 있다고 믿으면 거의 모든 것을 할 수 있음을 깨닫는다.
9. 각별한 노력을 쏟는 걸 습관으로 삼는다.
10. 문제가 아니라 해결책에 집중한다.

✤ 긍정적인 성격 기르기

1. 요청받은 것 이상으로 한다.
2. 해야 할 일을 찾아서 한다.
3. 동료와 고객에게 진정한 관심을 가진다.
4. 말하는 만큼 경청한다.

5. 대접받고 싶은 대로 다른 사람을 대접한다.
6. 다른 사람이 도움을 요청할 때까지 기다리지 않는다. 지금 당장 도울 방법을 찾아 선의를 확고히 한다.
7. 그 누구도 절대 위협하지 않는다. 그런 일이 되돌아와 자신을 괴롭힐 수 있다.
8. 나쁜 습관을 좋은 습관으로 대체해 없앤다.
9. 항상 진실하게 임한다. 그리고 목표에 진심임을 증명할 준비를 늘 해둔다.

✤ 지식과 학습

1. 목표를 달성하기 위한 계획을 적는다. 계획은 단기, 중기, 장기 목표로 나눈다.
2. 결코 성급하게 결정을 내리지 않는다. 생각할 시간이 없다면 잊어라.
3. 하루 세 번 몇 분 동안 궁극의 목표(부, 새 차 등)를 이룬 자신의 모습을 상상한다.
4. 인생의 방향을 바꾸기에 아직 너무 늦지 않았음을 안다.
5. 패배를 그저 학습 과정으로 바라본다.
6. 긍정적으로 동기를 부여해주는 자료를 읽어 의욕을 유지한다.
7. 목표를 이룰 때까지 포기하지 않으면 모든 미래 목표를 달성할 결단력과 집중력을 배울 수 있다.
8. 변화에 저항하지 말고, 변화에서 이점을 찾을 방법을 찾는다.

✤ 팀워크

1. 훌륭한 서비스에는 보상을 제공해 동기를 부여한다.

2. 옛 동료에게 전화해 근황을 확인한다. 관계를 새로이 하면 인맥이 강화된다.
3. 동료가 성과를 내면 칭찬한다.
4. 동료와 공적을 나눈다.
5. 위임하는 방법을 배운다. 직원의 문제를 직접 나서서 해결하지 말고 그들의 생각을 건의하도록 요청한다. 직원이 배우고 성장할 수 있게 해준다.
6. 자신이 하는 일이 조직의 다른 부분과 어떻게 잘 어울리는지 알아본다.
7. 상사든 부하 직원이든 사내 모든 직원을 예의 있게 대한다.
8. 적어도 하루에 한 사람은 도우려 노력한다. 오늘부터 시작한다.
9. 두 사람이 함께 일하면 혼자서 따로 일할 때보다 훨씬 더 많이 성취할 수 있다.
10. 자신이 약한 분야에 강한 파트너를 찾는다.

✤ 마음의 힘

1. 매일 볼 수 있는 장소에 목표가 담긴 사진을 붙인다.
2. 적어도 매일 하루 30분씩 읽고, 공부하고, 생각한다.
3. 조용히 혼자 있는 시간을 활용해 문제와 좌절에 대한 해결책에 집중한다.
4. 바꾸고 싶은 나쁜 습관을 적는다. 그 옆에 나쁜 습관을 대체할 좋은 습관을 적는다.
5. 공상을 통해 인생에서 가장 원하는 게 무엇인지 찾아본다.
6. 우주에는 우리가 이해할 수 없는 힘이 존재하니, 선을 위해 노력하면 좋은 일을 끌어당기게 된다는 점을 믿는다.
7. '나는 할 수 있다'와 같은 긍정적 확언을 반복해서 명상 상태로 들어간다.
8. 목적을 명확하게 한다. 마음에 새길 목표를 정하고 달성할 때까지 유지한다.

✤ 정리

1. 스트레스를 줄이기 위해 일상 생활을 정리한다.
2. 하루 30분씩 시간을 내 창의적인 생각을 떠올린다.
3. 소득의 10퍼센트를 따로 떼어 저축과 투자를 한다.
4. 균형 잡힌 삶을 살기 위해 노력한다. 일과 공부, 여가는 모두 성공의 중요한 요소이다.
5. 미루지 못하도록 '지금 한다'라는 동기부여 문구를 채택한다.

✤ 업무

1. 일정표를 세우고 지킨다.
2. 성공을 위해 달성해야 할 사항을 적은 '해야 할 일' 목록을 작성한다. 그리고 실행한다. 지금!
3. 잠재고객에게 제품을 '판매'하려 하지 않는다. 잠재고객의 문제를 해결하는 데 초점을 맞춘다.
4. 먼저 관계를 쌓는다. 판매는 뒤따른다.
5. 수익을 내는 업무부터 한다. 세부적인 업무는 후에 처리할 수 있다.
6. 활동 기록을 통해 각 작업에 가장 적합한 시간을 찾는다.
7. 상대를 대할 때는 자신의 평판이 거기에 달린 것처럼 대접하라. 실제로 그렇다.
8. 직원, 동료, 고객과 이야기를 나누며 업계에서 무슨 일이 일어나고 있는지 계속 파악한다.

9. 주변에 이미 존재하는 정보를 인식하고, 관련지어 이해하고, 적용한다.
10. 상황이 바뀌었을 때 그 이유를 짐작하지 말고, 고객과 직원들에게 묻는다.

✥ 열정

1. 열정적으로 되려면 열정적으로 행동한다.
2. 긍정적이고 열정적인 사람과 어울린다. 열정은 전염된다.
3. 주변 사람들에게 진심 어린 관심을 쏟는다.
4. 노력을 계속한다면 패배는 일시적이다.
5. 역경에 직면하면 더 큰 장애를 극복하고 성공한 사람들을 떠올린다.

옮긴이 도지영
이화여자대학교에서 정치외교학과 경제학을 전공하였으며, 연세대학교 대학원에서 국제통상을 전공했다. 현재 번역 에이전시 엔터스코리아에서 출판 기획 및 전문 번역가로 활동하고 있다. 옮긴 책으로는 『필립 코틀러의 아시아 마켓 4.0』, 『돈의 힘』, 『데일 카네기 성공대화론』, 『더 프랙티스』, 『마음의 연금술』 등이 있다.

아포리아 10

나폴레온 힐 90일 자기 경영

1판 1쇄 인쇄 2025년 7월 30일
1판 1쇄 발행 2025년 8월 27일

지은이 돈 그린, 나폴레온 힐 재단
옮긴이 도지영
펴낸이 김영곤
펴낸곳 (주)북이십일 21세기북스

정보개발팀장 이리현 **정보개발팀** 이수정 김민혜 현미나 이지윤 양지원
외주편집 신혜진 **디자인 표지 본문** STUDIO 보글 **조판** 푸른나무디자인
마케팅 김설아
영업팀 정지은 한충희 장철용 강경남 황성진 김도연 이민재
해외기획실 최연순 소은선 홍희정
제작팀 이영민 권경민

출판등록 2000년 5월 6일 제406-2003-061호
주소 (10881) 경기도 파주시 회동길 201(문발동)
대표전화 031-955-2100 **팩스** 031-955-2151 **이메일** book21@book21.co.kr

ⓒ 나폴레온 힐, 2025
ISBN 979-11-7357-430-6 04190
    979-11-7357-428-3 04190(세트)
KI신서 13720

(주)북이십일 경계를 허무는 콘텐츠 리더

21세기북스 채널에서 도서 정보와 다양한 영상자료, 이벤트를 만나세요!
페이스북 facebook.com/21cbooks   **블로그** blog.naver.com/21c_editors
인스타그램 instagram.com/jiinpill21   **홈페이지** www.book21.com   **유튜브** youtube.com/book21pub

책값은 뒤표지에 있습니다.
이 책 내용의 일부 또는 전부를 재사용하려면 반드시 (주)북이십일의 동의를 얻어야 합니다.
잘못 만들어진 책은 구입하신 서점에서 교환해드립니다.

일상에서 마주친 사유의 정거장

아포리아는 '해결하기 어려운 난제'를 뜻하는 그리스어로,
사유의 지평을 넓혀줄 '새로운 클래식'입니다.
지금까지와는 다른 삶 속으로 나아갈 우리가 탐구해야 할 지식과 지혜를 펴냅니다.

나폴레온 힐 컬렉션

01 나폴레온 힐 기적은 당신 안에 있다
내 안의 무한한 힘을 깨우는 13가지 지혜

"당신의 운명을 결정하는 것은 당신의 생각뿐이다"
두려움과 한계를 뛰어넘는 사고의 전환법을 담은 자기계발 필독서

나폴레온 힐 지음, 최지숙 옮김 | 256쪽(양장) | 20,000원

02 나폴레온 힐 90일 자기 경영
인생의 주도권을 잡고 매일 성취하라

"끝까지 해낸 사람들은 무엇이 다를까?"
성공을 자석처럼 끌어당기는 90일 프로그램

돈 그린·나폴레온 힐 재단 지음, 도지영 옮김 | 432쪽(양장) | 25,000원

03 나폴레온 힐 부의 법칙
세계 단 1%만 아는 부를 축적하는 13가지 법칙

"강렬히 열망하는 자만이 부를 얻는다!"
20세기 최고의 자기계발 유산. 수많은 억만장자와 역사가 증명한 부의 바이블

나폴레온 힐 지음, 이미숙 옮김 | 320쪽(양장) | 22,000원

04 나폴레온 힐 성공의 법칙 1
성공의 무한한 잠재력을 깨우는 15가지 법칙

"오직 확신하는 자가 성공을 이룬다!"
세기의 부를 이룬 앤드루 카네기부터 존 록펠러까지 25년간 집대성한 위대한 성공학 바이블 1편

나폴레온 힐 지음, 박선령 옮김 | 448쪽(양장) | 25,000원

05 나폴레온 힐 성공의 법칙 2
성공의 무한한 잠재력을 깨우는 15가지 법칙

"100년간 증명된 성공의 황금률을 만나라!"
앤드루 카네기의 유산에서 시작된 25년간 집대성한 위대한 성공학 바이블 2편

나폴레온 힐 지음, 김보미 옮김 | 384쪽(양장) | 23,000원